책은 핑계고 수다는 진심이야

책은 핑계고 수다는 진심이야

독서 모임으로 만난 평범한 엄마들의 작가 도전기

초 판 1쇄 2025년 07월 15일

지은이 임선효, 김소희, 이헌영, 김윤주, 정유정, 윤지은,
　　　　장의주, 김예화, 이슬비, 김선경, 정민례, 최서영
펴낸이 류종렬

펴낸곳 미다스북스
본부장 임종익
편집장 이다경, 김가영
디자인 임인영, 윤가희
책임진행 김은진, 이예나, 김요섭, 안채원

등록 2001년 3월 21일 제2001-000040호
주소 서울시 마포구 양화로 133 서교타워 711호
전화 02) 322-7802~3
팩스 02) 6007-1845
블로그 http://blog.naver.com/midasbooks
전자주소 midasbooks@hanmail.net
페이스북 https://www.facebook.com/midasbooks425
인스타그램 https://www.instagram.com/midasbooks

© 임선효, 김소희, 이헌영, 김윤주, 정유정, 윤지은, 장의주, 김예화, 이슬비, 김선경, 정민례, 최서영,
미다스북스 2025, *Printed in Korea.*

ISBN 979-11-7355-313-4 03810

값 20,000원

※ 파본은 구입하신 서점에서 교환해드립니다.
※ 이 책에 실린 모든 콘텐츠는 미다스북스가 저작권자와의 계약에 따라 발행한 것이므로 인용하시거나 참고하실
　경우 반드시 본사의 허락을 받으셔야 합니다.

미다스북스는 다음세대에게 필요한 지혜와 교양을 생각합니다.

책은 핑계고 수다는 진심이야

독서 모임으로 만난 평범한 엄마들의 작가 도전기

임선효
김소희
이헌영
김윤주
정유정
윤지은

장의주
김예화
이슬비
김선경
정민례
최서영

다독다독, 책으로 다시 피어나는 12인의 성장 일기

"수다는 우리의 장르입니다!"

미다스북스

추천하는 글   8
프롤로그   운명적인 만남, 다독다독多讀多讀   13

1부 | 새로운 시작

1장 「다독의 씨앗」 내 안에서 싹틔우다 〔임선효〕

1. 매일이 처음이어서 매일이 배움이다   19
2. 경계 너머 나를 만나는 시간   27
3. 내일을 준비하는 오늘   34

2장 「다독의 시작」 단단한 뿌리를 내리다 〔김소희〕

1. 왜 아이들은 철이 들어야만 하나요?   45
2. 내 마음속에 정말 악마가 있나 봐요   52
3. 내 가슴속에 행복의 태양이 빛나는 거 같아요   58

3장 「다독의 영향」 책이 온 날부터 〔이헌영〕

1. 작은 책 한 권이 일상을 바꾸기 시작했다   69
2. 책장을 넘길 때마다, 조금씩 괜찮아졌다   75
3. 책 속에서 찾은, 다음 이야기   81

4장 「다독의 꿈」 나에게 주는 최고의 사랑　김윤주

1　엄마가 아이를 아프게 한다　　　　　　　89
2　엄마의 책은 늘 같은 페이지　　　　　　　100
3　엄마는 장래희망 있어요?　　　　　　　　109

2부 나아가는 과정

5장 「다독의 길」 인생의 길잡이가 되어준 독서　정유정

1　책을 잃고 나를 잃다　　　　　　　　　　119
2　책을 통해 벽을 넘다　　　　　　　　　　126
3　책을 읽고 꿈을 꾸다　　　　　　　　　　134

6장 「다독의 여정」 그 속에서 이뤄낸 성장　윤지은

1　외로운 애주가가 책을 펼친 이유　　　　143
2　나도 작가?!　　　　　　　　　　　　　　150
3　쫌생이, 나누는 삶을 꿈꾸다　　　　　　　157

7장 「다독의 속도」 느리지만 나만의 흐름대로　장의주

1　걸음이 느린 아이　　　　　　　　　　　167
2　고요한 제자리걸음, 뜨거운 준비　　　　176
3　출발선 앞에 서다　　　　　　　　　　　183

8장 「다독의 인연」 삶의 터닝포인트가 되다 김예화

1 내 안의 빛을 깨우다   193
2 숨겨진 빛을 마주하다   198
3 메시지를 세상에 전하다   205

∥ 3부 ∥ 회복과 성장

9장 「다독의 치유」 나를 찾아가는 회복의 시간 이슬비

1 길고 긴 밤, 상실 속의 나   215
2 치유의 새벽, 회복 속의 나   222
3 빛나는 아침, 성장 속의 나   230

10장 「다독의 변화」 책 한 권, 인생 한 걸음 김선경

1 육아서 때문에 책과 담을 쌓았다   239
2 꽃길을 밝혀주는 이정표   246
3 변화의 길을 걷다   253

11장 「다독의 비상」 회복의 쉼표 정민례

1 떨어지는 낙엽의 마음   261
2 물을 먹으며 돋아나는 새싹의 기쁨   268
3 나만의 설렘 <노란숨책방>   277

12장 「다독의 도전」 그 안에서 나답게 살아가다 최서영

1 읽는 소녀, 세상을 만나다 285
2 쓰는 엄마, 자신을 만나다 293
3 만드는 작가, 세상과 마주하다 300

에필로그 인생의 해피엔딩을 꿈꾸세요? 307
아니요, 우리의 이야기는 이제부터 시작입니다

추천하는 글

 삶의 중요한 지혜는 종종 책 속에 숨어 있습니다. 그러나 그 책이 한 사람의 생각을 넘어서 여럿의 마음과 경험이 녹아든 '함께 읽는 이야기'가 될 때 그 울림은 훨씬 깊고 넓어집니다.
 학부모 독서 모임의 이야기가 한 권의 책으로 엮였다는 소리를 들었을 때, 참으로 뿌듯하고 기뻤습니다. 바쁜 일상에서도 책을 읽고, 마음을 나누고, 서로의 이야기에 귀를 기울이며 함께 한 과정은 단순한 모임을 넘어, 우리 교육공동체가 지향해야 할 참된 배움의 모습을 보여주는 따뜻한 본보기라 생각되었기 때문이죠.
 이 책은 단순한 독후감이나 책 소개의 수준을 넘어 '함께 읽고, 함께 나누며, 함께 성장한' 학부모 독서 모임의 진솔한 기록이자 감동의 발자취입니다. 책 속에는 한 권의 책을 읽으며 시작된 수많은 대화, 눈빛, 공감 그리고 성장의 흔적들로 가득합니다. 그것은 삶에 대한 고백이며, 사랑에 대한 증언이며, 아이들을 더 깊이 이해하고자 했던 노력의 흔적입니다.
 육아의 고민을 진솔하게 털어놓고, 교육의 방향을 함께 고민하며, 부모로서의 자아를 되돌아보는 과정은 절대 가볍지 않았을 것입니다. 때로는 자신의 부족함과 마주하며 눈시울을 붉히기도 했을 것이고, 때로는 책 속의 문장에서 작은 위로를 발견하며 다시 용기를 내기도 했을 것입니다. 무엇보다도 '좋은 부모가 되기 위해', '좋은 어른이 되기 위해' 자신을 끊임없이 성찰해 온 이들의 진정성이 그대로 전해져 옵니다.

작은 일상에서 길어 올린 질문과 성찰, 책 속 문장을 통해 다시 바라본 아이의 얼굴 그리고, 한 걸음 뒤에서 자신을 돌아보는 부모의 모습. 그런 담백하고 진솔한 기록이 오히려 더 큰 울림을 줍니다.

저는 이 책을 읽는 모든 분이 좋은 책을 만나는 것을 넘어 좋은 사람들과 연결되고, 더 깊은 생각과 따뜻한 마음으로 자신의 삶을 바라보게 되기를 진심으로 바랍니다. 이 책은 단지 읽는 책이 아니라, 함께 살아가는 '우리의 이야기'입니다.

이 귀한 책이 더 많은 이들에게 따뜻한 울림이 되기를 바라며, 그 여정에 함께한 모든 학부모님께 깊은 존경과 감사의 마음을 전합니다.

— 홍석기(평택 새빛초등학교장)

새벽이면 집 앞 작은 숲길을 걷습니다. 걷다 보면 어느새 제가 좋아하는 민들레 홀씨를 만나게 됩니다. 식물에 대해 아무것도 몰랐던 제가 어느 날 우연히 알게 된 민들레 홀씨의 꽃말은 '무한한 가능성'이었습니다. 바람을 타고 날아가 어디에서든 꽃을 피워내는 그 작은 씨앗처럼, 우리 인생도 다양한 가능성으로 가득하다는 의미가 마음 깊이 와 닿았습니다. 그래서인지 홀씨를 볼 때면 저도 모르게 기분이 좋아집니다.

서른두 살, 우연히 한 권의 책을 만났고 그때부터 독서의 길이 열렸습니다. 그것은 마치 민들레 홀씨 같은 '책 씨앗'과의 만남이었습니다. 전혀 예상치 못한 순간에 다가온 그 책 한 권이 제 안의 가능성을 심었고, 지금도 그 감정은 생생하게 기억납니다. 책은 민들레 홀씨보다 더한 '무한한 가능성'으로 이끄는 징검다리가 되어주었습니다. 책장을 넘길 때마다 새로운 길이 열렸고, 독자였던 제가 조금씩 글을 쓰는 사람으로 변화할 수 있었습니다.

책 씨앗을 '후~' 하고 불면, 어딘가에서 또 다른 세상을 만나는 사람이 생깁니다. 바로 이 책의 저자들, 〈다독다독〉의 12명이 그러했습니다. 100일 동안 함께 책을 읽고 나누는 시간을 보내며, 우리 안에 깃든 가능성이 조금씩 모습을 드러내기 시작했습니다. 책 씨앗이 서서히 뿌리를 내리고, 줄기를 뻗어 자신만의 꽃을 피우는 과정은 참으로 경이로웠습니다. 100일이 지나 1,000일이 넘는 지금까지도, 이들은 서로에게 책 벗으로서 따뜻한 영향을 나누고 있습니다.

그동안 흘린 눈물이 거름이 되어, 지금 이렇게 한 권의 책으로 세상과 소통하게 되었습니다. 이 장면이 얼마나 감동적인지 모릅니다. 다독의 '씨앗'에서 시작된 여정이 '도전'으로 이어지며, 이 책의 저자들이 앞으로 어떤 이야기들을 꽃피워낼지 더욱 기대하게 됩니다.

- 김진수(초등교사, 『초등 집중력을 키우는 동시 쓰기의 힘』 저자)

이 책은 일상에 지친 엄마들이 책 속에서 찾은 자신만의 안식처와 치유의 기록입니다. 12명의 엄마가 들려주는 독서 이야기는 각자만의 독특한 시각으로 펼쳐낸 에피소드들로 깊은 울림을 줍니다. 어느 엄마는 책을 통해 위로를 찾고, 또 다른 엄마는 새로운 꿈을 발견하며, 누군가는 자신만의 철학을 세워나갑니다.

뜻대로 되지 않는 양육의 현실 앞에서 '내 아이는 왜 다르지?'라고 자책했던 경험들이 생생히 담겨 있습니다. 〈다독다독〉 독서 모임을 통해 잃어버린 '나'를 찾아가는 과정은 비슷한 고민을 하는 모든 엄마들에게 깊은 위로와 용기를 전합니다. 책벗들과 함께하는 모임을 통해 얻은 삶의 성찰과 성장의 여정을 담고 있습니다.

이 책의 가장 큰 힘은 진정성에 있습니다. 완벽한 엄마가 되려다 지쳐버린 현실적인 고민들, 자존감이 떨어지고 무엇을 해도 재미없어진 일상, 스트레스를 감당하지 못해 주변 사람들에게 화풀이했던 순간들까지 솔직하게 보여줍니다. 그리고 그 모든 혼란 속에서 책이 어떻게 창문 밖 세상과 같은 역할을 했는지 어떻게 모서리가 깎여 둥글게 변해가는 돌처럼 모나고 뾰족한 감정을 부드럽게 만들어갔는지를 친절하게 안내합니다.

무엇보다 이 책은 희망을 이야기합니다. '완벽하지 않아도 괜찮다'는 메시지와 함께, 책 한 권, 한 문장이 인생의 전환점이 될 수 있다는 믿음을 전합니다. 저자들이 경험한 '느슨한 긴장'의 독서 철학을 통해 독서를 단순한 지식 습득이 아닌 치유의 과정으로 바라보고 있습니다.

이 책은 자기 회복과 성장을 위한 적극적 선택임을 증명하는 소중한 기록입니다. 같은 고민을 품고 외로이 현실과 싸우고 있는 엄마들에게 따뜻한 공감과 용기를 전하는 책입니다. 울고 웃으며 자신을 알아가고, 스스로를 다독일 수 있는 단단함을 얻고자 하는 분들에게 이 책을 추천합니다.

- 이민영(고려사이버대학교 사회복지학과 교수)

프롤로그

운명적인 만남,
다독다독 多讀多讀

영화 〈킹스맨〉의 'Manners maketh man'이라는 대사를 떠올리며 저의 인생을 돌아봅니다. 만약 누군가가 지난 3년간의 변화를 묻는다면, 사랑스러운 그녀들을 만나 삶이 어떻게 바뀌었는지 묻는다면, 저는 주저 없이 이 문장을 건네고 싶습니다. 'Position maketh man'. 자리가 사람을 만듭니다.

아이를 키우며 책 한 권 제대로 읽기 힘든 날이 이어졌습니다. 모든 것이 '아이 중심'으로 돌아가던 시간 속에서 제 마음의 목소리는 조금씩 희미해졌습니다. 어느 날은 거울 속 제 얼굴이 낯설게 느껴졌고, 하루가 어디서 시작해 어디로 흘러갔는지조차 기억나지 않았습니다.

그때였습니다. 2022년 봄, 아이들이 다니는 초등학교에서 학부모 독서 특강을 진행했습니다. 밀알샘 김진수 선생님을 운명처럼 만났습니다. 이 인연을 계기로 학부모들은 〈다독다독多讀多讀〉이라는 이름으로 독서 모임을 시작했습니다. 말 그대로 '책을 많이 읽자'라는 의미지만, 시간이 지날수록 '마음을 다독이는 시간'으로 다가왔습니다. 사실 우리는 잊고 있던 '나'를 다시 꺼내기 위한 모임을 시작했습니다.

처음에는 저도 그랬습니다. 조용히 책을 읽고, 듣고, 고개를 끄덕이며 뒷자리에 있었습니다. 그러던 어느 날 '회장을 맡아달라'는 제안을 받았습니다. 저는 누군가를 이끄는 사람이 아니라 늘 조용히 따르는 사람이고 싶습니다. 그래서 망설였습니다. 하지만 마음 한편에는 이런 생각이 들었습니다.

'혹시 이 자리를 통해 내가 조금은 달라지지 않을까?'
신기하게도 그 자리는 저를 천천히, 그러나 분명히 변화시켰습니다. 더 나답게, 더 단단하게 저를 만들어 갔습니다. 모임을 준비하며 책을 다시 읽고, 엄마들의 속마음을 하나하나 들여다보며 함께 울고 웃었습니다. 그 시간 속에서 저는 어느새 '책임감'이라는 언어로 저를 다시 이해하게 되었습니다. 회장이어서 성장한 것이 아니라, 성장해야 했기에 회장이라는 자리가 저에게 왔던 것 같습니다.

책을 읽으며 우리는 삶의 속도를 잠시 늦추었습니다. 수다를 나누며 무거웠던 마음의 짐을 조용히 내려놓았습니다. 아이 이야기로 시작된 모임은 어느새 '나도 힘들어.', '나만 그런 줄 알았어.' 하는 속마음을 터놓는 자리가 되었고, '엄마'라는 이름 뒤에 가려졌던 우리의 얼굴들이 하나둘 드러났습니다. 그렇게 만 3년이 넘는 시간을 보내며 우리는 함께 자랐습니다. 때로는 책 이야기보다 수다가 길었지만, 그 수다 속 문장들이 우리 마음을 다시 일으켜 세웠습니다. 그 작은 대화들이 쌓이고 쌓여, 열두 명의 엄마를 작가로 만들었습니다. 이 책은 김진수 선생님의 밑알이 3년이라는 세월을 지나 맺는 시간의 열매입니다.

이 책을 읽는 누군가는 이렇게 말할지도 모릅니다.
"아, 나만 그런 게 아니었구나." 그 말 한마디면 충분합니다.
우리가 함께 쓴 이 책이 누군가에게 그런 공감이 되어줄 수 있기를 바랍니다.

이제는 알게 되었습니다. 책은 도피처가 아니라 출발점이라는 것을.
자리는 짐이 아니라 가능성이라는 것을.
그리고 엄마는, 여전히 자신을 찾아가는 존재라는 것을요.
이 따뜻한 여정을 함께 걸어준 사랑스러운 그녀들에게 진심으로 고맙다는 말을 전합니다.

우리의 모든 날이 다시 반짝이길 바라며
최서영

1부

새로운 시작

1장

「다독의 씨앗」
내 안에서 싹틔우다

임선효

나에게 다독다독이란?

물거품처럼 흩어지는 하루 속에
내 안의 원석을 비춰준
햇살이다.

1

매일이 처음이어서
매일이 배움이다

봄은 언제나 싱그럽다. 나는 봄을 좋아한다. 사계절의 시작이라는 느낌이 좋다. 겨우내 움츠렸던 내 어깨가 몸에 조용히 안착하는 느낌도 좋다. 올해는 유난히 변덕스러운 날씨 덕분에 벚꽃 위에 소복이 내린 눈을 보았다. 눈이 내리고, 기온이 떨어져도 새싹은 움튼다. '내가 봄을 알려야 해.' 하듯이 꽃은 눈 위에서도 피어나고, 나도 글을 쓰며 인생에 따스한 봄을 선물한다.

아이 한 명을 돌보는 일은 생각보다 어렵다. 노력만으로 해결되지 않는 순간이 있다. 아이와 함께 시간을 보내다 보면 자연스럽게 알게 된다. 대부분의 엄마는 아이를 위해 최선을 다한다. 어떻게든 더 잘 키우고 싶어 한다. 나도 그렇다.

임신했을 때 말로 표현할 수 없을 만큼 행복했다. 태어나서 처음 느껴보는 감정이었다. 아이로 인해 마음 깊이 느껴지는 벅찬 감동이 너무나 소중했다. 이 귀한 행복을 지키기 위해 정보와 지식이 필요하다고 생각했고, 공부를 시작했다. 육아와 자녀 교육에 대해 알아갈수록 쏟아지는 정보에 점점 더 혼란스럽고 불안해졌다. 나만의 기준이 필요하다는 것을 느꼈다. 많은 선택지 중에 책에 관심을 두게 되었고, 독서로 태교를 시작했다. 아이의 성별을 알게 된 날 『아들의 뇌』라는 책을 나에게 선물하며 독서 육아의 첫걸음을 내디뎠다. 여러 육아서를 읽으며 개월 수에 맞춰 필요한 준비도 차곡차곡했다. 그 과정에서 애착 형성과 정서적 육아의 중요성을 느껴 태교에 더욱 집중했다. 아이의 밝고 행복한 미래를 그리며 어서 만날 날을 손꼽아 기다렸다.

  아이가 태어나면 계획대로 흘러갈 수 있을 줄 알았다. 하지만 태어난 지 이틀 만에 중환자실에 입원했고, 그날부터 육아는 계획과 전혀 다르게 완전히 무너져 내렸다. 아이와 함께하는 하루가 너무 버거웠다. 수시로 울어댔고, 분유를 거부하며 더욱 지치게 했다. 작디작은 몸을 씻기고 옷을 입히는 일조차 감당하기 힘들었다. 나의 하루는 그냥 부서진 유리처럼 산산조각 났다. "육아가 처음이라 어렵지, 엄마도 조금씩 성장할 거니까 힘내자."라고 아이에게 혼잣말하며 스스로 다독였다. 가끔 허탈함이 밀려와도 다시 마음을 추스르며 하루를 살아냈다. 그런 날 속에서도 아이의 방귀 소리 한 번으로 온 집안에 웃음꽃이 피고, 손짓 하나로 가족이 행복했다. 완벽하지 않아도 괜찮았고, 그저 아이가 웃어주는 순간이 있다면 하루하루가 괜찮았다.

  예방접종을 하고 돌아온 날, 저녁부터 갑자기 고열이 났다. 병원에서는 예방접종 후 증상이나 대처법에 관한 아무런 설명이 없었다. 엄마들이라면 다 아는 기본 정보쯤으로 여기는 것 같았다. 왜 열이 나는지 몰라 밤새 불안에 떨었다. 옆에서 지켜보던 친정엄마는 고열이 나니 오한이 올 수도 있다고 하며 따뜻하게 이불로 감싸주라고 했다. 엄마의 말대로 아이를 겉싸개로 꽁꽁 싸매 안아줬다. 시간이 지나도 열은 내려가지 않았다. 진료를 볼 수 있는 시간이 아니기에 열이 나는 이유와 내리는 방법을 검색해 봤다. 인터넷 글에서는 옷을 다 벗기고 미지근한 물로 몸을 닦아주라고 했다. 두 방법 사이에서 나는 갈팡질팡했고, '백일도 안된 아이가 큰일 나는 건 아닐까?' 겁이 났다.

새벽 두 시, 결국 119에 전화를 걸었다. 그 순간은 떨어지지 않는 열을 잡기 위해 그 방법밖에 떠오르지 않았다. 통화가 연결되자 당황한 마음으로 아이의 증상과 낮에 있었던 일들을 이야기하며 도움을 요청했다. 상담원은 조용하고 차분한 목소리로 말했다. "어머님 예방접종 뒤에 흔히 있는 반응이에요."라고 설명하며, 어떻게 해야 할지 차근차근 알려줬다. 상담원의 짧고 분명한 설명에 안심이 됐다. 시간이 지나 열은 내렸고 두려웠던 밤도 무사히 지나갔다. 그렇게 아등바등하면서 키웠다.

어찌 보면 흔한 열에도 온 세상이 무너지고 낯선 상황 앞에선 늘 선택의 갈림길 앞에 놓인다. 하나를 알면 둘을 알 수 있지만 하나를 모르면 둘이 있는 줄도 모른다. 나에게 육아는 그렇다. 정말 하나도 모르겠다.

동아줄이라도 잡아보려고 전문가들의 방송이나 블로그도 많이 찾아봤다. 육아서도 읽었지만 혼란스럽게 할 때가 더 많았다. 아무리 좋은 정보도 아이와 맞지 않으면 그만인 것이다. 내 아이는 책 속 아이가 아니고 그저 성장하는 한 인간일 뿐이다. 처음에는 책에서 배운 대로, 책에서 시키는 대로 하면 육아가 술술 되는 줄 알았다. 하지만 현실의 벽은 높다. 매 순간이 시험이고 배움의 연속이다. 이유 없이 종일 울고 떼쓰는 모습에 지치고 화가 나 짜증도 냈다. 울고 떼쓰기를 반복하는 아이를 보며 '모든 행동에는 다 이유가 있다.'라는 어느 작가의 말이 떠올라 개월 수에 맞는 육아서를 찾아봤다. 그제야 '재접근기'라는 중요한 시기임을 알게 됐다. 독서를 통해 아이의 발달 단계를 이해하게 되자 아이를 대하는 나의 모습도 자연스레 달라졌다. 꾸준한 독서의 중요성을 다시 한번 느꼈고, 사람은 책을 통해 변할 수 있음도 배웠다.

　엄마들은 유아기에 읽어주는 책의 중요성을 잘 알고 있고, 자녀에게 독서가 꼭 필요하다고 생각한다. 아이가 있는 집이라면 전집 하나쯤은 마련해 두고, 깔끔한 화이트를 좋아하던 엄마들도 인테리어 따위는 신경 쓰지 않을 정도다. 전집은 대부분 거실 한복판, 아이의 눈높이에 맞춰 손에 잘 닿는 곳에 둔다. 이렇게 많은 시간과 정성을 들여 책을 읽어 주지만, 아이들은 부모가 생각하는 만큼 쉽게 따라오지 않는다.
　아이가 태어남과 동시에 책을 읽어주기 시작했다. 세 살 무렵 전집도 하나, 둘 들여오기 시작했지만, 아이는 장난감과 놀이에 집중할 뿐 책에 관심을 가지지 않았다. 내가 책을 보거나 만지면 아이는 나와도 거리를 두었다. 빠듯한 외벌이 살림에 큰맘 먹고 장만한 전집은 책장에 가지런히 꽂힌 채 먼지만 쌓여갔다. 그 책들을 보고 있노라면 점점 마음이 조급해졌다. 어느 날 전집을 효율적으로 활용하는 방법에 대해 알게 됐다. '책은 읽어야 하는 것'이라는 생각을 버리면 책과 친해지는 방법은 무한

하다. 그날부터 책은 장난감이 됐다. 책으로 돌다리 쌓기도 하고, 그 위에서 인형 놀이를 시작했다. 집을 만들어 놀다가 바닥에 펼쳐 길을 만들기도 했다. 그렇게 아이가 책을 만지는 날이 많아졌다.

 놀이로 시작하는 독서는 뒷부분부터 활용했다. 책의 뒷부분에는 내용을 바탕으로 할 수 있는 주제와 관련된 다양한 활동이 담겨 있다. 동물을 만들며 식성과 습성을 알아가고, 식물은 어떻게 자라는지를 관찰하면서 자연에 대해 이해한다. 여러 가지 과학실험까지 더해져 놀이가 한층 더 풍성해진다. 활동하다 보면 추억이 될 사진도 남고 나의 손재주도 늘어간다. 물론 과정은 평탄하지 않았다. 집은 엉망이 되기 일쑤고, 참고 기다려줘야 했기에 인내와 많은 시간이 필요했다. 무려 1년이 넘는 시간이 걸렸다. 하지만 그 시간 동안의 노력은 기대보다 훨씬 더 멋진 결과를 안겨줬다. 책을 읽어 달라며 아이 스스로 꺼내 들고 오는 근사한 날을 마주하게 된다. 그런 날들은 잊지 못할 우리의 축제다. 축제를 오래도록 하려면 기준보다는 아이가 느끼는 즐거움이나 호기심이 중요하다. 엄마가 읽히고 싶은 책이 아니라, 스스로 읽고 싶어 하는 책을 선택하게 하는 것이다. 지금도 이 마음을 잃지 않으려 노력 중이다. 이러한 노력 덕분에 독서와 함께하는 우리의 축제는 일상이 됐다.

 봄은 어김없이 찾아왔다.
 따뜻한 봄은 네 살 아이가 밖에서 뛰어놀기 딱 좋은 계절이다. 아이와 자주 놀이터로 나갔고, 그곳에서 다른 엄마들을 만났다. 처음에 인사만 나누던 사이는 날이 갈수록 일상을 공유하며 마음을 나누는 깊은 관계로 이어졌다. 육아를 공유하고 작은 위로와 공감을 주고받으며 매일 만나 즐거운 시간을 함께했다. 엄마들의 수다는 시작은 있어도 끝은 없다. 함께하는 여행, 함께 마시는 맥주 한 잔은 나를 행복하게 했다. 복잡한 생각들은 사라지고 함께 나눈 사소한 대화에도 깔깔 웃게 했다.

하지만 그 만남이 결코 즐거움만 주지는 않았다. 다른 집 육아 방식과 교육이 우리 집과 비교되기 시작했고, 늘 뒤에서 누군가가 다그치는 기분이었다. 결국, 4살 어린아이에게 가정방문 학습지를 시키고, 영어유치원을 알아보느라 온갖 정보를 수집했다. 예체능 학원에 보내며, 적응하지 못하는 아이와 눈물 섞인 실랑이를 벌이기도 했다. 왜 엄마 마음을 몰라주냐고 속상한 마음에 다그친 날도 있었다. 나름대로 최선을 다한 시간이었지만, 그 모든 노력 끝에 남은 건 방향을 잃어 나아가지 못하고, 다시 처음으로 돌아온 듯한 허무함뿐이었다.

모든 시도는 실패했고, 시간이 갈수록 불안만 더 커졌다. '한글 학습지 하나 하지 않고, 예체능이나 영어 같은 특별한 교육도 받지 않은 이 아이가 과연 학교에 가도 괜찮을까?', '나중에 커서 괜찮을까?', '언제까지 놀게 해야 할까?'. 생각은 꼬리에 꼬리를 물고 이어졌다. 숨 막히는 불안은 아이를 부족한 아이로 보이게 했다. 사실 아무 문제없고, 잘 자라고 있는 아이는 엄마의 노파심으로 인해 부족한 아이가 됐다. 내 불안한 마음과 말들이 아이에게 상처가 됐고 억눌린 감정은 정서와 행동에 그대로 드러났다. 그저 밝게만 자라도 좋겠다고 생각했던 아이가 갑자기 말을 더듬으며 자기 마음을 제대로 표현하지 못했다. 엄마의 눈치를 보고 스스로 공부방에 가겠다고 했고, 친구를 따라 피아노 학원도 다니겠다고 했다. 마치 자기 뜻인 양 말했지만 어쩐지 그 말속엔 작고 조용한 체념이 묻어 있었다. 그때부터였을까? 아이의 얼굴에서 점점 표정이 사라져 가는 것이 보였다.

물론 공부가 나쁘고 피아노를 배우는 것이 틀린 것은 아니다. 다만 우리가 원하는 때, 필요한 때에 하고 싶었다. 그런데도 보석 같은 아이를 누군가의 비교 대상으로 만들었다. 어릴 적 나는 항상 누군가와 비교당하며 살았다. 그로 인해 속상한 경험도 많다. 비교당하는 것은 절대 행복하지 않다는 것을 잘 안다. 엄마들의 만남은 서서히 갯벌 속으로 빠져들 듯 벗어날 길이 없어졌다. 처음엔 단순한 정보 나눔이었지만, 어느새 누군가의 기준과 평가의 자리가 됐다. 많은 책을 읽고, 아이를 바라보며 스스로 다듬어 온 기준과 가치, 생각이 흔들리고 있었다. 함께하는 이들은 고맙고 좋은 사람들이지만 아이와의 관계에서는 그렇지 못했다. 조용히 관계를 정리하기로 하고, 서서히 만남의 횟수를 줄여갔다. 과정에서 분명 힘든 순간도 있지만 그래도 아닌 건 아니다. 지나고 보면 별일 아닌 일들이 그때는 왜 그렇게 힘들었는지 모르겠다.

엄마들과의 만남이 줄어들고 아이와 함께하는 시간이 조금씩 늘었다. 어딘가에 맞추려 애쓰지 않아도 됐고 계속되던 비교도 줄어드니, 마음이 편해졌다. 서두르지 않고 바라봐 주고, 아이의 현재를 존중해 주겠다고 다짐했다. 있는 그대로의 모습을 받아들이는 엄마 앞에서 아이도 조금씩 긴장을 풀고 표정이 부드러워졌다. 계속해서 무언가를 놓치고 있는 것 같던 불안이 '우리는 이만하면 괜찮다.'라는 생각으로 바뀌기 시작했다. 함께 울고 웃으며 지나온 시간은 어느새 겹겹이 쌓였고, 나만의 방식, 나만의 감각도 천천히 중심을 잡아갔다. 그즈음 이사를 계기로 결심했다. 그곳에선 다른 엄마들과 깊은 관계를 맺지 않기로 했다.

2

경계 너머
나를 만나는 시간

이사와 함께 많은 변화가 생겼다. 낯선 동네, 낯선 얼굴로 가득한 아파트, 무언가 다르다는 것이 매일의 일상에 조용히 자리했다. 그런 상황과 함께 자리 잡은 감정은 경계심이었다. 엄마들 사이에 엮이지 않으려는 마음이 있었다. 시간은 말없이 흘렀고, 아이는 초등학생이 됐다. 아이의 첫 학교생활은 당연히 엄마의 최대 관심사다. 학교 임원이며 반 대표도 해야 하고 각종 학교 공지를 빠짐없이 챙기려는 비장한 마음으로 학교 소식에 집중했다.

매일 올라오는 학교 공지가 엄마의 하루를 시작하게 한다. 어느 날 학교 알림에 학부모 독서 모임 모집 안내 글이 눈에 들어왔다. 독서라는 글에 관심을 가졌지만, 낯선 관계에 대한 경계심이 앞섰다. 선뜻 참여할 용기가 나지 않아 망설이고 있던 찰나, '코로나 19로 인해 비대면으로 진행'이라는 문구가 나를 이끌었다. 괜히 낯선 사람들과 어울려야 한다는 부담감에 망설였지만, 아이에게 긍정적인 영향을 줄 수 있으면 좋겠다는 마음이 더 컸다. 큰 용기를 내어 '줌(Zoom)'모임에 참여했다. 하지만 화면 너머로 시도해 보고 나니 여전히 관계 속에서 일어날 미래가 그려져 다시 마음을 닫았다.

그런 나에게 새로운 인연을 이어준 것은 어른 음료였다. 좋은 것도 과하면 독이 될 수 있지만, 적당히 즐기면 삶의 활력소가 된다. 어른 음료, 술이 그렇다. '사람은 망각의 동물이라고 했던가?' 망각 덕분에 마음 아팠던 기억도 단호했던 결심도 흐릿해지고 결국은 새로운 인연을 맞이하게 했다. 그래서일까? 그 인연을 맺어준 어른 음료를 더 사랑하게 됐다. 인연은 언제 어떻게 찾아올지 모른다.

우연히 〈다독다독〉 모임을 하고 있는 '책벗'을 만났다. 오전 10시! 집으로 초대한 손님에게 예의를 갖추려 조심스레 커피 한 잔을 권했다. 그런데 돌아온 대답은 예상 밖이었다.

"혹시 맥주 한 잔 있어요?"

예상 밖의 대답이었다. 순간 당황했지만, 이내 웃음이 났다.

"네? 네, 있어요."

첫 만남에 묘한 신뢰감과 편안함이 들어, 짧은 시간에 마음이 열렸다. 이 사람이라면 아이 엄마라는 타이틀을 잊고 있는 그대로의 나로 지낼 수 있겠다 싶었다. 잠깐의 대화 속에서 〈다독다독〉 모임에 함께 하기를 권유받았다. 자신이 없다고 조심스레 말하며, 그 이유를 솔직하게 털어 놓았다. 과거 아이 엄마들과의 관계에서 겪었던 일, 그리고 지금까지 이어진 내 이야기를 조용히 풀어냈다. 그는 차분하게 듣고 난 후, 다시 말을 이었다.

"선효님이라면 잘할 것 같아요. 우리 함께 해요."

그녀의 웃는 얼굴이 좋았고, '함께'라는 말이 좋았다. 예상치 못한 인연으로 나의 〈다독다독〉 생활이 시작됐다.

처음에는 단순히 책만 함께 읽는 모임 정도로 생각했다. 그런데 내가 알던 독서와는 전혀 달랐다. 책을 읽고 이야기를 나누며 서로의 생각을 듣는 그 시간이 깊고 따뜻하게 다가왔다. 과거 나의 독서는 물가에서 발만 담근 것 같았다. 항상 족집게식으로 핵심 키워드를 찾아내 책의 내용을 파악하고 배움을 찾는 데만 매달렸다.
독서 모임을 시작해 준 김진수 선생님의 리더십과 〈다독다독〉 최서영 회장의 추진력은 대단했다. 육아서와 소설책만 반복해서 읽던 나에게, 모임에서 추천하는 책은 난해하지만 새롭게 다가왔다. 모임장이 선정한 책을 읽고 각자의 시선으로 생각하고 느낀 부분을 나누는 방식은 신선했다. 책의 종류도 다양했다. 한 번도 손에 들어본 적 없고 관심조차 가지지 않았던 책들이 내 사고의 폭을 넓혀주었다. 한 권의 책을 통해 타인의 삶을 듣고 내 이야기를 조심스레 꺼내 본 경험은 단순한 독서를 넘어 마음을 나누는 것이었다.
어영부영 시작한 〈다독다독〉 모임은 따라가기 벅찰 만큼 열정이 넘쳤다. 미라클 모닝 관련 도서를 읽고 새벽 모임이 시작됐다. 아이를 낳고 새벽 기상을 해본 적 없던 나는 참여하는 것이 현실적으로 어려웠다. 새벽 모임에는 참여를 못 했지만, 책을 읽으며 멀리서 조용히 따라갔다. 그런 내게 아무도 부담을 주지 않았고, 기다려주고 존중해 줬다. 배려해 준 덕분에 진정한 〈다독다독〉의 회원으로 천천히 스며들었다.

만남이 쌓일수록 속마음을 내보이며 스스럼없이 대화를 나누었다. 책을 통해 느낀 감정을 서로 전하고 끄덕이다 보면 어느새 육아 이야기, 술 이야기 등 사소한 대화로 옆길로 새기도 했다. 특별한 주제가 없어도, 언제나 웃음소리가 자리를 함께했다. 가끔 눈물을 흘리는 분들도 있었다. 그 눈물의 의미를 다 알 순 없지만, 그때 그 감정만큼은 함께 느꼈다. 〈다독다독〉은 내게 사랑스럽고, 존경스러운 사람들을 안겨줬다. 그리고 마음을 말없이 받아주는 새로운 인연들이 하나둘 차곡차곡 쌓였다. 때로는 오랜 친구처럼, 때로는 가족처럼 그들과의 만남은 삶의 활력소가 됐다. 〈다독다독〉과 함께 한 시간은 인생의 전환점이 됐다.

가장 큰 변화는 책 한 권을 읽고 글로 정리하는 습관이 생긴 것이다. 그 글들은 소중한 자산처럼 간직하는 노트가 됐다. 그리고 늘 마음 한편에 품고만 있던 글쓰기를 마침내 시작하게 됐다. 아이와 나의 첫 시작, 우리 가족의 수많은 계절도 가만히 글 속에 머문다. 출산과 육아로 잠시 내려놓았던 나, 다시 나로 살아가는 과정을 이렇게 글로 남기며, 〈다독다독〉을 함께 해온 이들과 한 권의 책으로 마음을 모을 수 있어 기쁘다. 삶을 글로 남긴다는 건 참 근사한 일이다. 지지 않는 꽃처럼 마음속에 오래도록 남을 추억을 선물하는 일이다. 책을 읽고 글을 쓰며 나답게 존재하는 나, 자녀에게 좋은 본보기이자 근사한 어른이 되고 싶다.

돌이켜보면 한때는 나만의 인생을 꿈꾸던 사람이었다. 목표도 있었고, 이루고 싶은 것도 많았다. 조금 먼 곳에서 이사 온 나는 의지와 상관없이, 스무 살이 되면서 바로 독립했다. 낯선 곳에서 자립을 시작하며 항상 열심히 살아야 했다. 하고 싶은 것도 많고, 갖고 싶은 것도 정말 많았지만 모든 것을 뒤로하고 하루하루를 살아내는 게 중요했다. 먹고사는 문제가 우선이었다. 꿈, 미래 대신 생존을 했던 그때의 나를 꼭 안아주고 싶다. 생존의 1순위는 돈이었고 매일 버텨내야 하는 시간이었다.

그때는 몰랐지만, 그 또한 성장해 가는 과정이었다. 그 과정은 절대 평탄하지 않았다. 대학에 진학해 공부하는 동안, 생계를 위해 아르바이트도 쉬지 않았다. 모든 걸 혼자 감당해야 했던 시간에 학업과 생계, 그 두 길은 벅찼다. 교통비가 없어 일하는 곳까지 걸어야 했고, 바뀌는 계절에 맞는 옷 한 벌 살 수 없었다. 현실이 서글펐다. 아니 비참했다. 오늘의 나에게는 미안한 생각이지만, 그때는 정말 여기서 끝내고 싶다는 생각도 했다. 자주 외로움에 잠겼고, 우울증으로 인해 외출하는 일이 쉽지 않았다. 결국, 빠듯한 생계로 대학교는 한 학기조차 채우지 못하고 그만뒀다. 잠시 은둔 생활을 하면서도 포기하지 않고 여러 자격증 공부를 했다. 수십 번의 면접 끝에 마침내 원하는 회사에 입사하며 새로운 시작을 맞이했다. 나름 목표 금액도 정해놓고 매일 일하고 아껴 쓰며 적금을 붓는 재미도 있었다. 노력은 내 편이 되어 조금씩 평범한 20대가 됐다. 운명은 스스로 바꿀 수 있다고 믿으며 매 순간 간절함과 희망으로 최선을 다했다. 지금도 이 마음은 변함이 없다.

늘 애쓰며 살아온 나에게 육아란 결코 단순하지 않다. 아이를 내가 원하는 방식대로 키우겠다는 것은 아니다. 자기 주도적이고 사랑과 자신감이 넘치길 바란다. 어릴 적 나는 그럴 수 없었다. 일곱 살이 되던 해의 기억이 지금도 생생하다. 아빠가 누워 계실 때 발꿈치를 들고 걷지 않는다는 이유로 혼이 났고, 버릇없이 엄마에게 어머니라 부르지 않았다는 이유로 벌을 섰다. 학교에서도, 집에서도 100점만을 인정했다. 그 외의 점수는 체벌이 따랐다. 그 기억들은 지금도 머릿속에 남아 있다. 추억이라기보다는 그저 잊어도 되는 지나온 시간일 뿐인데, 마음 한구석에 자리 잡고 잊히지도 않는다.

나의 아이는 지식보다 지혜가 넘치는, 지식과 지혜가 함께 자라는 아이가 되길 바란다. 잊어도 되는 과거 말고, 추억이 많은 사람으로 키우고 싶다. 그래서 육아에 나의 존재를 뒤로하고, 아이의 현재와 미래에 함께 머물며 성장하는 시간을 보내기로 했다. 그 시간은 십 년. 나의 십 년은 엄마와 주부라는 직업으로 경력을 쌓아갔다.

지금은 육아맘에서 워킹맘으로 직업이 변경된 지 13개월이 됐다. 그저 흘러간 시간은 나를 바꾸지 못한다. 열심히 한 나의 시간이 삶에 변화를 주고 나를 빛내준다. 아이를 키우며 나의 인생은 더 따뜻해지고 멋진 어른이 무엇인지 생각하게 한다. 덕분에 하루를 알차게 보내려 노력한다. 요즘 제일 많이 듣는 말은 "왜 이렇게 일을 만들어?", "잠은 자는 거야?"라는 농담 섞인 말들이다. 이런 말들은 그저 가는 길에 놓인 작은 돌멩이일 뿐, 사소한 방해도 되지 않는다. 일을 만들고, 바쁘게 사는 게 아니다. 그저 주어진 시간을 소중히 여기고 최선을 다할 뿐이다.

처음부터 하루의 소중함을 알았던 것은 아니다. 아이를 어린이집에 보내고 매일 이어지는 엄마들과의 수다가 즐거웠고, 밤마다 정주행하던 드라마는 지친 하루의 쉼이었다. 그렇게 하루하루를 보내며 아이가 건강하게만 자라주면 된다고 생각했던 시절도 있었다. 아이가 커 갈수록 생각이 조금씩 바뀌기 시작했다. 아이에게 바라는 것이 많아졌고, 기대와 욕심이 생겼다. 교육에 대한 관심도 커졌다. 여러 교육 관련 도서를 읽었지만, 나와 아이에게 맞는 교육 방법을 찾기는 어려웠다.

어느 날 우연히 보게 된 예능 프로그램 〈유 퀴즈 온 더 블록〉에서 박혜란 작가의 인터뷰를 봤다. 인터뷰 중에서 "애가 뭐가 되려나 걱정하지 말고, 애가 무엇이 될까를 궁금해하라."라는 말과 "이제 너희들은 다 키웠으니까 이제 내가 좀 커야겠다."라는 말이 내 마음을 깊이 울렸다. 짧은 말이지만, 교육에 대한 고민 속에서 헤매던 내게 가만히 방향을 알려주는 것 같았다. 또 육아와 살림에만 몰두하던 일상을 돌아보며 큰 울림을 줬다. 그즈음 우연처럼 읽게 된 『열 살 전에, 더불어 사는 법을 가르쳐라』 속 문장 하나도 강하게 와닿았다. 공자는 '자기 처신이 바르면 명령하지 않아도 행해지고, 자기 처신이 바르지 않으면 비록 명령한다 하더라도 따르지 않는다.'라고 했다. 이 말과 박혜란 작가의 말이 머릿속에서 하나로 겹치면서 뭔가 번쩍하고 깨닫게 됐다.

많은 육아서를 읽으면서 접했던 말이지만 이상하게도 그날은 유난히 마음에 깊이 박혔다. 아이에게 바라는 삶이 있다면 결국 나부터 그런 삶을 살아야 한다는 단순하지만, 중요한 사실을 마음 깊이 새기게 됐다. 이후 내 삶을 다시 돌아보며 마음을 다잡았다. 아이에게 바라는 삶을 말하기 전에 내가 먼저 그렇게 살기로 했다.

3

내일을 준비하는
오늘

　인지심리학자 김경일 교수의 책을 즐겨 읽는다. 방송이나 유튜브 영상도 자주 챙겨 보는 편인데, 그중 마음에 깊이 남은 메시지는 '현재의 선택과 행동이 미래를 결정한다.'였다. 현재가 곧 미래의 나임을 깨닫는 순간, 부모로서 아이의 미래 역시 함께 그려졌다.
　생각과 말은 쉽게 할 수 있지만, 행동으로 옮기는 건 어렵다. 나는 그동안 큰 착각 속에 살았다. 마음만 먹으면 무엇이든 가능하다고 믿었다. 하지만 현실은 다르다. 생각만으로 이루어진 건 아무것도 없고, 절실함에서 비롯된 꾸준함이 필요했다. 다시 시작하는 마음으로 〈다독다독〉 모임에서 읽었던 자기계발서와 성공한 사람들의 이야기를 담은 책을 찾아 읽기 시작했다. 수많은 조언 중에서 내가 할 수 있는 것을 정하고, 그중에서 당장 실행할 수 있는 세 가지를 선택했다.
　첫째, 결정을 했다면 미루지 말고, 바로 시작하자.
　생각만 하다 보면 결국 아무것도 못 한다. 일단 해보는 것이 중요하다. 그 일이 나와 맞는지, 진짜 필요한 일인지, 해낼 수 있는지, 모든 가능성은 시작을 해봐야 알 수 있다.

둘째, 체력을 키우자.

무언가를 계속해 나가려면 몸이 먼저 버텨줘야 한다. 아무리 열정이 넘쳐도 체력이 약하면 목표를 달성하기 어렵다. 의지가 무너지는 순간은 몸이 무너지는 순간일 수도 있다.

셋째, 여행을 자주 떠나자.

때로는 멈추고 나를 돌아보는 여유의 시간도 필요하다. 쉼이 있어야 다시 나아갈 수 있다. 익숙한 일상에서 잠시 벗어나면 다른 풍경, 다른 사람들 속에서 마음의 여유도 생긴다. 여행은 특별함보다 익숙한 것에서 잠시 벗어나는 힐링이다.

위 세 가지를 정한 이유는 내가 꾸준히 할 수 있는 것들이기 때문이다. 해봐야 할 수 있는지 알 수 있고, 부딪혀봐야 그 힘의 크기를 안다. 그리고 쉬어가는 법을 알아야 한다는 것이 내 생각이다.

가장 먼저 시작한 것은 매일 늦게 잠들던 습관을 고치기였다. 일찍 자고 일찍 일어나는 일은 단순히 잠의 문제가 아니다. 잠을 잘 자야 머리가 맑아지고 그래야 하루의 일상도 무리 없이 흘러간다. 몸의 피로가 쌓이면 자연스레 스트레스가 쌓인다. 이미 몸에 배어버린 생활 리듬은 쉽게 바뀌지 않았고, 너무 힘들었다. 병원에서 수면제 처방을 받아 복용하면서 조금씩 잠자는 시간을 앞당겨갔다. 그 시작을 발판 삼아 하루를 새롭게 다듬었다.

아이가 나쁜 말을 할까 걱정하기보다 엄마인 내가 집안에서 예쁜 말을 하기 위해 아침 필사를 시작했다. 일기 쓰기를 정말 싫어하던 아이가 필사하는 엄마의 모습을 보고 Q&A 형식으로 하루를 기록하고 있다. 덕분에 아침 식사 전 아이와 함께 필사와 Q&A를 하며 하루를 시작한다. 짧은 시간이지만 필사로 아침을 열면 그 하루는 이미 뜻깊은 하루가 된다. 잘못된 시작으로 외국어를 멀리하는 아이의 모습에 걱정이 많았다. 여러 방법을 시도했지만, 점점 더 거부가 심해졌다. 말보다 부모의 뒷모습이 아이에겐 가장 좋은 가르침이 된다고 한다. 걱정하는 마음, 아이에게 강요하기보다 내가 먼저 중국어를 배우기 시작했다. 그저 시작만 했을 뿐인데, 아이는 영어와 중국어에 흥미를 느끼기 시작했고 지금은 매일 아침 스스로 공부한다. 그 모습이 참 신기할 따름이다. 함께 중국어를 공부하면서 훗날 만리장성 여행도 약속했다. 여러 언어를 배우면서 자신감이 생겨 원어민 선생님과의 대화도 즐거워한다. 나로부터 시작된 작은 변화가 아이에게 긍정의 씨앗이 된 것 같아 마음이 따뜻해진다.

나는 운동을 정말 싫어했다. 학생 때 줄넘기 몇 번 해본 게 전부였다. 매일매일 꾸준함을 이어가면서 운동의 중요성을 실감하게 됐다. 생각처럼 따라주지 않는 몸으로 계속 무언가를 하는 것은 나 자신을 소홀히 대하는 일이라 생각했다. 바로 헬스장에 회원 등록을 했다. 운동은 상상했던 것보다 훨씬 어려웠다. 기구 사용도 낯설었고, 시작하자마자 온몸이 더 고장 나버린 느낌이었다. 운동을 시작하면 곧바로 힘도 생기고 체력이 좋아질 거라 기대했지만, 근육통과 함께 체중만 계속 늘어났다. 이대로는 어림없었다. 결국, 전문가의 손길이 필요함을 느끼고 개인 PT를 받았다. 반복된 과정이 3개월 동안 계속되다 보니, 슬슬 지겨웠다. 운동을 그만두고 싶었지만, 절대로 그만두면 안 된다는 생각으로 종목변경을 결심했다.

다시 시작한 운동은 주짓수다. 주짓수를 선택한 이유는 여러 가지이지만 그중 제일 큰 하나가 있다. 코로나19로 인해 아이가 어린이집에 가지 못하는 때가 있었다. 남편은 일을 계속해야 했기에, 나와 아이는 매일 같이 여행을 다니며 시간을 보냈다. 사람들과의 접촉을 최대한 피해야 했던 때였다. 여행지는 조용한 숲이나 한적한 바닷가 같은 곳을 찾아다녔고, 여행을 하며 문득 이런 생각이 들었다.

'지금 무슨 일이 생기면 나는 이 아이를 지킬 수 있을까?'

혹시나 우리에게 닥칠 위기 상황이 걱정됐고, 아이를 지킬 신체적, 정신적 힘의 필요성을 느꼈다. 여러 호신술 중 '주짓수'라는 생소한 운동이 호기심을 끌었다. 막상 시작해 보니 주짓수도 만만치 않게 어려웠다. 몸과 마음이 단단해지기까지는 많은 시간이 필요했다. 목표를 세우고 따라가지 않으면 또 그만둬버릴까 두려웠다.

현재 목표는 블루벨트다. 주짓수에서 블루벨트는 화이트벨트 다음 단계지만, 사실상 '입문'을 넘어서야 하는 단계인 것 같다. 블루벨트는 나에게 단순한 색 이상의 의미를 넘어선다. 성인 기준으로 2년 이상, 5년 정도의 꾸준한 수련이 필요하다. 블루벨트만 바라보며 꾸준히 하다 보니, 시간이 쌓이고 점점 주짓수의 매력을 알게 됐다. 주짓수는 운동을 넘어 인생의 본질을 깨닫게 해주는 것 같다. 그건 바로, 포기하지 않는 삶의 태도다. 운동이 끝난 뒤 관장님 마무리 인사는 마치 책 속 한 구절처럼 마음 한편에 오래도록 머문다. 주짓수를 통해 얻은 것은 건강한 몸과 마음뿐만이 아니다. 쉽게 늘지 않는 실력과 오랜 시간이 필요한 승급 과정을 겪으며 인내심과 자신의 한계를 극복할 수 있다는 믿음을 얻었다. 운동의 장점을 알게 되니, 가족과 함께하고 싶었다. 여러 운동 중에 세 식구가 함께 달리기를 시작했다. 처음 목표는 대회에 나가서 5km를 완주하는 것이었다. 첫 목표를 이룬 후, 더 나은 기록을 향한 다음 목표가 생겼다. 그렇게 우리는 매년 지역 대회에 참가하면서 소중한 추억을 쌓아가고 있다. 기록을 세우고 또 깨며 달리는 시간은 즐거웠고, 자신감을 키워줬다. 꾸준한 연습으로 하프도 완주했다. 달리기는 가족이 함께 호흡을 맞추며 나아가는 시간이다. 이 모든 과정이 우리 가족의 성장이고, 가족이 '함께'한다는 것의 의미는 굉장한 것이다.

함께하는 시간은 여행에서도 행복을 준다. 여행을 하면 언제나 새로움만 생각하고 즐겼다. 김영하 산문 『여행의 이유』를 읽고 다시 깨달았다. 여행은 새로운 것을 만나기도 하지만, 동시에 무언가와 헤어지기도 한다. 낯선 곳에서 마주한 '새로움'은 익숙한 것들과 과거를 조용히 멀어지게 한다. 여행을 삶의 중요한 부분으로 생각하게 된 계기가 있다. 아이를 낳기 전 영재 관련 예능 프로그램을 본 적이 있다. 한 영재의 아버지 인터뷰 장면이었다. 그 아버지는 남들과 다른 자신만의 아이 키우는 방법이 있었다. 별이 뭐냐고 묻는 질문에 시간과 장소에 관계없이, 아이를 데리고 별을 보러 가서 직접 보여주며, 스스로 느끼도록 한다고 했다. 그 교육은 너무도 인상 깊었다. 아이를 키우게 되면 가르치는 교육보다 스스로 배우도록 이끄는 교육의 중요성을 배웠다.

아이가 태어난 후, 6개월도 채 되지 않았을 때부터 캠핑을 다니기 시작했다. 자연을 많이 경험하게 해주고 싶었다. 아직 어렸었기에, 여행을 다녀오면 꼭 아팠다. 한 번도 겪어본 적 없는 세상에 적응하느라 많이 힘들었을 것이다. 처음 마주한 환경, 낯선 소리, 공기, 모든 감정은 그 작은 아이에게 아마 거대한 폭풍처럼 다가왔을 것이다. 어릴 땐 내가 정하는 여행지를 다녔고, 아이가 성장하면서 스스로 정하고 있다. 다가올 연휴는 조금 색다른 방법으로 정하고 싶어 아이디어를 냈다. 눈을 감고 지도에서 찍은 그곳으로 여행을 가는 것이다. 아직 여행을 떠나지 않았지만, 우리는 벌써 여행하는 기분을 즐기고 있다. 아이가 가보고 싶다는 곳은 함께 가보려 노력하며, 지도 위에 빨간색으로 우리의 여정을 기록하고 있다. 물론 모든 걸 다 해줄 수는 없다. 주어진 환경 안에서 할 수 있는 최선을 다할 뿐이다. 이 순간들이 기억에는 남지 않을지 몰라도 나는 안다. 지금 쌓아가는 사랑이 마음속 깊은 곳 어딘가에 머물고 있음을. 그리고 먼 훗날 어른이 되어 힘든 시간을 마주할 때 이 사랑이 아이를 다시 일으켜 세우길 바란다.

오늘도 가정과 회사를 오가며 아침 필사를 시작으로 영단어와 중국어를 외우고, 짧은 독서와 자격증 공부까지 틈틈이 하고 있다. 저녁에는 운동으로 하루를 마무리하며 나 자신을 위한 시간을 만들고 있다. 모든 시간은 결국 나를 성장시키고 미래의 나에게 하는 투자다. 지금은 글쓰기까지 더해져 하루를 꽉 채워가고 있다. 가끔은 짧은 일탈도 한다. 이런 일탈도 필요하다. 악착같이 살았던 20대를 돌이켜 보면 끝없이 달리기만 하면 언젠가는 쓰러지고, 다시 일어설 힘마저 잃는다는 것을 알고 있기 때문이다. 그렇기에, 시간에 쫓기지 않고 최대한 활용하려고 노력한다.

지금은 모든 것이 평범한 일상이고 습관이 되어 자연스럽게 흘러간다. 이렇게 성장하기까지 오랜 시간의 노력과 끊임없는 과정이 필요했다. 아이를 키우며 직장을 다니고 나를 챙기려는 노력은 매일이 도전이다. 이 모든 걸 동시에 해내는 것이 지금도 쉽지는 않다. 아이의 엄마로, 직장인으로, 나로서 여러 역할을 번갈아 하며 하루를 살다 보면 그 과정에서 가끔은 일부를 놓치는 순간도 있다. 직장 일에 집중하면 아이에게 잠시 소홀해지기도 하고, 반대로 아이에게 집중해야 할 일이 생기면 나 자신에게 소홀해지기도 한다. 그래도 잠시 내려놓는 것쯤은 괜찮다. 중요한 건 나의 가치를 잃지 않는 것이다. 모든 건 결국 내 계획대로 이루어질 것이다.

작은 행동 하나에도 해야 할 이유를 찾으면 한두 가지이지만, 하지 못할 이유를 찾으려고 하면 수천 가지가 떠오른다. '그럼에도' 노력한 만큼 변해가는 삶을 보며 해야 할 이유를 찾고, 성장하는 나와 아이의 하루를 보면 힘이 난다. 오늘 아침 글을 쓰는 엄마를 본 아이가 말했다.

"나도 소설책 하나 쓰고 싶어!"

그 말을 들으니 정말 가슴이 벅차올랐다. 얼마나 근사한 일인가? 아이에게 글쓰기가 어떤 좋은 점이 있는지, 글쓰기가 인생에 어떻게 도움이 되는지 설명할 필요도 없다.

"그래, 너의 상상력과 말재주라면 충분히 가능해. 노트에 끄적여 놓으면 엄마가 봐줄게. 그리고 같이 다듬어서 책으로 만들어 보자."

이렇게 기적 같은 일로 가득한 하루인데, 어떻게 나의 하루를 허투루 보낼 수 있겠는가. 단순히 부모로서 어른의 역할을 다하는 것을 넘어서 내 삶을 온전히 살아갈 수 있어서 감사하다. 때로는 하루가 바쁘고 힘들게 느껴질 때도 있지만, 그 속에서 꿈꾸는 오 년 후, 십 년 후의 모습이 정말 기대가 된다. 나는 더 단단해져 있을 것이고 아이는 자라 함께 할 추억이 많아질 것이다. 이 글을 시작으로 더 많은 글이 세상에 닿길 바란다. 그리고 새로운 직업이 또 생겼다.

임선효 작가.

2장

「다독의 시작」
단단한 뿌리를 내리다

김소희

나에게 다독다독이란?

길눈이 어두운 나를 위해
실시간으로 교통상황을 반영하여
최적의 길을 안내해주는
인생의 내비게이션

1

왜 아이들은
철이 들어야만 하나요?

어렸을 적 엄마는 하루도 쉬지 않고 일을 했다. 주로 군복이나 전투 가방의 테두리를 이중으로 박음질하는 일이었다. 거실 한편에 엄마의 일감이 쌓여 있었다. 아직도 어린 동생을 등에 업고 미싱을 하는 엄마 모습이 눈에 선하다. 저녁이면 온 가족이 둘러앉아 줄줄이 박아내는 옷과 가방에서 실밥을 떼어냈다. 집으로 찾아오는 사람이라곤 일주일에 한 번, 공부를 봐주는 학습지 선생님이 전부였다. 반가운 손님은 없었지만, 다섯 식구가 모여 앉아 실밥을 정리하던 그때가 그립다.

주택 생활을 정리하고 생애 첫 아파트로 삶의 터전을 옮겼다. 엄마는 계속 집에서 일하기를 원했다.

"뒤 베란다를 작업실로 쓰면 딱 맞아."

엄마는 수선집을 하기에 안성맞춤이라며 1층을 고집했다. 하지만 아빠의 생각은 달랐다.

"평생 낮은 집에 살았으니 높은 곳에서 푸르른 산을 마주하며 살고 싶어."

집의 층수를 정하느라 엄마와 아빠는 한동안 대치 상태를 이뤘다. 얼마 뒤 우리 가족은 너무 낮지도, 너무 높지도 않은 9층으로 이사했다. 아랫집은 엄마의 미싱 소리에 예민했다. 바닥재를 통과해 전해지는 진동도 참지 않았다. 결국, 엄마는 미싱을 처분했다.

이후 엄마는 지겹다는 말을 입에 달고 살았다. 집 안 청소를 할 때도, 식사 준비를 할 때도, 세 남매가 투덕거릴 때도 그랬다. 심지어 학교에 가져갈 불우 이웃 돕기 쌀을 담아줄 때도 지겹다고 했다. 세상만사가 다 지겨웠던 엄마는 내가 5학년이 되는 해, 지인을 집으로 초대하기 시작했다.

엄마에게도 새로운 친구가 생겼다. 동네 아주머니와 어울리는 엄마의 모습이 보기 좋았다. 언제부터인가 텔레비전과 전축, 소파만 있던 거실에 대여섯 명의 어른들이 자리를 잡고 온종일 노름을 했다. 그러다 아빠가 퇴근할 때쯤 부랴부랴 정리하고 돌아갔다. 노름의 무리는 하나에서 둘, 셋으로 거실과 주방 사이까지 점령하더니 안방에서도 노름판을 펼쳤다. 집에 사람들을 모아 노름판을 벌였지만 정작 엄마는 노름판에 끼지 않았다. 그저 사람들에게 자리를 만들어 주고 커피믹스를 내오고 잔돈을 바꿔줬다. 가끔 부족한 자리에 끼어 광을 팔 때는 있었다. 미싱을 못 하니 어쩌면 용돈 벌이였을까? 외로움을 달래는 방식이었을까?

"살림하는 여편네가 애는 안 보고 뭐 하는 짓이야?"

사실을 알게 된 아빠는 불같이 화를 내곤 2주 동안 묵언 수행에 들어갔다. 하지만 달라지는 건 없었고, 이런 일은 한 달에 두세 번 반복됐다. 그럴 때마다 엄마는 말했다.

"너희 아빠 또 삐쳤어. 속으로 꽁해서 사람 답답하게 말을 안 하고 난리야. 차려준 밥은 왜 안 먹는데?"

이게 그렇게 가벼운 일인가? 어린 나이에도 삐쳤다고 표현할 만한 일인지 의아했다.

엄마의 손님은 우리 집을 수시로 드나들었다. 얼마 지나지 않아 엄마는 저녁밥을 차려놓고 밤마실을 가기 시작했다. 부모님의 불화는 당연한 결과였다. 부부간의 대화는 단절되었고 세 남매를 통해 말을 전했다. 사춘기인 언니는 방에서 거의 나오지 않았다. 엄마 껌딱지인 동생은 아빠를 꺼렸다. 밥 먹으라는 말부터 누군가의 결혼식, 카드 결제일까지 모든 말의 전달책은 오롯이 나의 몫이었다.

나는 가족이 함께 있을 때의 무거운 정적이 싫었다. 그래서 아무것도 모르는 척, 눈치가 없는 척 더 소란스럽게 행동하고 떠들었다. 출근 준비를 마친 아빠는 인기척 없이 집을 나섰다. 베란다에 매달려서 로비를 나서는 아빠를 기다렸다.

"아빠, 잘 갔다 와. 파이팅!"

큰 소리로 외쳤지만 아빠는 어떠한 말도, 제스처도 없이 가버렸다. 그렇게 맥없이 학교를 갔다가 집에 돌아오면 자기 집인 양 편하게 있는 엄마의 지인이 싫었다. 내가 언짢은 티를 내도 전혀 개의치 않아 했다. 그 모습이 더 신경질이 났다.

엄마는 가정주부의 역할을 충실히 해냈다. 혼자서 모든 집안일과 세 남매의 뒷바라지를 했다. 끼니마다 밑반찬과 국까지 손수 준비했다. 시골에 제사가 있으면 혼자 내려가서 제사음식을 도맡아 할 정도로 책임감이 강했다. 하지만 부모님의 사이는 점점 더 멀어졌다.

분명 문제가 있는데 마냥 덮어두는 부모님의 모습이 싫었다. 서로를 등진 채 '저렇게 살아서 뭐 하나…' 하는 회의감이 걷잡을 수 없이 몰려왔다. 분위기를 바꾸려 애를 써도 달라지지 않는 상황에 큰 무력감을 느꼈다. 그때부터 나는 사람들 앞에 나서지도, 감정을 드러내지도 않았다. '나'라는 사람을 알리고 싶지 않아 어깨를 움츠리고 다녔다. 나의 바람과 달리 또래보다 유난히 큰 덩치와 우뚝 솟은 키 때문에 어딜 가나 타인의 이목을 끌었다. 그것도 잠시, 처음엔 호기심에 다가왔던 친구들도 머지않아 자기들만의 무리를 만들었다. 특별히 어울려 지내는 짝이 없을 뿐, 교우 관계가 나쁜 것은 아니어서 별다른 어려움 없이 학창 시절을 보냈다.

그런 나에게 고등학교에 입학하자마자 단짝이 생겼다. 이름의 끝 자가 같다며, 똑같이 빛날 희(熙)를 쓴다며, 다소 유치한 이유로 급격히 친해졌다. 쉬는 시간이면 화장실도 같이 가는 절친이 되었다. 어느 날 초대를 받아 친구 집에 갔다. 친구 집의 거실은 책으로 둘러싸여 있었다. 거실 가운데 앉아있으면 책장의 책이 우르르 쏟아질 거 같았다.

친구의 어머니는 갑작스러운 방문에도 웃으며 반겨줬다. 어머니는 흔한 봉지 과자가 아닌 감각적인 틴 케이스에 담긴 고급 쿠키를 내주고는 안방으로 들어갔다. 살짝 열린 문틈으로 침대 주위에 무심히 쌓아 올린 책과 작은 책상이 보였다. 책상 위에는 연필과 지우개, 공책이 가지런히 정리되어 있었다. 친구 어머니의 공간은 우리 집에서는 찾아볼 수 없는 묘한 매력이 있어 참 좋았다.

책으로 둘러싸인 거실에서 친구와 나는 희희낙락했다. 각자 구미에 맞는 책을 골라 꽤 오랜 시간 집중해서 읽기도 했다. 친구와 함께 책을 읽는 시간이 많아질수록 말수가 적던 나에게도 서서히 변화가 일어났다. 그중에서도 J. M. 바스콘셀로스의 『나의 라임오렌지나무』가 변화의 결정적 계기였다. 자기보다 어린 동생을 살뜰히 챙기는 다섯 살 제제. 겁쟁이 형이 휘말린 싸움에 대신 나서는 용감한 제제. 돈을 벌기 위해 구두닦이 가방을 메고 길거리를 서성이는 제제. 작은 것이라도 더 가난한 사람과 나눌 줄 아는 고운 마음씨의 제제에게 순식간에 매료되었다.

집안에 마음 붙일 곳 없던 제제는 뒷마당에 있는 라임 오렌지 나무에 '밍기뉴'라는 이름을 붙여 자신의 속내를 털어놓았다. 상상 속에서 활개 치는 제제는 천사 같았지만, 가끔은 악마의 속삭임에 넘어가 온 동네 사람을 괴롭히는 꼬마 악동이 되기도 했다. 그럴 때마다 제제는 가족들에게 호되게 맞고 심한 욕설을 들었다. 고작 다섯 살 아이에게 내리는 처벌이라기엔 너무나 가혹한 것이었다. 특히 제제가 아버지에게 혁대로 온몸을 얻어맞는 장면에서 너무 잔인하다고, 어떻게 이럴 수 있냐고, 얼마나 아프겠냐고 소리 내어 울었던 기억이 생생하다. 나는 제제처럼 언어적, 육체적 학대를 당한 적은 없다. 하지만 그 당시 온몸으로 느꼈던 집안의 냉기와 어른들의 아집은 제제 아버지가 휘두르는 혁대만큼이나 나를 아프게 했다.

어떤 날은 매질을 피해, 어떤 날은 기쁜 소식을 전하기 위해 밍기뉴에게 달려가는 제제를 보며 친구를 찾아가는 내 모습이 겹쳐 보였다. 낯간지러워 말하진 않았지만, 그때 그 시절 나에게 친구는 밍기뉴 같은 존재였다.

　가족에게 충분한 사랑과 관심을 받지 못하는 제제를 안타깝게 여기고 보살펴 준 뽀르뚜까 아저씨도 인상적이었다. 나이를 초월한 우정과 서로를 향한 믿음을 지켜보며 어른에 대한 불신이 누그러졌다. 나에게도 뽀르뚜까처럼 모든 것을 포용해 주는 '진정한 어른'이 곁에 있어 주길 너무나 바랐다. 그래서인지 불의의 사고로 뽀르뚜까가 죽는 장면에서 또 한 번 오열했다.

　사랑하는 이를 잃은 슬픔에 잠식당해 버린 제제가 가여웠다. 감당하기 힘든 일이 벌어지고 나서야 제제를 돌봐주는 가족과 동네 사람을 보며 씁쓸한 안도감이 들어서 또 울었다. 처음으로 내 안의 소리를 끄집어낸 책이었다. 어른 눈치를 살피기 바빴던 날의 설움이 북받쳐와 꺼이꺼이 울었다.

　목에 걸린 무언가를 빼낸 것처럼 그날 이후, 속으로 삼키기만 했던 생각을 내뱉기 시작했다. 그때부터 나와 친구는 멀어져 갔다. 그도 그럴 것이, 친구의 말이라면 무조건 따랐던 내가 현실적이고 부정적인 대답을 해대는 또 다른 자아를 발현했기 때문이다. '친구는 수용적인 나를 원했던 걸까?', '아니면 변한 내 모습이 맘에 들지 않았던 걸까?' 어린 나로서는 이해할 수 없었다.

　어렸을 때부터 '이거 하고 싶다.', '이런 사람이 되고 싶다.', '이렇게 살아야지.' 했던 적이 거의 없다. '저렇게 하면 안 되겠다.', '저러면 안 되는구나.', '저렇게 살지 말아야지.' 눈치를 보며 하지 말아야 하는 것만 늘어났다. 굳이 안 해도 되는 것은 관심 밖이었다. 하고 싶은 것도 많고, 하고 싶은 것은 꼭 해내고야 마는 친구와는 결이 달랐다. 서로의 다름을 인정하고 받아들이기에 우리는 너무 미숙했다. 둘 사이의 거리를 좁히지 못하고 서서히 멀어졌다.

  나는 더 이상 나의 밍기뉴를 찾아가지 않았고, 나의 밍기뉴 또한 나에게 말을 걸지 않았다. 다른 사람과 이야기 나누는 친구가 신경 쓰였지만, 생각보다 친구를 잃은 상실감은 크지 않았다. 그저 '나도 철이 들었구나.'라고 생각했다. 밍기뉴가 머물던 곳에서 나도 양분을 먹고 성장한 것인지, 밍기뉴가 사라지고 나서야 햇빛을 마주한 것인지 헷갈리지만, 또 다른 자아는 사회생활을 하는데 훨씬 더 적합했다.

2
내 마음속에
정말 악마가 있나 봐요

시간이 흘러 나는 평범한 가정주부, 한 남자의 아내, 두 아이의 엄마가 되었다. '나'라는 개인의 삶을 사는 것보다 가족의 울타리 안에서 아내로서, 엄마로서, 며느리로서 주어진 역할을 해내며 사는 것이 더 안정감 있고 편안했다.

첫째가 초등학교에 들어갈 무렵 이사를 했다. 내 집 마련을 하면서 받은 대출이자를 갚기 위해 어린이집 조리사로 취직했다. 집에서 도보 5분 거리, 오전 3시간 근무, 필요한 금액보다 2배 더 많은 월급. 일과 가사, 육아까지 고루 해낼 수 있는 최적의 조건이다. 약간의 경제 활동이 추가된 나의 일상은 내가 꿈꿔왔던 이상적인 가정의 모습이다. 가족을 반겨주는 엄마와 이야기를 잘 들어주는 아빠, 재잘재잘 떠드는 아이들이 있는 화목한 가정을 꿈꿨다. 일상에서 오는 행복감이 커질수록 '나만 잘하면 된다.'라는 중압감도 커졌다.

조리사로 근무한지 일 년쯤 되던 어느 날, 평소처럼 아침밥을 먹여 아이들을 보내고 여유롭게 출근했다. 점심시간에 맞춰 밥과 국, 반찬 두

가지를 만들었다. 배식 후 간식을 준비하고 뒷정리를 하면 업무 종료다. 근무시간은 12시 30분까지지만 손이 느린 나는 20분 정도 늦게 퇴근했다. 집으로 돌아와 아침에 남겨둔 설거지와 빨래, 청소를 하면 오전 일과를 마친 보상으로 낮잠을 잤다. 귀가하는 아이들을 맞이할 에너지를 충전하기 위해서였다. 후반전이 시작되는 오후 4시, 육아 모드에 돌입하여 아이들과 시간을 보냈다. 그날따라 남매가 사이좋게 놀았고 주어진 공부도 곧잘 해서 흡족했다. 퇴근한 남편과 함께 저녁을 먹고 사용한 그릇을 치웠다. 느긋하게 마른 빨래를 개는 저녁 시간, 불현듯 '지겹다'는 말이 떠올랐다. 어린 시절 나를 주눅 들게 했던 그 말, 내 아이에게는 절대 하지 않겠다고 다짐했던 말이다. 그 말은 몇 날 며칠 머릿속을 돌아다니다 결국 입 밖으로 튀어나오고 말았다.

지겨웠다. 아침에 일어나는 것도, 밥하는 것도, 아이들을 채근하는 것도 그랬다. 남편에게 집안일을 부탁하는 것도 지겹고, 심지어 좋아하는 드라마를 보는 것도 지겨웠다. 아이들의 사소한 실수에도 화가 치밀어 올랐다.

"이게 그렇게 울 일이야? 지겨워, 진짜!"

우는 아이를 달래주기는커녕 매섭게 노려보며 소리쳤다. 10명 중 7명이 겪는다는 번아웃 증후군이었다. '흔한 감정 변화일 뿐이야.'라고 위로하면서도 지겹다고 말하는 나를 꾸짖었다. 자책을 넘어 그 말을 알려준 엄마가 원망스럽기도 했다. 바람결에 초가 흔들리는 것처럼, 나는 평정심을 잃고 거세게 흔들렸다.

"나는 엄마처럼 살지 않을 테니 걱정하지 마."

10여 년 전, 결혼을 앞두고 딸 걱정을 하는 엄마에게 매몰차게 말했다. 그런 나였기에 갑자기 들이닥친 삶의 권태감은 두려움 그 자체였다. 배운 게 도둑질이라고 출처를 알 수 없는 감정이 몰고 올 파장이 떠올라 가슴이 조여 왔다. 변화가 필요했다. 활기를 잃은 하루를 채워줄 무언가를 찾아야 했다. '운동을 시작할까?', '자격증 공부를 해볼까?' 딱히 하고 싶은 게 없었다. 초기에 드는 비용도 부담스러웠다. 무엇보다 혼자 새로운 것을 시작할 자신이 없었다.

갈피를 잡지 못하고 있을 때 지인으로부터 학부모 독서 모임을 함께 하자는 제의를 받았다.

"재미있게 해줄게."

지인은 모임에 대한 별다른 설명 없이 능청스럽게 말했다. 학부모 독서 모임이라고 하니 학년별 권장도서를 추천해 주고 독후 활동을 공유할 거라 어림짐작할 뿐이었다. 담당 선생님을 만나보니 학부모의 긍정적인 변화를 위한 독서 프로젝트를 언급했다. 변화를 원한 건 바로 나 자신이었지만, 변화를 위해 감수해야 할 것을 마주하고 나니 덜컥 겁이 났다. 돌이켜봐도 절망적이고 도망가고 싶던 순간이다.

이미 학부모 독서 모임의 취지를 제대로 알고 가입한 분들은 선생님의 말씀에 동요가 없었다. 여유로운 분위기는 술렁이는 마음을 편안하게 해줬다. 이분들과 함께라면 나도 달라질 수 있을 것 같았다. 함께하고 싶었다. 무작정 추천 도서에 있는 책을 하나씩 사들였다. 나를 위한 책을 구매한다는 것만으로도 신이 났다. 빈 책장이 채워질수록 나의 여가는 책을 읽는 것으로 채워졌다.

사실 책을 읽는다고만 해서 독서를 한다고 할 수 없다. 독서의 사전적 의미를 살펴보면 '책의 내용과 뜻을 헤아리거나 이해하면서 읽는 것'이라고 한다. 그런데 나는 책 속에 나열된 활자에 아무런 의미를 심지 않은 채 단순히 눈으로 보고 있는 수준이었다. 37살이 되어서야 나의 독서 나이는 첫째 아이보다 한참 어린, 이제 막 한글을 깨친 6~7세라는 것을 깨달았다. 책을 보긴 했으나 깨달음을 얻을 수 없었고, 알맞게 쓰이는 내용도 없었다. 그렇다 보니 나의 부족함은 매번 드러났지만, 책을 읽는 행위를 멈출 수 없었다. 〈다독다독〉에 속해 있다는 소속감이 나를 움직이게 했다. 리스트에 있는 모든 책을 격파하지는 못했다. 하지만 새로운 사람과의 교류를 통해 일상의 지루함을 어느 정도 깨뜨릴 수 있었다.

〈다독다독〉에서 서로의 호칭은 누군가의 엄마가 아닌 이름 끝에 '님' 자를 붙여 부르기로 했다. 처음엔 어색했지만 '~님'이라고 불리고, 부를 때마다 하나의 존재 그 자체로 빛났다. 그리고 신선했다. 책을 매개로 한 대화를 할 때면 횡설수설하는 내가 답답했을 텐데, 그녀들은 항상 너그럽게 받아주었다. 어설프게 꺼낸 이야기에도 크게 공감해 줬고, 사소한 고민거리에도 정성 가득한 조언을 해줬다.

그녀들은 독서 이외에도 책에서 배운 내용을 적극적으로 실천했다. 대세의 흐름에 따라 시작한 새벽 기상은 세 번, 새벽 독서 모임은 한 번, 감사 일기는 마음으로 써내려갔다. 야심차게 내건 집 밥 챌린지 인증 사진은 한 달 동안 이어갔지만, 관성의 법칙을 거스르지 못하고 중도 하차

했다. 무엇 하나 꾸준히 해낸 것은 없지만, 읽기로 했던 책만큼은 시간이 걸리더라도 완독했다. 모임에 참석하지 못할 때도 마음만은 '함께'했다. 그렇게 1년이라는 시간을 어중이떠중이처럼 보냈다.

그 무렵 오전에는 어린이집에서, 야간에는 물류센터에서 일을 하기 시작했다. 첫째 아이의 영어학원비를 벌기 위해 한 달에 두 번 정도 했던 일이 일곱 번으로 늘어났다. 일하는 만큼 통장에 차곡차곡 쌓이는 일급을 보면 신이 났다. 뼈 있는 프라이드치킨을 좋아하는 첫째와 순살 양념치킨을 좋아하는 둘째의 취향을 모두 맞춰줄 수 있어 좋았다. 맘에 드는 옷을 색깔별로 살 수 있는 여유가 생겨 즐거웠다. 점점 집에서 쉬고 있는 시간이 아까웠다. 주말에만 하던 일을 평일에도 하기 시작했다. 일하는 횟수가 늘어날수록 아이들의 학원 수도 늘어났다. 어릴 적 나는 하지 못했던 것을 즐기고 있는 아이들을 보고 있으면 뿌듯했다. 아이들이 학원 수업을 받는 동안 책을 읽었다. 커피를 홀짝이며 책 읽는 나의 모습이 근사했다. 꽉 찬 하루를 보내고 나면 오늘도 열심히 살았다는 만족감에 기뻤다.

하지만 잠자는 시간을 줄여가며 투 잡을 병행한 결과는 참담했다. 극심한 다이어트 후에 오는 요요현상처럼 오래된 수면 부족은 잠에, 잠을 더해 갔다. 매일 누르던 현관 비밀번호가 기억나지 않아 한참을 서 있기도 했다. 깜빡깜빡하는 것은 기본, 물류센터에서 중량물을 다루다 보니 수시로 근육통에 시달렸다. 온전치 않은 건강 상태는 집안 곳곳에서도 드러났다. 바닥에 먼지와 머리카락이 굴러다니고 건조가 끝난 세탁물이

산처럼 쌓여갔다. 아침이면 산더미를 헤쳐 아이들 옷을 꺼내 입혔다. 어떻게든 부여잡으려 했던 책과 모임에서도 멀어져 갔다. 뭔가 삐걱거리고 있다는 것을 감지했지만, 이미 고정 지출로 자리 잡은 학원비를 생각하면 쉴 수 없었다. '굳이 이렇게까지 해야 하나?' 하면서도 일을 하지 않으면 불안했다. 여전히 시간 말고는 아무것도 팔 것이 없는 노동자라는 현실을 직시할 때면 한없이 초라해졌다. 그렇게 오늘도 버텨낸다는 일념으로 하루살이처럼 살아갔다.

3

내 가슴속에
행복의 태양이 빛나는 거 같아요

　잠에 취해 살던 2023년 11월 어느 날, 벤저민 하디의 『퓨처 셀프』를 읽고 모이는 날이었다. 모임 전날에도 물류센터에서 새벽까지 일하고, 세 시간도 못 잔 상태로 어린이집으로 출근했다. 평소보다 컨디션이 좋지 않아 모임에 가지 않으려 했다. 그런데 퇴근과 동시에 발걸음은 그녀들이 있는 카페로 향하고 있었다. 모임이 끝날 때쯤 쭈뼛쭈뼛 들어갔다. 그녀들은 언제나 그렇듯 환하게 웃으며 반겨주었다. 이미 책에 관한 이야기는 마무리가 된 분위기였다. 서둘러 자리를 재정비한 후, 폴라로이드 사진을 찍어주고 나의 이야기를 들을 준비를 했다.
　'10년 후의 내가 지금의 나에게 해주고 싶은 말은 무엇인가요?'
　기다려준 그녀들을 위해서라도 할 수 있는 한 가장 멋들어지게 쓰고 싶었다. 하지만 머릿속에 맴도는 말은 단 하나뿐이었다. 이제 막 인화된 사진 하단에 한 글자, 한 글자 꾹꾹 눌러썼다.
　'너 참 애썼다.' 눈물이 왈칵 쏟아졌다. 진짜 별거 아닌 말인데, 눈물이 계속 흘렀다. 눈물의 의미도 모른 채 나는 울었고, 그녀들은 가만히 다 독여주었다. 같이 울어주는 분이 있어 피식하고 웃음이 새어 나왔다. 그렇게 우리는 울다가 웃었다. 집으로 돌아와 곰곰이 생각해 봤다.
 '왜 이리 아등바등 살고 있는 거지?'
 '뭣이 부족해서 스스로 들볶고 있는 거지?'
 '진정 원하는 게 뭐지?'

 내가 바라는 건 화목한 가정이었다. 그러기 위해선 엄마처럼 살지 않아야 했다. 가족보다 친구가 먼저인 엄마였다. 부재중인 엄마를 찾으려고 동네 슈퍼마켓이나 쌀집을 서성였다. 그렇게 찾아 헤매던 엄마가 집에 있을 땐 내가 함께할 자리가 없었다. 엄마는 직장에 매여 있는 것도 아닌데 왜 비 오는 날 우산 한 번 가져오지 않았을까? 교문 앞에서 가족 상봉의 순간을 지켜보고 있노라면 서러움이 북받쳤다. 투명 인간이 되고 싶었다.
 항상 돈이 없다던 엄마는 증권회사에 출근 도장을 찍었다. 하루 종일 주식 차트를 보다가 장이 끝나면 들어오는 날이 허다했다. 주식으로 재미를 보지 못한 엄마는 그 당시 유행하던 다단계 판매에 적극적이었다. 뒤 베란다에는 생필품, 기초화장품, 영양제, 속옷 등 잡다한 물건이 자리를 차지했다. 제품이 쌓이는 만큼 빚도 쌓여갔다. 나까지 경제적인 부담을 주고 싶지 않았다. 사교육을 하지 않고도 공부를 잘한다는 것이 엄마의 자랑거리였지만, 나에겐 아쉬움으로 남았다.
 "엄마는 우리 딸을 믿으니까."
 "응. 알고 있지. 엄마 올 때까지 단원평가 풀어 놓을 테니까 이따가 채점해 줘."

엄마는 잔소리 대신 '믿는다'는 말을 무기 삼아 나를 휘둘렀다. 무엇이든 알아서 해야 했다.
"위인전 두 권 읽고 감상문 써 놓을게."
시키지도 않은 일을 해놓고 밤늦게 들어오는 엄마를 기다렸다.
나에게도 엄마의 눈길과 손길이 닿기를 간절히 바랐다. 안타깝게도 나를 향한 무조건적인 신뢰는 방임이자 결핍으로 다가왔다.

이것이 내가 풀타임이 아닌 파트타임과 야간근무를 하는 결정적인 이유다. 아이들에게 엄마의 빈자리를 느끼게 하고 싶지 않다. 집에 돌아오면 반갑게 맞아주는 엄마가 되고 싶다. 가끔 날씨가 더운 날은 아이스크림을, 추운 날은 핫 팩을 들고 학교 앞으로 찾아간다. 특히, 비 오는 날 우산을 가져다줄 때면 스스로 좋은 엄마라는 생각이 들어 흐뭇하다.
돈에 쪼들리고 싶지 않다. 그렇다고 일확천금을 바라지도 않는다. 시간이 될 때마다 야간근무를 한다. 일한 만큼 일당을 주는 단순한 육체노동이 살림에 숨통을 틔우게 해준다. 요행을 부리지 않고 땀 흘려 번 돈으로 하고 싶은 것을 맘껏 누리는 아이들을 보며 대리만족한다.
가족이 가장 많이 머무는 거실은 전면 책장을 두어 서재처럼 꾸몄다. 제각각 편한 자세로 늘어져 책을 보는 시간이 하루 중 가장 편안하다. 네 식구가 함께하는 것만큼 사람들과 어울리는 것도 좋아한다. 가족과 친구들이 모일 때면 노름이 아닌 보드게임을 즐겨 한다.
일주일에 한두 번 남매의 친구들을 집으로 초대해 온종일 논다. 저녁밥까지 먹고도 한참을 더 있다 간다. 그렇게 놀고도 헤어질 때면 아쉬워하는 아이들이 귀여워서 수시로 놀러 오라고 한다. 자연스럽게 우리 집은 아이들의 놀이터가 되었다.

오후 시간은 주로 아이들을 위해 쓰인다. 엄마에게 받고 싶던 관심과 사랑을 아이들에게 부족함 없이 주고 싶다. 기본적인 생활과 교과 공부, 학원 이동 모두 내 손을 거쳐야만 직성이 풀린다. 헌신이라고 하기엔 거창하고 내게 주어진 시간과 에너지를 남김없이 쏟고 있다고 자신한다.

결핍은 나를 움직이게 하는 강력한 힘이다. 하지만 두 아이 모두에게 똑같이 해줄 수는 없다. 첫째는 첫째대로, 둘째는 둘째대로 자기에게 더 집중해달라며 손을 잡아당긴다. 그럴 때마다 손가락 사이로 힘이 빠진다. '왜 너만 생각해. 너무 이기적인 거 아니야?'라는 말이 목구멍까지 차오르지만 할 수 없다.

"엄마랑 시간을 더 보내고 싶었구나. 그랬구나. 그럴 수 있어."

토라진 아이의 끝말을 따라 하며 상황을 모면할 뿐이다. 더 이상 갈아 넣을 것이 없는데 조금만 더 달라고 졸라대는 아이들이 야속할 때도 있다.

그해 겨울, 분명 『퓨처 셀프』를 읽었는데 미래의 나와 연결되지 못하고 하염없이 과거로 되돌아갔다. 그곳에서 '하지 않아야 할 것'이 적힌 리스트를 끌어안고 있는 내면 아이를 만났다. 그 종이 쪼가리를 매뉴얼 삼아 엄마와 다르게 살고자 했다. 하지만 나 역시 엄마처럼 삶의 허무함을 크게 느꼈다. 모든 걸 내어줘도 아이들은 충만하게 느끼지 않았다. 틀에 갇혀 있는 나 자신이 불쌍하고 가련해서 오랜 시간 다독여주었다. 나에 대한 연민은 엄마에 대한 연민으로 번졌다. 완벽하게 이해할 수는 없지만, '그때 그 시절이라면 그럴 수 있겠다.' 하고 받아들였다. 과거의 나를 마주하는 것은 고통스러웠으나 피할 수 없는 것이었다.

그로부터 5개월 후, 우리는 각자 정한 목표를 잘 이뤄가고 있는지 점검하는 시간을 갖기로 했다. 야간에 하던 일을 줄이고 나와 가족, 친구들과 함께하는 시간을 늘렸다. 일을 줄였다고 해서 살림에 큰 타격은 없었다. 많이 하거나 적게 하거나 통장에 쌓이지 않는 건 매한가지였다. 우스웠다. 물욕을 덜어내니 나는 더 풍요로워졌다. 혼자 가는 카페. 아이들과 배드민턴을 치는 저녁 시간. 늦은 밤 남편과 함께 보는 영화. 주말이면 친구들과 즐기는 다양한 체험. 소중한 인연으로 나를 가득 채웠다. 겨울에서 봄으로, 한 계절이 바뀌는 동안 책에 대한 열정도 아지랑이처럼 피어올랐다.

『퓨처 셀프』를 재독하며 엄마를 보는 시선이 달라졌다. 엄마도 잘 살기 위해 애쓰고 있었지만, 일이 뜻대로 풀리지 않았다. 그때마다 나는 부정적인 결과를 모두 엄마 탓으로 돌렸다. 엄마를 원망하기만 할 뿐 나아지기 위한 노력은 하지 않았다. 하소연할 곳이 없던 엄마는 얼마나 답답했을까? 40대 중반부터 엄마는 안면홍조에 시달렸다. 오랫동안 삭혀 둔 울분이 터져 나온 듯했다. 가정 내 불화, 경제적 문제, 부모와 자식 간의 갈등. 누구에게나 일어날 수 있는 일이었다. 기질적으로 소심한 내가 너무 확대해석했던 것은 아닐까? 내가 쥐고 있던 기억의 파편들이 왜곡된 것은 아닐까? 분명 행복했던 날도 있었을 텐데 말이다.

어쩌면 엄마는 악마의 편집으로 인해 희생양이 된 것일지도 모른다. 편협한 시각에서 벗어나 다각도로 살펴보려 노력했다. 비로소 엄마 혼자 걸어온 발자국이 선명하게 보였다.

"내 마음대로 판단해서 미안해. 한 번도 엄마 편에 서주지 않아서 미안해."

이제는 엄마를 진심으로 안아 줄 수 있을 것 같다.

서당 개 삼 년이면 풍월을 읊는다. 시간이 흘러 〈다독다독〉과 함께 한 지도 벌써 4년 차다. 우리는 독서 그 이상을 이루기 위해 각자의 이야기를 모아 책을 출간하기로 했다. 호기롭게 시작했으나 역시 막막했다. 해내야 하는 일을 해치우느라 오랜 시간 나를 돌보지 않았다. 상상력의 날개가 꺾어진 지 오래였다. 책을 읽기 전과 읽고 있는 지금의 나를 어떻게 글로 담아야 할지 감이 잡히지 않았다. 5년 후, 10년 후는 까마득했다. 현실적이고 즉각적인 무언가가 필요했다. 책장을 둘러보다가 그녀들과 함께 읽었던 김익한의 『파서블』이 눈에 띄었다. 불혹이 되어 다시 본 『파서블』은 '아직 늦지 않았다. 당신의 가능성을 끌어내라!'라는 문구가 적힌 겉표지부터 나를 설레게 했다. 저자는 연초가 되면 흔히 세우는 1년 계획조차 추상적이고 광범위하다며 '한 달 기록'을 강조했다. 내 심정을 헤아려 주는 것 같아 감사했다. 주저하는 나에게 '야, 너도 할 수 있어!'라며 장단을 맞춰 주니 신이 났다. 『파서블』을 토대로 꿈을 현실로 만들기 위해 한 달 일상 기록을 시작했다.

나의 목표는 과거와 현재, 미래를 아우르는 나만의 서사를 써내는 것이다. 제일 먼저, 친구에게 두 달 후에 책을 출간할 것이라고 선언하고 출간 일정에 집중하고 있다. 야간근무를 핑계 삼아 미뤄뒀던 새벽 기상에 합류했다. 나에게 할당된 10여 페이지를 어떻게 채워 나갈지 한 달, 매주, 요일별 목표를 세워 매일 아침 되뇐다. 우선순위를 정하고 나니 모든 게 선명해진다.

'내가 할 수 있을까?' 나 자신을 의심한 순간도 있다. 그때마다 연필을 새로 깎고 연필심이 뭉툭해질 때까지 끼적거린다. 서걱서걱 종이 위로 글씨를 쓰는 소리가 자신감을 불어넣는다. 평소 'ㅋㅋ' 자음으로 즐거움과 기쁨을 표현하고 'ㅠㅠ' 모음으로 안타까움과 슬픔을 전했다. 그랬던 내가 단어 하나, 접속어 하나, 마침표 하나까지 허투루 쓰지 않기 위해 고르고 또 고른다. 그렇게 쓴 글을 한글 파일로 옮긴다. '탁탁챠르르륵' 리드미컬한 소리에 맞춰 문장으로 이어질 때마다 희열을 느낀다. 뭉쳐진 문장들이 하나의 문단이 될 때 '내가 해냈다.'라고 마음속으로 환호한다. 한 페이지씩 글이 늘어날 때마다 하고 싶은 말이 거듭 생겨난다.

오직 글로써 나라는 사람을 보여준다는 것은 지대한 용기가 필요하다. 그 어려움을 알기에 서로의 이야기를 공유할수록 우리는 점점 더 농밀해진다. 어느 때보다도 깊게 연결된 유대감이 오늘도 글을 써낼 힘을 준다. 쓰기의 노력은 일상에도 녹아들었다. 소모적인 대화보다 감정과 생각을 정리하고 기록하는 시간이 늘어나고 있다. 어제보다 오늘, 오늘보다 내일 더 나은 글을 써낼 '나'를 상상하니 호랑이 기운이 솟아난다.

지금 읽고 있는 이 글은 온 힘을 다해 흙더미를 뚫고 나온 새싹이다. 그 연하디 연한 새싹은 튼튼한 줄기가 되어 멀리 뻗어 나갈 것이다. 내가 써 내려간 글을 양분 삼아 어떤 꽃이 피어날지 궁금해진다.

'거베라처럼 길쭉한 꽃일까? 민들레처럼 앉은뱅이 꽃일 수도 있지 않을까?'
'우아한 백합 향이 날까? 산뜻한 향이 나는 프리지어가 좋은데.'
'장미처럼 뾰족한 가시가 있으면 어쩌지?'
'내가 너무 느려서 할미꽃이 필 수도 있겠네.'
'크고 화려하지 않아도 패랭이꽃처럼 약초로 쓰이면 더없이 좋겠다.'
꽃이 피어날 장소와 주변 환경을 상상해 본다. 모르긴 몰라도 나의 꽃은 양지바른 곳에 군집하여 자라고 있을 거라는 확신이 든다.
꽃밭으로 가는 길에 동행해 주는 〈다독다독〉 그녀들이 있기 때문에….

3장

「다독의 영향」
책이 온 날부터

이헌영

나에게 다독다독이란?

나에게 목발 같은 존재!
쓰러지지 않게 잡아주는
영향력 있는 사람들

1
작은 책 한 권이
일상을 바꾸기 시작했다

내 나이 22살, 한없이 나를 사랑해 주는 착한 남자를 만났다. 이렇게 나에게 사랑을 주는 사람은 이 세상에 없을 것 같아, 가장 예쁜 나이에 결혼했다. 가진 건 없지만 함께 있다는 것만으로도 행복하고 마냥 보고만 있어도 좋았다. 우리는 그 흔한 부부 싸움 한번을 하지 않고 아기자기하게 살림을 시작하는 것에 만족했다. 대학 졸업을 1년 앞두고 있던 남편은, 나와 뱃속 아이를 위해 하루라도 빨리 돈을 벌어야겠다며 학교를 그만두겠다고 했다. "학교 졸업해야지. 그동안 했던 공부들과 시간이 아깝잖아…." 모두의 만류에도 불구하고 전혀 아쉬운 내색 없이 자퇴하고 일을 시작했다. 너무 일찍 가장의 무게를 짊어진 것 같아 미안했다.

내 나이 23살, 일하고 있던 어린이집 교사를 그만두고 첫째 아이를 출산했다. 내 배 속에 조그맣고 예쁜 아이가 있었다니 경이롭고 신기했다. 출산의 고통도 금방 잊힐 만큼 아이는 너무 사랑스러웠다. 아이의 오목조목한 눈, 코, 입, 작디작은 손과 발, 첫 옹가까지 사진으로 남겼다. 육아용품을 하나하나 준비하는 과정이 재미있었다. 산후조리 이모님은 콩

밥에 콩 반찬, 사골 미역국을 매일 해줬다. 너무 느끼하고 질려서 그만 먹고 싶어도 아이를 위해 참고 먹었다. 이게 모성애인가 싶었다. 하지만 이모님이 없는 새벽에는, 밤낮이 바뀐 아이를 몇 시간씩 안고 흔드니 몸이 하나둘 고장 나기 시작했다. 손목이 시큰거리고 허리디스크가 왔다. 아이를 키운다는 것은 행복하기만 할 줄 알았는데 포기해야 할 것도 많았다. 아이와 둘이 집에만 있다 보니 가슴에 돌멩이가 박힌 것처럼 답답하고 가만히 있어도 눈물이 났다. 예쁜 아이를 보고도 내 인생은 없고 아이만을 위해 존재하는 것 같아 서러웠다. 창문 밖 건물을 바라보고 있는 내가 안쓰러웠다. 매일같이 함께했던 친구와의 만남도 줄어들어, 힘든 마음을 누구에게든 털어놓고 싶은데 들어줄 사람도 없었다. 우울증이라는 단어를 말하면 안 된다고 생각했다. 항상 모든 일을 공유하는 친정엄마에게도 말하지 못했다. '무슨 방법이 없을까?' 하고 혼자 고민 끝에 남편에게 말했다. "다시 일해야겠어. 집에만 계속 있다가는 더 힘들어질 것 같아."

6개월 된 아이는 친정엄마가 교사로 근무하는 어린이집에 다니게 되었다. 나는 다시 어린이집 교사 생활을 시작했다. 어린이집에서 만나는 아이가 내 아이처럼 사랑스러웠다. 일에 대한 욕심도 커져 열정적으로 일했다. 워킹맘으로 바쁘게 지내는 것이 활기차고 좋았다. 시댁과 친정이 가까이 있어서 아이를 맡기고 허리 디스크 치료를 시작했다. 일하랴 육아하랴 바쁜 일상이지만 몸이 좋아지니 조금씩 마음에 여유가 생겼다.

아이에게 동생이 있었으면 하는 바람으로 둘째를 계획했다. 시부모님에게 도움을 요청했다. 같이 살고 싶다고. 시어머니와 시아버지는 두 가족이 함께 살 넓은 집을 알아봤다. 시부모님과 함께 산다는 것은 안정적인 울타리 안에 있는 것 같아 편안했다. 자상하고 유쾌한 시아버지의 모습은 내가 바라던 아버지의 이상적인 모습이었다. 나는 정말 결혼을 잘했고 복 받았다.

둘째를 기다린 지 두 달 정도 지나자 첫째 아이가 갑자기 울음이 많아지고 한시도 나와 떨어지려 하지 않았다. "동생이 생겼나?" 어른들 말에 임신 테스트기를 해봤다. 두 줄이 아주 희미하게 보여 병원에 갔다. 피 검사 수치도 임신이라기엔 애매했다. 2주 후 재검사 결과 임신이 맞았다. 이렇게 우리에게 와준 둘째에게 고마웠다. 남편과 나는 다짐했다. "우리 열심히 살자, 아이 잘 키워보자."라고.

둘째의 태교는 어린이집 아이들과 함께했다. 뱃속 아이에게 노래도 불러주고 쓰다듬어줬다. 동료 선생님들도 점점 배가 불러오는 나를 배려해 주고 아껴줬다. 돌이켜보면, 여전히 감사한 사람들이다. 둘째를 낳고부터 아이를 키우는 것과 살림을 시어머니를 통해 많이 배운다. 아이의 의견을 존중해 주고 감정 기복 없이 대하는 법을 배웠다. 깔끔하고 항상 정리 정돈이 습관화되어 있는 모습을 보고 살림을 이렇게 해야 한다는 것을 알아갔다.

시아버지는 한 직장에 20년 이상 근무한 총괄 셰프다. 대부분 요리사는 집에서 요리를 하지 않는다고 하던데, 시아버지는 식구들을 위해 매일 맛있는 음식을 하고 맛있게 먹는 모습을 보며 행복해한다. 유쾌한 시아버지 덕분에 웃는 날이 많다. 이렇게 훌륭한 부모님 밑에서 자란 사람이 내 남편인 것이 감사하다. 이상적인 가족의 구성원이 되어 행복한 날을 보냈다.

얼마 지나지 않아 첫째가 5살, 둘째가 2살인 해에 남편의 직장과 가까운 평택으로 이사했다. 그날 시어머니는 많이 우셨다고 한다. 아이들과 복작복작 지내다가 허전함을 느꼈을 테다. 미처 시어머니의 마음을 헤아리지 못했다. 우리 부부는 다시 다짐했다. 잘 살아가는 것이 효도라 생각하고 더욱 열심히 살아보기로 했다. 아는 사람이 없는 지역에 산다는 것이 불안했다. 넷이서 잘 살 수 있을까 걱정도 됐지만 약간의 설렘도 있었다. 처음으로 우리 가족만의 공간을 하나씩 채워가는 재미도 있고 새로운 사람을 알아갈 수 있는 하루하루가 기대되었다.

이삿짐 정리가 마무리될 즈음, 다시 일자리를 알아봤다. 걸어서 10분 거리에 있는 국공립 어린이집에 취직했다. 집이랑 가까운 거리라 아이들이 아플 때나 급한 일이 있으면 달려갈 수 있어서 좋았다. 하지만 일과 육아를 병행한다는 것은 너무 힘든 일이다. 부모님 곁에 살 때는 도움을 많이 받았는데 이곳에는 아무도 없으니 혼자 다 해내야 한다. 아이가 아프거나 일이 생기면 원장님에게 아쉬운 소리를 해야 했다. 동료 교사에게 양해를 구하는 것도 눈치 보이고 싫었다. 하지만 직장과 육아, 이 두 가지를 잘 이끌어가려면 어쩔 수 없이 해야만 했다.

그즈음 한 가족을 알게 되었다. 딸 둘에 남편의 나이도 같고 타지에서 이사 온 상황도 같다. 아이들도 서로 사이좋게 지내고 부부들의 코드도 잘 맞다. 아이 이름의 앞자리를 따서 '다블리', '예블리'라는 애칭을 정했다. 서로 아이를 봐주기도 하고 가족처럼 의지하며 지낸다. 다블리 엄마는 한 살 어리지만 현명하고 배울 점이 많다. 아이가 어린이집에 가고 나면 커피를 마시며 독서를 즐긴다. "언니, 이 책 읽어볼래?"라며 책을 권하기도 한다. 나는 집에 있으면 뒹굴거나 집안일로 시간을 보내기 일쑤인데 독서라니!

다블리 엄마가 처음 권해준 책은 『어린이라는 세계』다. 책 속의 '어린이에게 착하다는 말을 잘 쓰지 않는다.'라는 문장이 머릿속에서 계속 맴돌았다. 그동안 아이에게 착함을 강요하지 않았는지 생각해 봤다. 책을 돌려주며 이 친구의 생각도 궁금해 이야기를 나누었다. 요즘 도덕적인 행동만을 중시하고, 타인에게 착한 사람으로 남으려는 '착한 아이 증후군'이 있다는 것을 알게 되었다. 그 후로 아이에게 '착하다.'라는 말은 아낀다. 책에서 하나씩 하나씩 배워가는 것이 감사하다.

첫째가 초등학교에 입학하면서 육아휴직을 냈다. 맞벌이하며 함께하지 못했던 시간을 아이를 위해 보내고 싶었다. 하교 시간에 학교 앞으로 마중도 가고, 비가 오면 우산도 가져다주고, 간식도 챙겨줄 생각에 내가 더 설렜다. 코로나 19로 인해 학생들만 모여 입학식을 했다. 아이의 첫 학교생활이 시작되었다. 얼마 지나지 않아 학교에서 학부모 독서 모임이 생긴다는 소식을 들었다. 김진수 선생님이 리더로 이끄는 독서 모임이다. 이런 모임이 처음이지만 '한번 해볼까?'라는 생각에 용기 내어 신청했다. 잘 해내고 싶었다. 아는 사람이 없는 나에게 다른 학부모를 사귈 기회라 좋았다. 모임이 시작되고 독서 모임 명을 정하는 미션이 주어졌다. 평소 아이디어가 좋은 동생과 머리를 맞대어 고민했다. "언니, 독서를 많이 하는 것도 좋고 다 같이, 함께 한다는 의미에서 〈다독다독〉 어때?" "좋아!" 동생과 함께 지은 이름이 선정되니 뿌듯했다. 무엇보다 소속감이 생긴 것이 좋았다. 〈다독다독〉의 첫 만남이 아직도 기억난다. 우리는 어색함을 달래기 위해 눈을 감고 짝꿍의 얼굴을 그렸다. 삐뚤빼뚤 눈은 저 위로, 입은 저 아래로 그려진 종이를 보고 한참을 웃었다. 지금도 떠올려보면 웃음이 난다. 그날 이후 선생님이 추천해준 도서 목록에 따라 느리지만, 천천히 독서를 시작했다.

2
책장을 넘길 때마다, 조금씩 괜찮아졌다

책을 함께 읽고 나누는 '동지'가 있어서 좋다. 하루이틀 만에 책 한 권을 다 읽었으니, 나에게는 놀라운 일이 아닐 수가 없다. 책을 읽으니, 아이들과 남편이 변화하기 시작했다. 하나둘씩 책을 가지고 식탁에 앉아 함께 읽는 시간이 많아졌다. 아이를 훈육할 때면 욱하고 올라왔던 감정도 차분해졌다. 아이는 부모의 뒷모습을 보고 자란다고 하는데 이 말이 너무나 와닿는다. 책을 더 보고 싶어 미라클 모닝에 도전했다. 두 달을 꾸준히 6시에 일어나 책을 읽고 감사 일기를 썼다. 인증사진을 찍어 SNS에도 기록했다. 그것을 본 지인들이 '대단하다', '열심히 하네'라고 댓글을 달아주었다. 칭찬받은 아이처럼 기분이 너무 좋았다. 더 적극적으로 책을 읽었다. 감사 일기를 쓰니 아침에 뜨는 해를 볼 수 있다는 것, 등교 시간에 온전히 아이에게 집중할 수 있다는 것, 사소한 일에 감사하는 여유가 생겼다.

계획했던 것보다 일찍 복직하게 됐다. 어린이집 사정으로 조기 복직이 결정된 탓이다. 첫째의 첫 여름방학도 같이 보내지 못했다. 함께하고 싶었던 계획이 틀어져 속상했다. 아이가 걱정되어 거절하고 싶었지만, 그러지 못했다. '돈을 벌면 아이에게 경제적으로 더 지원해 줄 수 있겠다.', '집이 가까우니 휴식시간에 아이를 챙겨주러 가면 되겠다.'라고 긍정적으로 생각하려 노력했다. 첫째는 처음 맞이하는 방학부터 독립적으로 지냈다. 아이는 혼자, 음식을 전자레인지에 데워먹었다. 스스로 잘 해내고 있음을 칭찬해 주었지만, 내 마음은 너무 아프고 미안했다.

복직과 동시에 미라클 모닝 루틴이 깨졌다. 차곡차곡 쌓이는 피로에 독서를 하루이틀 미루고 포기하며 잠을 선택했다. 책을 만나는 횟수가 줄어드니 감사할 일도 없었다. 다람쥐 쳇바퀴 돌 듯 반복되는 일상에 예민해져만 갔다. 예민함은 아이들과 남편에게 그대로 전해졌다. 독서로 마주 앉았던 식탁에서 말없이 식사를 해치웠다. 서로의 일상을 묻기보다 내일을 위해 하루를 마무리하기 바빴다. 좀처럼 마음이 진정되지 않고 화가 많은 사람으로 변해갔다. 3살이었던 둘째는 성격 형성에 기초가 되는 중요한 시기에 불안정한 엄마를 보게 되었다. 순했던 아이가 점점 난폭해지고 예민한 성향으로 변해갔다. 어린이집 선생님은 "아이가 제 뺨을 때렸어요. 소리 지르면서 우는데 감정 조절하는 연습이 필요해요."라고 했다. 모든 것이 내 잘못 같았다. 감정 조절을 못 하는 엄마에게서 배울 것은 화내는 모습밖에 없었다. 시어머니에게 배우고 느꼈던 경험이 있었기에 죄책감이 들었다. '이렇게 아이를 키우면 안 되는데…' 나는 다른 사람이 되어있었다.

어린이집 교사로서 학부모에게는 "집안일은 조금 내려놓으시고 아이에게 집중해 주세요. 3살은 정말 중요한 시기에요."라고 말한다. 정작 내 아이를 잘 돌보지 못했다는 죄책감은 생각보다 컸다. 제대로 준비되지 않은 나쁜 부모라고 느껴졌다. 나 자신이 너무 한심했다. 달라지는 아이 모습에 부부 싸움이 잦아졌다. 노력하지 않는 것에 대해 서로의 탓만 하며 우리 가족은 끙끙 앓았다.

〈다독다독〉은 2주마다 새로운 책으로 모임을 한다. 함께 읽을 책으로 『신경 끄기의 기술』을 추천했다. 아이들에게 집중하려면 불필요한 신경을 줄여야겠다고 느끼고 있었던 터라 제목에 이끌려 선택했다. 표정 하나, 말투 하나에도 곤두서있는 나에게 꼭 필요한 기술이었다.
 책에서 '우리는 모든 게 새롭고 신났던 어린 시절을 지나고 나이가 들어 경험이 쌓여야, 기꺼이 신경을 쓸 대상을 꼼꼼히 고르게 된다. 진짜로 가치 있는 것에만 신경을 쓰는 법을 배울 때 성숙해진다.'라고 한다. 내 마음을 꿰뚫는 문장에 그동안 힘들었던 마음이 위로되었다. '왜 이렇게 애쓰고 있었을까?' 성숙하지 못했던 나를 인정했다. 그동안 문제가 없는 삶을 바라며 살았다. 고난이라고 느껴지는 어려운 문제를 좋은 문제로 해석하기로 했다.

잦은 부부 싸움으로 우리는 시에서 운영하는 부부 상담을 받기로 했다. 부부 상담은 두 달 동안 이어졌다. 그동안만큼은 서로에게 집중했다. 성격검사를 통해 각자의 성향을 알아보았다. 서로의 성향을 알고 이해심을 배웠다. 문제가 생기면 별것 아닌 듯이 생각해보기, 긍정적인 언어를 사용하기 등 매뉴얼에 따라 말을 아꼈다. 그리고 수첩을 펴놓고 노력에 필요한 부분을 적어가며 가족회의를 했다. 아이들도 각자의 의견을 적었다. '아빠 짜증 내지 않기.', '엄마 화내지 않기.', '아빠는 맨날 안 놀아주잖아, 많이 놀아주기.'라고 썼다. 아이들의 생각을 들어보니 부모 역할을 제대로 못 했다는 생각에 마음이 아렸다. 아이들과 함께하는 시간을 늘렸다. 몸으로 놀아주고 마음을 읽어주며 공감해 주었다. 둘째의 불안한 감정이 점차 안정적으로 변해가고 있는 것을 느꼈다. 노력이 필요한 부분을 유지하며 독서 시간을 늘리기로 했다. 독서의 끈을 놓지 말자 다짐하고 출근하기 전 30분, 휴식시간 30분 틈새를 이용해 책을 읽었다. 그리고 모임이 있는 날이면 휴식시간에 달려가 잠깐이라도 참석해 이야기를 듣고 왔다. 〈다독다독〉은 내가 살아갈 수 있도록 발버둥 치게 해줬다. '동지'들의 독서 생활, 책 평을 보며 엄마도 시간을 계획적으로 사용해 성장할 수 있다는 것을 알았다.

추천 도서 목록에 따라 책을 읽다 보니 중복되는 내용이 있었다. 나를 돌아보고 사랑해야 한다는 것이다! 그 당시 읽고 있던 『아티스트 웨이』는 모닝페이지로 상처를 치유한 사람이 많다는 것을 보고 놀랐다. 내면의 소리에 귀 기울이고 내면 아이의 상처를 보듬어준다는 것이다. 내면의 소리를 어떻게 듣는 건지 막막했다. 기억을 천천히 되감아 보았다. 나는 첫째로 태어나 사랑을 많이 받았지만, 엄격하고 폭력적이며 감정적인 아빠와 한없이 착한 엄마, 그리고 동생이 3명 있는 K-장녀다. 아빠의 기분에 따라 집안 분위기가 달라졌다. 잘못하면 맞을까 두려움이 가득했고 그래서 가족보다 친구가 더 좋았다. 집에 매가 없으면 옷장 안에 있던 철봉, 고데기, 맨손으로 때리고 발로 찼다. 당구장을 운영했던 아빠의 당구 채는 훈육이라는 명목하에 체벌 도구가 되었다.

아빠는 40대에 희귀병(근육 이완증) 진단을 받았다. 엄마는 하루아침에 가장이 됐다. 오목조목 예쁘고 아담한 체구의 엄마가, 누워 있는 아빠를 대신해 일하러 나갔다. 엄마가 못질하는 모습, 페인트를 칠하고 도배를 하며 집안 구석구석을 고치는 모습이 어린 나에겐 충격이었다. 지금도 생생하다. 엄마가 안타까웠다. 그때는 아빠를 미워하기보다 저주했다. 아픈 당신을 보살피는 것도 힘든데 아빠는 왜 그리 못되게 말하고 무섭게 하는지 이해할 수가 없었다. 그런 아빠가 보기 싫었다. 힘들어하는 엄마는 더 보기 힘들었다. 나의 학창시절은 기억하고 싶지 않은 일로 가득하다. 아이를 낳은 후 떨어진 기억력이 가끔은 감사하다.

『아티스트 웨이』에서 모닝페이지를 제일 강조한다. 매일 아침 의식의 흐름에 따라 노트 세 장을 적어나가는 것이다. 두서없이 적어도 된다. 무조건 세 쪽을 쓰고, 다음날은 절대 전날의 모닝페이지를 읽으면 안 된다. 그것을 8주 동안 반복해야 한다. 모닝페이지에 어린 시절 아빠에게 받은 상처와 남편을 향한 불만을 적었다. 보여주고 싶지 않은 내용이 가득해서 글을 남편이 볼까 봐 조마조마했다. 꺼내고 싶지 않아 회피했던 상처를 마주했다. 쓰면서 울음이 터졌다. 서러웠고 내가 안쓰러웠다. 울고 나니 한결 마음이 가벼워졌다. '아빠가 왜 그랬을까?' 아빠의 입장으로 생각해보았다. 아빠의 사랑을 표현 방법이 미숙했다는 것을 느꼈다.

'헌영아, 아빠는 우리 딸이 너무 걱정돼, 아빠가 누구보다 너를 많이 사랑하는 거 알지?' 이 말이 하고 싶으셨을 거라고 믿는다.

아빠는 아픔을 뒤로하고 천국에 가신지 만 3년이 지났다. 그렇게 미웠던 아빠가 보고 싶다. 이제는 안쓰럽고 눈물이 난다.

"아빠, 그곳에서는 아프지 않길 바랍니다. 제가 많이 사랑합니다."

평생을 꺼내지 않고 가슴속에 묻어뒀던 큰 돌덩이가 깨져 모래알이 되었다. 모든 사람은 사랑받고 사랑하는 존재임을 깨달았다.

3

책 속에서 찾은,
다음 이야기

    책을 읽기 시작하면서 서점에 자주 간다. 서점에 가면 제일 먼저 가는 곳은 베스트셀러 존(Bestseller zone)이다. 그날은 『부의 변곡점』이라는 책이 눈길을 끌었다. 내 인생의 변곡점이 되어줄 수 있을 것 같은 기분이 들었다. '나만의 일을 하고 돈을 많이 벌어 베풀면서 살고 싶다.' 이것이 나의 꿈이다. 이 책으로 스마트 스토어, 위탁판매라는 것을 처음 접했다. 새로웠고 돈을 벌 수 있는 이 구조가 너무 신기했다. 책을 하루 만에 다 읽고 내용에 따라 사업자도 내고 스마트 스토어에 가입했다. 잘될 것만 같은 느낌에 없는 시간을 쪼개어 투자했다. 일하고 있을 때 주문이 들어오면 안절부절 어찌할 바를 몰랐다. 잠시라도 자리를 비우기가 어려웠다. 휴식시간에 주문 건을 처리했다. 주문이 들어오니 뭔가 대단한 사람이 된 것 같은 자신감이 생겼고 성공하는 과정이라고 생각했다. 이 설렘은 오래가지 않았다. 점점 주문이 들어오지 않았다. 같은 제품을 더 저렴하게 판매하는 사람이 있었다. '도매에서 사 온 나보다 더 저렴하다니! 이게 어떻게 가능하지?' 알아보니 중국에서 대량으로 구매를 해 온 것이다. 내가 할 수 없는 영역이라고 느껴졌다. 첫 번째 나의 사업은 실패했다.

지금은 화성 봉담으로 이사했다. 어린이집도 그만두었다. 잠깐 몇 개월 쉴 수 있는 시간이 생겨 배우고 싶었던 플로리스트 강좌를 수강했다. 꽃다발은 그냥 손으로 예쁘게 잡으면 되고 포장도 어린이집에서 선물 포장 경험이 있으니 잘할 수 있으리라 생각했다. 하지만 전문적인 지식과 기술이 필요했다. 꽃다발을 잡는 손은 쥐가 날듯이 아팠다. 주로 바닥에 앉아서 일했던 나는 계속 일어서서 작업하니 어깨, 허리, 다리 아프지 않은 곳이 없었다. 새로운 세계를 경험하니 시간 가는 줄 몰랐다. 너무 즐겁고 신났다. 배운 내용을 잊고 싶지 않았다. 블로그에 하나씩 기록하기 시작했다. 10번의 기초과정을 수료 후 양재 꽃 시장에 자주 가게 되었다. 이곳은 고요한 새벽에 엄청 바쁘고 활기찬 곳이다. 처음에는 사장님들이 너무 바빠서 말을 걸기조차 어려웠다. 용기 내서 입을 뗀 나는 "이 꽃 얼마예요?"라고 물었다. 아는 꽃 이름이 많지 않아 이 꽃, 저 꽃으로 칭하며 예쁜 꽃들을 구매했다. 꽃의 이름을 다 아는 사장님들이 대단해 보였다. 꽃집에 꽃이 비싼 이유를 이해했다. 꽃을 사는 것도 기술임을 알았다. 그렇게 점점 나의 일상은 꽃에 스며들고 있다.

문득 '꽃을 판매해 보는 건 어떨까?'라는 생각에 구체적으로 상상해 보기 시작했다. 마침 졸업 시즌이니 연습 삼아 쉽게 제작할 수 있는 빨강 장미 다발을 만들었다. 중고거래 마켓에서의 판매를 첫 목표로 삼았다. 며칠이 지나지 않아 첫 주문을 받았다. 주문받은 꽃 제작을 위해 꽃 시장으로 가는 길이 너무 설레었다. 새벽 4시에 일어나도 전혀 피곤하지 않았다. 첫 주문 꽃다발을 무사히 전달했다. 고객님의 "너무 예뻐요, 맘에 들어요!"라는 후기에 자신감이 차올랐다. 이 경험을 발판 삼아 동네 이웃을 상대로 저렴하게 꽃을 판매해 보기로 했다. 소통공간을 이용해 내가 움직일 수밖에 없는 상황을 만들었다. 한 송이의 꽃부터 여러 가격대의 꽃다발과 여러 색감의 꽃다발을 셀 수 없이 많이 만들었다. 비록 다른 플로리스트에 비하면 아직 미숙하다. 하지만 사업자를 낸 지 불과 4개월 만에 다양한 경험을 했다. 새로운 일에 도전한다는 것이 너무 설레었다.

꽃을 판매하게 된 과정도 블로그에 기록했다. '띠링~' 〈다독다독〉 슬비 님의 응원 댓글이 달린 것이다. 너무도 반가운 이름을 보니 아차 싶었다. '이사했지만 나도 〈다독다독〉 일원이지!' 그동안 모임에 소홀히 해서 미안한 마음이 든다. '동지'들은 일하고 있는 나를 항상 챙겨줬는데, 지금의 나는 그들과 거리를 두고 있다. 슬비 님의 응원에 다시 용기를 내어 내려놓았던 책을 읽기 시작했다. 요즘은 6시 30분에 시작하는 〈새벽 다독다독 모임〉에 참여하고 있다. 멀리 있지만 함께 할 수 있어서 감사하다. 다시 책을 읽을 수 있는 나만의 공간을 다듬기 시작했다. 온전히 책에 집중할 수 있도록 새벽 모임 시작하기 10분 전에 알람을 해놓고 일어나려 노력한다. 일찍 일어난 만큼 낮잠으로 보충할 때도 있고 좀 더 일찍 잠자리에 들 때도 있다. 그렇지만 미라클 모닝의 경험이 있기에 잘 적응하고 있다. 꽃 시장에 다녀오는 날이면 참여를 못하기도 한다. 꽃을 사고 돌아오는 길에 6시 30분 알람이 울렸다. 그 순간 책과 함께하는 '동지'들의 모습이 떠올랐다. 부족한 나를 반겨주고, 미숙한 내가 글을 쓸 수 있도록 이끌어주는 〈다독다독〉이다. 덕분에 지금까지의 인생과 책을 통한 변화를 되짚어볼 수 있다. 지금, 이 순간이 뜻깊은 시간이 된다.

꽃 판매를 시작하고 처음 맞이하는 5월 빅시즌(Big season)이다. 우왕좌왕 어디서부터 어떻게 준비해야 할지 몰라 강의를 찾아다녔다. 경력자들의 이야기를 들어볼 수 있고 아이디어를 얻을 수 있는 스터디에 참여했다. 나만의 어버이날 꽃바구니를 제작했다. 세상 그 어디에도 없는 나만의 스타일로 꾸며보았다. 너무 재미있었다. 직장 생활을 할 때는 모르던 쾌감을 느꼈다. sns에서 샘플 사진을 본 고객이 상품을 주문했다. 겁도 없이 주문한 카네이션 400송이가 부족한 상황이 왔고 2주 동안 잠을 포기했다. 매일같이 꽃 시장을 드나들었다. 쏟아지는 잠에 주차장에서 10분, 20분 쪽잠을 잤다.

다크서클로 퀭해진 얼굴을 본 첫째가 말했다.
"엄마, 오늘도 꽃 시장 다녀왔어? 힘들었겠다."
"응…. 주문이 많이 들어와서 꽃 시장 다녀왔지. 잠을 못 자서 피곤하긴 하네."
"그래도 엄마가 꽃 일하니까 좋아."
"그래? 왜 좋아? 꽃 만드느라 엄청 바빠서 신경을 못 써주잖아."
"엄마가 바빠서 나를 바라보지 않아도, 학교 끝나고 오면 엄마가 집에 있잖아."

엄마는 죄인이 맞는 것 같다. 미안하고 또 미안하다. 정말 더 열심히 해야 할 의욕이 생긴다.

우리 딸들에게 지금의 엄마가 바빴던 이유를 결과로 보여주고 싶다.

평택에서 살았던 아파트에 매 주 한 번씩 알뜰장이 열린다. 나는 또 한 번의 도전을 하기로 했다. 소비자가 아닌, 내 상품을 들고 알뜰장에 참여한다. 첫날 온 손님의 반은 〈다독다독〉 '동지'들이다. 고마움에 눈물이 나오려는 것을 허벅지를 꼬집어 겨우 참았다. 이렇게 많은 응원을 받았는데 어떻게 다 갚아야 할지 모르겠다. 더 열심히 성장해서 베풀어야겠다.

나는 지금 꿈을 하나씩 이루어가고 있다. 스마트 스토어에 가입했고, 상품이 들어간 상세페이지를 만들었다. 두 번째 만드는 스마트 스토어라 훨씬 수월했다. 실패했던 첫 경험이 지금의 나에게 큰 도움이 된다. 어느 하나 버릴 것 없는 경험임을 알았다. 꽃집 창업을 위해 가게를 마련했다. 동생의 도움을 받아 손이 닿는 곳곳 청소하고 나의 색깔이 담긴 꽃집을 만들어가고 있다. 여기에 어떤 고객들이 방문할지, 택배로 전하는 나의 꽃들이 누구에게 도착해 기쁨이 될지 기대 된다.

이 모든 일이 가능했던 것은 〈다독다독〉에 속해 있는 동안 책을 읽었기 때문이다. 책을 읽으니 다양한 정보를 얻을 수 있고, 무엇이든 해낼 수 있는 에너지가 생긴다. 다가온 이후의 삶도 책과 함께할 것이다. 늦을지언정, 멈추지 않고 독서를 통해 성장할 나를 기대한다.

멈추지 않는 이상

얼마나 천천히 가는지는 문제되지 않는다.

- 『공자』

4장

「다독의 꿈」
나에게 주는 최고의 사랑

김윤주

나에게 다독다독이란?

독한 것들! 나를 쓰게 하다니!
독서를 넘어 글쓰기까지
가능하게 이끌어 주는 능력자들

1

엄마가 아이를
아프게 한다

　질리도록 엄마를 힘들게 하며 성장한 나는, 출산할 때마저도 엄마의 가슴을 찢어났다. 고등학교에 다니는 동안 수없이 사고를 치고, 엄마를 지치게 한 것도 모자라 꽃다운 나이에 아이를 낳았다. 내 나이 22살, 앞날을 생각하지 않고 평생 후회하지 않겠다는 다짐을 하며 엄마의 길을 선택했다. 그때 태어난 아이는 올해 25살이다. 지금의 아이보다 더 어리고 철없던 나이에 엄마가 됐다.

　"2001년 2월 27일 11시 34분, 축하합니다. 예쁜 공주입니다." 그 어린 나이에 뭘 안다고 간호사의 말에 눈물이 났다. 아들이 아닌 딸이라는 말에 왜 그렇게 서러웠을까? 아들을 낳아야 하고 우선시되는 환경에 나도 모르게 익숙해서일까? 친정엄마의 속은 다 뒤집어 놓고 속없이 딸이라고 서운했던 건 나와 같은 삶으로 속앓이를 할까 걱정되어서였을까? 지금 생각해도 미안한 일이다. 어린 나이에 출산하고 엄마라는 자리에서 사는 것을 후회하진 않는다. 그러나 첫째에게는 "늦게 시집가라.", "빨리 할머니 만들지 마."라며 주문처럼 말한다. 우리 엄마는 나 때문에 마흔 일곱에 할머니가 되었는데, 나는 그리되기 싫다고 협박하고 있다.

미숙한 엄마라는 걸 알고 태어난 것인지 엄마를 전혀 힘들게 하지 않는 유난히도 순한 아이였다. 울지도 않고 먹고 자고 싸는 것만 반복했다. 아기가 자는 사이 시장이며 병원이며 다녀와도 그대로 잠들어 있었다. 혼자 잠시 외출을 할 때마다 이웃 할머니를 마주쳤다.

"봐라~ 새댁아~ 아 나러 갔다 카드 마는 아는 안 데블꼬 왔드나? 알라 울음소리가 안 나노~"

"알라 젖 미는 어마이가 약을 무면 우야노~ 호박 그튼 걸 데리 무라~"

"딸이가? 한 개는 외롭디~ 밑으로 바리 아들 하나 더 나아라~"

"소젖 그런 거 믹이 버릇하믄 안된다 카이 알라 젖을 미라~"

"알라를 꽁꽁 싸고 댕기야 제 밤에 경기 칠라."

오며 가며 마주치는 할머니들은 온갖 걱정을 서로 나누며 뒷담인지 훈계인지 한시도 그냥 지나치지 않았다. '왜 남의 일에 관심들이 많아?' 속으로 투덜거리며 싫은 내색을 비췄다. 이 작은 동네에 잠시 지내다가 떠날 곳이기에 주변 사람들과 친해지거나 말을 섞는 일은 없었다. 그러기에 어른들의 오지랖이 굉장히 불편하고 싫었다. 철없고 소심한 엄마는 괜한 화풀이를 조그마한 아기에게 쏟아내며 허벅지를 꼬집어서 울려버리기 일쑤였다. 참 못난 엄마였는데 그 못남이 계속 이어져 착하고 순한 내 아이를 아프게 했다. 딸은 자라면서 항상 엄마에게 져줬다. 그런 삶을 당연히 여기는 엄마를 이기지 못한 채 아무것도 모르던 신생아 때부터 무엇인가 내려놓고 살았다.

어설픈 육아의 시간이 지나고 딸은 초등학교에 입학했다. 육아도 얼렁뚱땅 해왔으니 바른 교육관조차도 없었다. 주변인의 말에 휘둘려 결정하고 움직였다. 무수한 말들 속에 나의 주관과 딸의 선택권은 없었다. 무작정 등록하고 다니다가 그만두기를 반복했다. 역사기행 팀에도 합류하며 주말이면 다른 이들과 어울렸다. 학교에서도 역할을 맡아가며 쫓아다녔다. 딸을 위하는 엄마라는 자부심에 가득 차서 뒤도 돌아보지 않았다. 미래를 향해 성장한다고 착각하며 나 혼자 달렸다. 어디서부터인지 알 수 없는 지점에서 딸은 이미 나의 손을 놓쳤다. 놓친 것이 아니라 놔버렸다. 다른 이들이 만들어 둔 미래에 무임승차하고 혼자서 헛꿈만 가득 꿨다. 그러는 동안 딸은 놔버린 엄마의 뒤를 보며 멍하게 서 있었다. 이기적인 엄마는 뒤처진 아이를 발견하고도 안아주기는커녕 재촉만 했다. 긴 시간을 지나오는 동안 엄마가 돌아오길 기다리며 병들었다.

"엄마, 유진이가 나랑 짝이라 너무 싫다고 울면서 선생님께 얘기했어. 그래서 나 이제 짝이 없어."
"엄마, 나 배가 너무 아파."
"엄마, 희진이가 오늘 생일파티를 하는데 나만 초대를 안 해줬어."
"엄마, 친구들이 나한테 다른 길로 가래!"
"엄마, 동우가 내 공책을 찢었어."
"엄마, 나는 개미를 안 밟았는데 지훈이가 자꾸 개미를 죽인 살인자래."
"엄마….'
엄마에게 끝없이 보내주는 신호를 알아주지 못한 채 "괜찮아~", "아니라고 해~", "오해가 있었을 거야~"라며 감정도 없는 말만 반복하며 딸의 마음을 외면했다. 빈껍데기가 되어버린 채 말수가 줄어들고 TV 보는 시간만 늘어갔다. 아이는 다 그렇게 자라는 줄 알았다. 병들어가고 있을 거라 상상조차 하지 못한 채 한순간도 돌아봐 주지 않았다. 그렇게 딸은 애정 결핍으로 인해 만들어진 소아 우울증과 틱장애를 동시에 마주하게 됐다.

친분이 있는 지인이 어렵게 꺼낼 이야기가 있다며 연락이 왔다. 그날 딸의 심각한 증상을 직면했다. 틱으로 인해 친구를 힘들게 해서 2학기가 되어서까지도 짝이 없었다 한다. 매일 배가 아프다며 수업 시간에 화장실을 가고 이상한 소리를 내며 다닌다고 놀림도 받았다. 친구의 책을 찢고 연필을 던지는 일도 많았단다. 듣고 있는 내내 뭔가에 계속 두들겨 맞는 듯 아팠다. 수도 없이 하소연하던 말들이 머리를 스쳤다. 그 시기쯤 학원에서 그만 다녔으면 좋겠다는 통보를 받았던 일들이 함께 그려졌다. 어디서부터 잘못된 것일까 생각할수록 허무하고 막막하여 아무것도 손에 잡히지 않았다. 그러나 그냥 이대로 있을 수만은 없었다. 지인은 쉽지 않은 이야기인데도 기꺼이 모든 상황을 말해줬다. 본인도 그 아픔을 알기에 더는 미뤄볼 수 없었다고 말해주며 직접 경험하면서 알게 된 아동 발달 센터며 심리치료 센터까지 많은 곳을 연결해 줬다. 그날의 고마움은 아직도 나를 따뜻한 사람이 될 수 있도록 상기시켜 주는 순간으로 남았다.

상담과 치료를 병행하면 금방 나아질 것이라 기대했지만 점점 더 어두려워졌다. "어머니가 변해야 합니다. 그렇지 않으면 아이는 호전될 수 없어요. 심각해지면 약물치료까지 병행해야 합니다. 아이에게 정신과 약을 먹이고 싶으세요?" 상담 선생님은 냉정하고도 단호하게 말했다. 그런 말이 짜증 나고 화가 났다. '뭘 잘못했다고!', '나한테 왜 그러지?' 딸의 아픔을 인정하지도 않았고 나의 탓으로도 생각하지 않았다. 네가 뭐가 부족해서 애정결핍에 우울증이냐며 끝없이 빈정거렸다. 호전되지 않는 치료 속에 몸과 마음은 지쳤고 딸은 더 아팠다.

무의미한 시간이 흐르던 어느 날, 둘째를 임신했고 동생이 생겼다는 말에 딸이 작은 소리로 외쳤다. "나 이제 외롭지 않겠네!" 그저 기뻐서 하는 말인 줄 알았다. 아직 태어나지도 않은 동생에게 외로움을 덜어보겠다는 마음에서 나온 말이라고 생각지 못했다. 간절한 기다림 끝에 열 살 터울의 남동생이 태어났다. 신기하게도 틱 증상이 조금씩 사라졌다. 시간이 지나면 나아지려니 착각하며 태도는 변하지 않고 아픈 딸은 다시 뒤에 두었다. 동생이 태어나고 틱 증상이 사라져도 딸은 여전히 TV와 함께였다. 매일 같은 자리에서 같은 화면만 응시하며 동생이 생기기 전보다 오랜 시간 그 자리에 머물렀다. 치료는 형식적으로 건성건성 이어져갔고 가슴에 큰 상처를 남겨둔 채 조용히 자라고 있었다.

딸의 5학년이 끝나갈 무렵 남편의 사업 실패로 사무실을 정리했다. 남편은 다른 일을 하기 위해 경남 양산으로 내려갔다. 친정도 가까이 있는 곳이라 나에겐 나쁠 것 없는 지역이었다. 그럼에도 서울에 남아 있겠다고 고집을 부려 남편 혼자 가게 됐다. 고집은 3개월을 채 못 버텼다. 새

학기에 맞춰서 이사했고 양산에서 다시 자리를 잡게 됐다. 서울을 떠난 것이 여전히 못마땅한 나와는 달리 딸은 편안해 보였다. 이곳의 친구들은 모두 착하다며 좋아했다. 많은 일이 있었으나 우리 가족 모두 이곳에서의 생활에 적응해 나갔다. 괜찮아 보이는 나의 판단과 모든 것이 좋아졌다는 딸의 말에 치료는 이사 후 중단이 됐고 평범한 일상을 지냈다.

삶이 그리 평온하지는 않았는데 무슨 여유에 덜컥 셋째가 생겼다. 그 당시 좋지 않은 경제력과 사춘기가 다가오는 마음 아픈 중학생, 아직 어린 둘째까지 있는데 셋째의 방문이 달갑지만은 않았다. '좀 더 편할 때 찾아와 주지.'라고 속으로 말하며 한숨만 몰아쉬었다. 양가 부모님도 딱히 축하해 주지는 않았다. 아니 낳지 않길 바랐다. 인연이 되지 못하는 미안함을 갖고 모질고 독한 마음에 병원을 갔다. 아기집 크기가 너무 작아 자연유산 가능성이 있어 보이고 이 크기로는 수술도 불가능하니 일주일 뒤에 오라고 했다. 병원을 나서는데 갑자기 서러움이 북받쳐 올랐다. 병원을 가겠다 마음먹은 순간부터 서러웠다. 내가 무슨 죄를 지은 것도 아니고 이 아이를 낳지 못하는 이유가 뭐냐고 되뇌며 내 의지가 아닌 것처럼 옹알거렸다. 자연유산이 되지 않길 바라며 두 손으로 아랫배를 살며시 감싸고 집으로 돌아왔다.
"내 새끼 내가 낳겠다는데 누가 무어라 해!"
가족들은 내가 낳을 결심을 하고 올 거라는 걸 알고 있다는 듯 아무도 병원 다녀온 이야기를 묻지 않았다. 마음은 온전히 숨긴 채 가족들 탓을 하고 원망했다. 혼자 이랬다저랬다 날뛰는 나를 조용히 기다려주던 남편이 잘 생각했다고 안아줬다. 남편은 언제나 내 편이다. 아이를 낳겠다는 결심을 하고 일주일 뒤 건강하게 자리하고 있길 기도하며 출산이 가능한 병원에서 진료를 봤다. 자연유산의 가능성은 찾아볼 수 없을 만큼 건강하고 단단하게 아기집이 자리 잡았다. '그래, 너는 태어날 운명이구나 아가야!' 혼자 속삭였다. 딸의 아픔도 잊고 둘째가 어린 것도 잊은 채 세 아이의 엄마가 되었다. 여동생을 원했던 딸의 바람과는 달리 우리 집 막내도 아들이다. 엄마에게 커다란 사건이 되어 태어나 준 이 아들이 나를 달라지게 만든다.

바쁜 시간이 이어지고 딸은 동생을 봐주는 시간도 줄어들었다. 초등 때부터 학습은 뒤로 미루어 왔기에 성적이 좋을 리가 없었다. 중학교 3년 내내 자살 순위 상위권을 차지하며 아슬아슬하게 졸업하고 바닥난 성적에 맞는 고등학교에 들어갔다. 한 달 후쯤 학교에서 연락이 왔다. 상담차 학교로 와달라는 연락이었다. 학기 초, 학교에서 검사한 '학생 정서 · 행동 특성검사' 결과가 심각한 상태였다. 우울증이 심하고 자살 충동 순위가 전교 1등 수준이었다. 이런 상황을 본인이 인지하지 못하니 경각심을 가지라고 말했다. 학생의 정신 건강을 위해 학교와 연계된 병원을 통해서도 많은 지원이 가능하니 의료기관을 방문하길 권했다. 겉으로 티가 나지 않아 자꾸 잊게 되는 딸의 아픔, 호전되지 않고 더욱 짙어지는 어둠의 그림자. 우리는 아무 말도 하지 않았다. 먼저 묻는 것도 말을 걸어주는 것도 서로가 원치 않은 듯 그렇게 침묵 속에 잠겼다. 어떠한 결정도 상의도 없이 일주일이 지난 어느 날 새벽의 일이다. 미칠

듯이 울려대는 초인종 소리에 잠이 깼고 시계를 보니 새벽 4시 50분이었다. 누가 이 시간에 이 난리지 싶어 잠결에 화가 난 터라 겁도 없이 문을 박차고 열었다. 경찰 두 명이 문 앞에 있었다. 딸이 집에 있냐고 묻기에 당연히 이 시간에 방에서 자고 있지 어딨겠냐고 되물었다. 방에 가서 확인을 해봐도 되냐며 묻더니 내 대답은 듣지도 않고 집으로 들어왔다. 무슨 일이기에 이른 새벽에 막무가내로 찾아와서 이러는 거냐 물으니, 신고가 접수됐다고 한다. 간밤에 친구와 메시지를 주고받았다고 자살에 관한 이야기와 본인이 없어지면 슬퍼하는 사람이 있겠냐는 그런 대화들이 3시간 가까이 이어졌다고 했다. 그러던 중 배터리가 부족한 휴대전화 전원이 꺼졌고 이내 잠들었다. 갑자기 메시지에 답이 없는 딸이 걱정된 친구는 내 친구가 죽으려고 한다며 도와달라고 신고를 한 것이다. 걱정으로 가득 찬 친구는 울고 딸은 업어 가도 모를 정도로 코를 골며 자고 있었다.

웃을 수도 울 수도 없는 사건 있고 얼마 뒤 잠결에 막내가 옆에 잠들어 있지 않아서 딸의 방에 가보았다. (이 시기쯤 자다가 막내가 사라지면 누나의 방에서 잠이 들었다.)

누나 방이 아닌 베란다 창 앞에서 누나를 부르고 있는 막내가 보였다. 막내가 여러 번 부르는 소리에 딸이 베란다 밖에서 거실로 들어왔고 자신이 그곳에 왜 있는 것인지 인지하지 못하는 상태였다. 정신을 차려보니 창이 열려 있고 그 앞에 자신이 서 있었다고 한다. 영문을 모르는 4살 꼬마는 몇 번이나 불러도 왜 대답을 하지 않냐며 누나에게 소리치며 울었다. 얼마 지나지 않아 세탁실 창을 열고 서 있는 누나를 막내가 또 발견했다. 아무리 불러도 대답이 없는 누나에게 자신의 작은 소변기 통을 던졌고 정신이 돌아온 딸이 멍한 상태로 한참을 서 있다가 울먹이며 말했다. "엄마, 나 병원 데려다줘. 나 죽고 싶지 않아."라는 말에 가슴이 철렁 내려앉았다. 내가 울면 딸이 자책할까 봐 침착하게 대답해 주었다. "지금 가자."

몇 차례 같은 일들이 반복되니 스스로 너무 무서워졌다고 온몸을 떨었다.

학교로 가서 소견서를 받아 지원 신청서를 작성하고 연계된 병원으로 이동했다. 많은 장수의 검사지를 거치고 불필요해 보이지만 꼭 필요하다는 각종 검사를 마친 후 일주일 후에 상담 예약을 잡고 돌아왔다. 같은 일이 반복될까 조바심이 나서 뜬눈으로 지새운 밤을 지나고 상담 날이 다가왔다. 검사 결과를 듣고 심각성을 인지하며 치료 의사를 밝히고 입원 절차를 밟았다. 담당 선생님과 다시 면담 후 입원실로 안내를 받을 수 있었다. 여러 가지 주의 사항을 얘기하며 뜬금없이 나에게도 몇 가지의 검사를 요구했다.

"어머님이 변해야 합니다. 이러다 이 아이 평생 우울증 약을 먹어야 합니다."

담당 선생님은 단호하게 말을 이어갔다. 6년 전 당시 가볍게 무시했던 그 말을 다시 듣고야 말았다. 오랜 시간 호전되지 않고 아팠던 게 나의 자만심과 무지함의 결과라는 걸 다시 상기시켰다. 망치로 여러 대 얻어맞는 기분이었다. 딸은 입원했고 하루도 거르지 않고 병원을 찾아갔다. 밥도 잘 먹지 못하고 좋아하는 군것질도 목으로 넘기지 못하더니 점점 야위어 갔다. 병 고치자고 입원한 병원에서 먹지 못해 말라죽게 생겨서, 매일 먹고 싶은 게 없냐고 묻는 대화만이 반복됐다. 입원하고 2주가량이 지났을 때쯤 할머니의 김치찜이 생각난다는 말에 친정엄마는 한걸음에 달려왔고 한 냄비 뚝딱 김치찜을 완성해 줬다. 할머니의 김치찜을 먹은 딸은 다행히 식욕이 돌아왔고 빈속에서 올라오던 위의 통증도 나았다.

"이렇게 이쁜 아가씨가 어디가 아파서 날 찾아왔냐면서 본인한테 자꾸 상담하래. 본인도 정신 나가서 입원해 놓고 어이없어."

"결벽증 환자가 병실에 들어왔는데 고무장갑을 끼고 머리를 감아. 근데 그 고무장갑을 끼고 밥도 먹어. 얼굴보다 작은 창문에 입을 대고 고무장갑 다른 색깔로 바꿔 달라고 소리를 질러."

"3학년 꼬마 아이가 자기 손을 연필로 계속 찔렀데. 아프지 않다면서 인상을 쓰며 울고 있어."

조금씩 기운을 차려가는 딸은 병동 내에 있는 환자들의 이야기를 나에게 해줬다. 그 사람들을 보며 저렇게는 미치지 말아야겠다고 생각을 하며 웃음을 서서히 찾아갔다. 매일 면회 오며 자신의 이야기를 들어주는 엄마의 정성과 꾸준히 전화로 안부를 묻는 아빠의 사랑에 스스로 소중함을 찾았다. 본인보다 심각한 환자들을 마주하며 정신을 부여잡았고 마음도 건강해졌다. 석 달의 시간이 지난 후 퇴원해도 좋다는 말을 들을 수 있었다. 퇴원하는 날은 스테이크가 꼭 먹고 싶다고 해서 레스토랑으로 갔다. 신나기만 한 우리는 앞으로 뭘 할지만 얘기했다. 약을 처방받아야 한다는 사실을 까맣게 잊은 채 웃고 떠들었다. 딸이 주문하는 동안 약을 처방받았다. 약을 받은 순간 심장이 사라질 듯이 저리고 욱신거렸다. 울컥하는 감정이 휘몰아치며 이내 폭풍 같은 눈물이 터지고 말았다. 엄마가 좀 더 빨리 알았더라면 먹지 않아도 될 약을 결국은 어린 딸한테 줘서 미안했다. 차 안에서 가득 담긴 약봉지를 가슴에 끌어안고 딸의 이름을 부르며 한참을 하염없이 울었다. 끝없이 쏟아지는 눈물은 미안함에 멈추지 않았다.

2

엄마의 책은
늘 같은 페이지

첫째가 자라는 만큼 두 남동생도 자라 장난기 가득한 전형적인 개구쟁이 아들의 모습으로 자랐다. 누나를 잘 따라서 이쁨을 받는 둘째와 달리 뭐든 빠르고 욕심 많고 야무진 셋째는 누나와 자주 다퉜다. 조그마한 녀석이 어찌나 누나를 귀찮게 하고 덤비는 것인지. 한 대 쥐어박을 법도 한데 누나도 형도 그러지 않았다. 셋째는 더욱더 기세등등하게 자라고 있었다.

울고 싸우고 웃고 사랑하며 세 남매는 성장했다. 터울이 있는 누나는 엄마보다 동생들을 더 잘 보살펴 주었다. 철없던 엄마는 딸 덕에 편안한 육아의 길을 즐겼다. 시대가 변한 것인지 내가 변해가는 것인지 나의 육아는 첫애와는 달랐고 나름의 교육관도 생겼다. 책을 읽어주고 놀이를 함께해 줬다. 재밌고 유익한 곳에 데려가 주며 첫째는 경험해 보지 못한 엄마의 모습으로 살아가는 중이고 딸은 여전히 우울증을 이기지 못한 상태였다. 단지 눈에 띄지 않았을 뿐. TV와 함께였던 아이는 중학생이 되고 휴대전화와 늘 함께였으며 여전히 혼자 그늘에 있는 아이였다.

"엄마가 변해야 합니다."

다시는 같은 아픔을 아이들에게 주지 않겠다고 다짐하며 나를 돌아봤다. 딸한테 해주지 못했던 것. 아이들의 성장에 꼭 필요한 가치관을 귀동냥이 아닌 스스로 찾아보고 행동으로 옮겼다. 말투와 성격도 바꾸려 노력했다. 그러나 마흔 가까이 지니고 있던 성격과 마인드가 그리 쉽게 변하는 건 기적에 가까웠다. 끊임없이 자아와 싸우면서도 무서운 엄마로 돌변하고 또 각성한 듯 다시 웃어주고. 이러다 내가 미쳐가거나 아이들이 혼란할 것이 뻔했다.

"책을 함께 읽으세요." 상담을 다니면서 많이 들었던 말이다. 책과는 거리가 먼 나에겐 흘려서 듣게 되는 조언일 뿐이었다. 무언가 큰 변화는 분명히 있어야 했다. 아이들을 위해서, 나를 위해서 꼭 필요함을 느꼈다. 책 속엔 답이 있다는 말이 자꾸 머리를 스치며 울며 겨자 먹기로 책 읽기를 시도했지만 펼치는 순간 눈이 따갑고 허리가 아파왔다. 역시 책이랑은 맞지 않음을 직감하고 내가 아닌 아이들만큼은 읽혀야겠다는 생각을 가졌다.

소장용 책을 수집하며 아이들의 시선에 맞는 책을 찾아 읽혔다. 책 읽기에 익숙하지 않은 나는 책을 읽어주는 것도 힘겨워서 딸에게 읽어주라고 부탁했다. 둘째는 막내를 읽어주며 글 읽기의 자신감도 생겼다. 책 육아에 본격적으로 많은 시간을 할애했고 독서가 습관이 되도록 신경 쓰면서도 나를 위한 독서는 잊어가고 있었다. 생각이 바뀌고 고집이 누그러들며 다시는 아이들의 마음을 아프게 하지는 않겠다는 자신감도 생겼다. 그러나 화가 나면 무섭게 혼을 내고 매를 드는 모진 모습은 빠르게 사라지지 않았다. 병과 약을 주며 감정 기복은 여전했다. 다른 이들의 교육 스타일에 흔들리지 않고 책을 최우선에 두고 가지를 뻗어가는 나의 방식이 만족스러웠다. 아이들은 무탈하게 잘 성장해 주었다. 부족한 엄마의 모습을 가려 줄 만큼 든든하고 야무지게 자라줬다.

가정 내 아픔도 점점 무뎌지고 크게 눈에 띄진 않지만 나도 변해갔다. 우리 가족은 모두 조금씩 성장 중이었다. 내가 해보지 못했던 수능시험도 딸은 경험했고 캠퍼스라는 곳도 즐겨보았으면 좋겠다는 아빠 엄마의 권유로 대학교에 합격했다. 딸의 고3 시절이 지나갈 무렵 계획에 없던 이사를 결정하게 됐다. 몇 해 전 남편은 직장을 옮기며 천안에서 혼자 지내고 있었다. 이제는 양산에서의 생활을 정리하고 올라와 함께 살았으면 좋겠다는 남편의 계획이었다. 아빠와 함께 있기를 너무도 원했던 둘째와 셋째가 가장 좋아했다. 이제 더는 아빠와 헤어지는 과정에서 대성통곡은 보지 않아도 되었다. 아직은 어린 두 녀석이었기에 친구들과 헤어짐은 아쉬워하지 않았다. 그저 아빠와 함께일 수 있는 것으로 행복해 보였다. 부산에 있는 대학교에 지원한 딸은 성인이기에 독립을 허락해 줬다. 대학 생활이든 직장 생활이든 잘 헤쳐 나가길 응원하며 약간의 지원과 지지만 해주기로 합의했다.

충남과 경기도 지역으로 많이 움직이는 남편의 일에 따라 중간쯤 되는 평택에 집을 얻었다. 새 학기 전 이사를 하기로 일정을 맞추며 필요한 모든 것을 빠르게 계약했다. 이삿날만 기다리며 양산의 삶도 하나씩 정리하고 있었는데 코로나19가 터지고 말았다. 그래도 이사는 가야지 하고 있었는데 평택에서 4번째 확진자가 나왔다. 그 당시에는 확진자라는 말만 들어도 무서웠던 시기였기에 주위에서 이사를 말렸다. 결정은 굳혔고 이사를 고려해 볼 생각은 전혀 없었다. 확진자가 여기저기서 쏟아져 나오는 2월 말 새로운 터전에서의 삶이 시작됐다. 등교도 하지 못하고 거리 두기와 모임 금지 등으로 외출조차 쉽지 않았던 시기였다. 남편만 불안해하며 출근을 이어갔고 남은 가족은 집안에 갇혀 지냈다. 지겨울 거라 생각했던 집순이 생활이 예상과 달리 편안했다. 종일 아이들과 같이 있는 시간, 둘째의 줌 수업까지 어느 하나 지겹거나 힘들지 않았다. 오히려 하고 싶은 것을 마음껏 할 수 있었고 아이들과 시간을 계획하며 알차게 하루를 지낼 수 있어 더욱 즐거웠다. 사람과 어울리는 것을 좋아하여 늘 누군가와 함께 있고 바빴던 나였다. 단 하루도 집에 있을 날이 없었고 외부 활동을 좋아했다. 그런 내가 그 누구도 만나지 않고 집에 갇혀 있으면서도 편안하고 즐겁게 행복함을 느끼는 것이 신기했다. 내 의지대로 흘러가는 하루에 전율이 느껴졌다. 이 시기 갇혀 지내면서도 왜 편안하고 여유로웠던 것인지 몇 해 뒤 읽은 신기율의 『은둔의 즐거움』책 속에서 알게 됐다.

'그렇게 비워낼 수 있는 사라짐의 순간이 있기에 달은 큰 혼돈 없이 한 달을 밝고 따듯하게 살아갈 수 있는 것 같다. 나는 달의 속삭임을 들으며 내 삶에도 필요한 순간마다 '삭의 시간'을 마련해야겠다고 생각했다.'

이 문장을 읽는 순간에 창밖에는 보름달이 환하게 비췄다. 나의 일로만 가득 채우며 혼자 있는 시간을 즐겼다. 비워낼 수 있는 순간도 기꺼이 받아들이며 다시 방향을 설정하는 뚜렷한 시간도 가졌다. 그 시간을 지나고 나면 즐거움을 함께 나누고 싶다는 마음의 여유가 생긴다는 말이 너무도 나에게 딱 맞는 표현으로 다가왔다.

'남의 눈이 아닌 나의 눈으로 나를 살펴보는 치유의 시간을 가져야 하는 것이다.'

나에게 비움의 순간과 여유가 필요했던 것을 알려 주는 구절이었다. 마음이 편안해지고 너그러워진 이유가 이 시간 속에서 나를 사유하고 치유했기 때문이었다. 나에게 쉼이 필요한 순간에 아는 이 하나 없는 곳으로 거처를 이동하고 전염병으로 인해 갇혀 지내게 되면서 그 시간을 가질 수 있었다. 그땐 그런 시간이 왜 좋은 건지 이상했다. 하지만 그 시간이 얼마나 소중하고 내게 필요한지 알게 된 후론 일부러 나를 가두는 일을 만들었다. 아이들의 겨울방학은 길고 추워서 외출이 줄어드는 겨울에 동굴을 파고 집에서 칩거를 시작했다. 오롯이 나와 가족만 보고 생활하며 충분히 충전 후 꽃 피는 봄이 오면 아이들의 개학에 맞춰 다시금 활기차게 바쁜 일상들을 즐겼다. 마냥 가을만 되면 심신이 지치고 의욕이 사라지는 것인 줄 알았는데, 겨울잠이 필요하여 가을 무렵부터 준비했던 것이었지 가을을 타는 것이 아니었다.

그 무서웠던 코로나 시대도 꺾이며 아이들은 다시 학교로 돌아가고 여기저기 모임이 만들어졌다. 내 성격 어디 가지 않는다고 이사 온 지

몇 달 만에 알게 된 엄마들과의 인연을 시작으로 많은 사람을 만났다. 딸은 기대 이상으로 혼자 잘 지냈다. 무탈하진 않았지만 스스로 이겨내며 자신만의 삶을 개척해 나갔다. 두 아들은 여전히 엄마의 반강제로 책을 읽으며 생각과 마음이 자라고 있었다. 아이들이 성장하고 자리를 잡아가는 동안에도 나의 책장은 넘어가질 않았다.

"엄마의 책장은 왜 매일 같은 페이지야?"

막내의 한마디에 심장이 덜컹하며 독서 생활의 중요함을 되새겼다. 실패만 거듭했던 책 읽기를 다짐하는 나의 모습이 의외로 편안해 보였다. 하지만 막무가내 제목만 선택하여 읽는 행위는 책을 읽어보지 않은 나에게 아무런 도움이 되지 않았다. 첫째 때는 책의 중요성을 몰랐다. 아이들이 자라면서 육아에서 교육으로 좀 더 깊이 들어서며 독서가 얼마나 중요하고 영향력이 강한지를 크게 배우고 느끼면서부터 책 육아를 시작했다. 꼭 읽히고 싶은 도서와 단계별 도서까지 폭넓게 파고들며 정보를 얻고 닥치는 대로 읽혔다. 아이들에게 환경은 던져주고 나를 위한 독서는 형태만 남았다. 그걸 일깨워 준 것이 막내 녀석이었다. 막내는 또래보다 빠르게 글자에 관심을 보이더니 다섯 살 무렵 스스로 글자를 읽었다. 특별한 한글 교육 없이 책으로 한글을 익히더니 형을 위해 맞춰진 책들을 한 권씩 읽기 나갔다. 정말 손대지 않고 코 풀었던 막내 녀석은 지금도 따로 봐주지 않고 방목 중이다. 학교에서 뒤처지지 않고 모든 면에서 잘 지내고 있는 모습에 늘 감사할 뿐이다. 장난감보다 책이 더 많은 가정환경에서 자란 형제는 책하고 전혀 친하지 않은 엄마와 누나랑은 확연히 다른 모습이었다. 말로만 책을 읽는 엄마와는 달리 독서에 진심인 아빠의 모습이 아이들에겐 큰 도움이 됐다.

 아이들이 자라며 교육의 질도 조금씩 높여야 한다는 주변 지인들의 중압감에 이것저것 시켜봤지만 역시나 나의 교육관은 독서에 거의 머물게 되었다. 주변인들도 인정을 해주기 시작하면서 책으로 키우겠다는 의지는 점점 더 강하게 자리 잡았다. 많은 교육 정보도 얻고 강의도 들으면서 철저하게 다른 사람의 교육관에 흔들리지 않았다. 그런 시간이 쌓이며 '아! 부모도 독서를 해야 하는구나!' 번쩍 머리로 스쳤던 날이었다. 머리로만 하겠다고 다짐하고 각성했던 나의 독서, 이번은 진심이길 바랐다. 이대로 머무르지 않길 간절히 원했다. 책을 읽는 엄마가 되고자 마음먹고 아이들이 아닌 나를 위한 책 육아를 들어갔다. 나에게는 쉽지 않은 변화의 시도였다. 페이지는 늘 같은 곳에 머물러 있거나 읽어도 내용은 기억나지 않았다. 갓 태어난 신생아처럼 잠만 쏟아졌다. 나에게 독서란 세상에서 제일 지루하고 험난한 활동이 되어가고 있었다. 그럼에도 아이들에게는 끊임없이 독서를 강조하는 모순적인 행동이 이어졌다. '내가 과연 책을 읽을 수 있을까?' 의문 섞인 한숨만 가득한 날이 이어졌다. 나의 시점에서만 책을 읽기에 그 어떤 책에도 재미를 느끼지 못했고 완독은커녕 50페이지를 넘겨본 책이 없었다. 드라마를 즐기지 않는 나에겐 소설은 그저 세상에 없는 허무맹랑한 이야기일 뿐이었다. 똑같은 육아의 고충을 담고 방향을 서술해 놓은 육아서조차 어떠한 공감도 가르침도 받지 못했다. 무조건 새벽에 눈을 뜨라는 말이 빠지지 않는 자기계발서는 그냥 성공한 자들의 자만으로만 보였다. 몇 장 겨우 읽고 내 식대로 판단하고 덮기를 반복하던 날만이 이어지던 중 나에게 한 줄기의 희망 같은 빛이 밝혀졌다.

초등학교에서 독서 관련 학부모 연수 공문이 나의 시선을 잡았다. 코로나가 휩쓸고 간 시기였기에 대면 연수가 아닌 '줌(Zoom)'으로 진행되었던 연수였지만 가슴 두근거림은 현장감 못지않게 강했다. 그렇게 연수에 참여한 학부모들의 마음을 흔들어 주신 김진수 선생님은 학부모 독서 모임을 추진해 줬고 그날의 우리는 지금까지 함께하는 〈다독다독〉의 시작이 되었다. 선생님과 〈다독다독〉 동지들은 책은 읽고 싶은데 읽지 못하는 나에게 책장을 넘기는 힘을 주었다. 글을 이해하고 공감할 수 있는 능력과 새로운 삶이 열릴 수 있다는 희망까지 가득 안겨줬다. 독서 모임 덕에 나는 서서히 변화되고 있었다. 욕쟁이 엄마에서 책쟁이 엄마로, 잔소리 10절 엄마에서 책자랑 10절 엄마로, 술 약속보다 독서 모임이 더 많이 생기는 엄마로 하루가 다른 시간으로 채워졌다. 물론 처음부터 쉽지는 않았다. 책을 읽고 서로의 얘기를 나누기 위해 모인 자리는 언제나 활기차고 진지했다. 이해력과 독서력은 부족했지만 장난스러움이 가득한 나는 계속 개그로만 여운을 남겼고 완독 행렬에도 당연히 따라가지 못했다. 이러한 상황에도 의외로 긍정적인 마음가짐이 자리했기에 기죽지 않고 자연스럽게 초창기 멤버로 스며들었다. 어디서 생겨났는지 모를 자존감 덕에 낙오자가 되지 않고 함께 읽고 웃고 떠들었다. 새벽 기상과 산책도 함께하며 감사 일기를 공유하는 하루였다. 반복되는 일상이었지만 두근거리고 따뜻한 하루였기에 늘 다른 일상처럼 느껴지는 날들이 가득했다. 어느새 나에게도 완독의 상쾌함까지 쌓여갔다. 술을 유난히도 좋아하는 내가 소주가 아닌 도서를 구매하고 있는 생활이 꽤 마음에 들었다. 어딜 가든 책을 가지고 다니는 내 모습이 낯설고 어색했다만 습관이 되도록 노력했다. 그런 나의 모습이 다른 사람의 눈에도 익숙해졌다.

〈다독다독〉을 중심으로 두 개의 독서 모임에 추가로 가입했다. 어떤 책을 읽을지 모르고 방황할 때 독서 모임에서 선정된 도서가 읽을 수 있도록 길을 열어주었다. 책 읽기가 매일 즐겁게 이어지지 않았기에 강제성이 필요한 모임은 필요했다. 한 권씩 시작한 독서가 여러 계절을 지나서 거실 가득 책장을 채웠고 그렇게 나에게도 독서라는 취미가 조용히 자리 잡았다.

3

엄마는
장래희망 있어요?

 2024년은 바쁘게 움직이는 한 해다. 해보지 않았던 것에 도전하게 했지만 2년간 열심히 다져둔 독서와 바른 생활을 한순간에 사라지도록 만들었다. 노는 일에 진심인 나로 돌아갔다. 소중한 가족을 잃은 슬픈 해이기도 하다. 너무도 부족했던 나였기에 깊은 아픔과 슬픔을 감히 표현할 자격도 없다. 헤어짐은 후회가 많이 남는다는 걸 뼈저리게 느꼈다. 운동을 싫어하는데 겨울잠을 포기하고 주민센터 프로그램인 다이어트 댄스에 등록했다. 몸과 마음이 따로 놀며 팔다리는 긴장 상태였지만 그 공간은 유쾌하고 즐거웠다. 여자들이 모이면 어디든 텃세가 있을 법도 했는데 느끼지 못할 만큼 금방 빠져들었다. 쓰지 않던 근육이 시위하듯 여기저기 아픈 곳이 생겨났다. 헬스장보다는 더 발길이 이어졌지만 귀찮고 힘든 날이면 귀찮음에 가지 않았다. 몸을 쓰는 유일한 취미와 음주를 즐기며 하루를 소비했다. 많은 시간을 학교 활동에 썼고 나를 위한 시간은 사라져 버렸다. 사라지는 시간만큼 짧고 굵은 인연들도 무수히 스쳤다. 바른 생활을 하며 어렵게 자리 잡아두 나의 루틴들이 와장창 무너져 내렸다. '내가 독서를 했었던가?'라는 생각이 들 만큼 책과도 멀어졌다. 줄어들었던 약속들이 가득 생기고 매일 바쁘다 보니 외부 일에 점점 지쳐갔다. 스스로 통제하지 못하는 음주는 다음 날의 일정에 큰 타격을 입지만 즐거웠으니 후회는 없었다. 하지만 이렇게만 계속 지낼 수는 없다는 걸 분명히 알았다. 적당한 선에서 나와 타협해야 했다.

아이들도 방목을 가장한 방치가 됐고 교육도 온전할 리 없었다. 학교만이라도 빠지지 않고 잘 다녀주기에 감사한 마음이었다. 공부는 스스로 선택하고 노력하는 것이기에 바쁘게 학원으로 돌리거나 과하게 문제집을 풀리지는 않았다. 학원은 오롯이 아이들의 선택에 맡겼다. 엄마를 따라 아이들도 나태해졌고 무언가 놓쳐가는 것만 같지만 크게 불안하진 않았다. 온전하진 않았지만, 자기 주도적으로 학습하는 습관이 길들어지도록 믿어주는 일이 내가 할 수 있는 유일한 일이었다. 흐트러졌지만 학원과 문제집으로 지치게 하고 싶지는 않았다. 엄마의 행동은 엉망이었지만 아이들은 생각보다 단단했다.

  그런 날들이 이어지며 가을이 왔고, 많이 지쳐 있던 나는 서서히 은둔할 수 있는 겨울을 맞이한다. 겨울방학과 함께 동굴 생활은 시작됐고 목표했던 일을 나열해 보았다. 여러 일이 있었던 한 해의 흔적은 집에 고스란히 남겨졌다. 어수선한 집안 곳곳을 비우고 정리했다. 내려놓았던 책들을 다시 읽으며, 나의 겨울은 따뜻한 온기로 가득 채워졌다. 외부의 찬바람에 정신을 차리고 이루지 못한 목표를 향해 나를 바로 세웠다. 다시 찾은 평화로운 삶에도 만족하며 술자리도 점점 줄어들었고 스스로가 낯설지 않을 만큼 하루하루 착실히 살았다. 놓쳐버린 것만 같은 지난해를 돌아보며 올해만큼은 나를 위한 시간을 즐기고자 다짐했다. 여전히 학교 일은 봉사하는 의미로 이어졌다. 작년만큼은 아니겠지만 올해도 나의 바쁜 일상은 시작되었고 하고 싶은 것들을 방해받지 않을 만큼만 그 일상을 즐길 것이다.

이제 겨우 책과 자연스러워진 나에게 늘 따뜻하기만 하던 〈다독다독〉 동지들이 공포를 던져주었다.
"우리 공저합시다!"
상상도 하기 싫은 글쓰기를 하자는 의견이 화두에 올랐다. 불가능한 이 상황에 쓰지 못함을 강조하며 소극적인 자세를 취했지만 소용없었다. 동지들은 사고 한번 칠 각오가 충분했다. 책 한 권이 이미 출간된 표정이었다. 그 분위기에 휩쓸려는 있었으나 해낼 자신이 없었다. 처음 〈다독다독〉을 만났을 때 읽기도 벅찬 나에게 꾸준히 쏟아졌던 숙제 같은 중압감이 글쓰기였다. 김진수 선생님은 여러 권의 책을 추천해 주면서 글쓰기도 매우 강조했다. SNS에서의 짧은 글쓰기, 감사 일기, 한 줄 쓰기 등 여러 가지 방법도 알려주며 꼭 써야 함을 각인시켜 줬다. 그럼에도 글을 쓰는 게 어려운 나는 온갖 핑계로 쓰기를 피해 왔다. 한 글자도 편히 쓰지 못하는데 공저를 한다는 건 뜬구름을 잡는 일이었다. 절대 불가능한 일임이 확실했다.

그런데 지금 나는 글을 쓰고 있다. 쓰지 못함을 강하게 부정하던 내가 속에 있는 이야기를 꺼내어 끄적여 본다. 뜨거운 전투력과 끈질긴 압박이 있었지만 다독임과 해낼 것이라는 자신감도 일깨워 준다. 한결같은 따뜻한 응원으로 징징거림을 멈추게 하고 글을 쓰도록 만든다. 동지들의 초고 인증 사진 행렬에 이끌려 나 역시 맞춰갔다. 무엇을 쓰고 있는지 모르겠는데 마감 시간에 쫓기며 또 열심히 쓴다. 절대 불가능한 것 같았던 일을 하나씩 풀어나가고 있다. 순전히 〈다독다독〉 동지들의 의지에 떠밀려 써 내려가며 한고비 한고비를 넘긴다. '도대체 이들은 왜 이렇게 힘든 걸 해보자고 하는지.'

매일 투덜거리고 글쓰기를 방해하고 도저히 못 쓰겠다며 으름장을 놓아 보기도 했지만, 그럴 때마다 동지들은 나를 어르고 달래며 글을 쓰게 만드는 힘을 가졌다. '그 힘 몽땅 개가 물어가 버렸으면 좋겠네.'라며 구시렁거리면서도 기한에 맞춰 초고를 제출하고 있다.

독서의 장벽을 힘겹게 넘은 나에게 또 한 번의 변화와 기회가 찾아왔다. 〈다독다독〉에서의 공저가 글쓰기의 처음이자 마지막이 되겠지만 나의 이야기가 끝은 아니다. 계속 변화를 향해 나아갈 것이고 책의 깊이에 좀 더 빠져 보려 한다. 집에서는 한없이 늘어지고 쉬는 것이 좋지만, 할 수 있는 일이 가득한 집이라는 공간이 제일 편하다. 나만의 활동으로 가득 채울 수 있는 공간에서 조용히 책을 읽으며 또 다른 나의 오늘을 채우려 한다.

여행을 즐기지 않지만, 마음에 품어 두었던 혼자만의 기차여행도 하고, 남편과 단둘이 여행도 하며 해보지 않았던 시간을 가져보려 한다. 바쁘게 이곳저곳 돌아다니지 않고 긴 대화도 필요 없이, 그저 둘만 있는 시간과 공간에 만족하며 그날을 함께하고 싶다. 두고 가는 아이들에겐 미안하겠지만 이제는 둘만 놀 때가 됐다.

'너희는 나중에 알아서 즐겨라. 너희가 사랑하는 사람과 함께.'

학교에서 진로 적성검사를 하고 온 막내가 나에게 물었다.
"엄마는 내가 뭐가 되었으면 좋겠어?"

자신이 어떤 직업을 가지고 살았으면 좋겠냐는 질문이었는데 답하지 못했다. 생각해 보니 장래희망이라는 걸 가져본 적이 없었다. 내가 어떤 사람이 되고 어떤 직업을 가지고 어떻게 살아가야겠다 같은 작은 희망도 품어보지 않았다. 그런 나와 달리 아이들에겐 본인의 꿈을 위해 열정을 쏟을 수 있는 동기를 만들어주고 싶다. 덩달아 나의 장래희망도 만들 결심을 해본다. 막내가 다시 질문을 해주면 당당히 답해줄 수 있는 엄마가 되리라!

'그런데 아들아, 엄마가 원하는 사람이 될 거니? 그럼 좀 더 구체적이고 정확하게 답해줄 수 있는데 말이지.'

꿈도, 가슴 벅찰 정도의 설레는 미래도 딱히 정해둔 것이 없지만 그런 내 모습에 불만 또한 없다. 매일 새로운 이벤트가 있고 남들 다 겪는 만큼의 아픔도 있는 지금의 나를 우선시한다. 무엇보다 열심히 살고 잘 노는 사람이 되고 싶다. 나를 챙겨야 가족도, 주변 사람들도 챙길 수 있는 마음의 끈이 생긴다. 아이들의 미래도 중요하듯이 그 미래를 지켜줄 수 있는 나의 오늘은 더 소중하기에 내 안의 세계를 먼저 지켜낼 것이다. 그런 시간이 지나 또 겨울이 오면 어김없이 나는 은둔을 준비하고 새로운 계절에 나를 내세우겠지. 끊임없이 시작하다 보면 나의 가치도 찾게 되고 이루고 싶은 미래와 소원이 생기겠지. 소박한 하루가 이어지며, 지금까지 버티고 이겨내며 살아왔던 삶보다 더 힘들고 어려웠던 글쓰기를 마무리 지어 본다.

4장 「다독의 꿈」 나에게 주는 최고의 사랑

‖ 2부 ‖

나아가는 과정

5장

「다독의 길」
인생의 길잡이가 되어준 독서

정유정

나에게 다독다독이란?

잃어버린 꿈을 찾게 해준 인연
인생의 새로운 페이지를 쓰게 해준 인연
고마운 인연

1

책을 잃고
나를 잃다

　2003년 어느 날 우연히 읽은 '파울로 코엘료'의 『연금술사』 덕분에 책이라는 세계에 발을 들였다. 그전까지 나에게 책이란 만화책과 독후감 숙제를 위해 억지로 읽는 몇 권의 책이 다였다. 왜 그 순간 그 책에 빠져들었는지 여전히 알 수 없다. 그저 점심시간 학교 도서관에서 홀린 듯 눈에 들어온 책 한 권이었다. 마지막 장을 읽고 난 후 얼굴도 모르는 작가 '파울로 코엘료'에게 매료되어 책이라는 세계에 푹 빠져들었다. 사실 중학생에게 『연금술사』라는 책이 쉽게 읽히는 것은 아니었다. 아들이 신부가 되기를 바라며 신학교에 입학시켰다는 아버지의 행동은 종교가 없는 나에게 낯선 신앙심으로 느껴졌다. 그럼에도 작가님만의 묘한 문체에 매력을 느꼈다.
　『연금술사』는 산티아고라는 주인공이 아버지의 소원을 뒤로한 채 자신의 꿈에 나오는 피라미드를 보기 위해 여행을 떠나는 이야기다. 분명 글은 어렵지만 신기하게 소설책의 장면이 눈앞에 그려지는 느낌이었다. 책을 읽으면서 영화를 보는 느낌이 들었다. 산티아고라는 소년의 이야기는 사춘기였던 나의 마음을 들여다보는 것 같았다. 또래 아이들과 마찬가지로 사춘기라는 자각을 하지 못하고 살았다. 하지만 책 속에 등장하는 주인공의 행동에 나도 모르게 자신을 투영하고 있었다. 당시에는 앞으로 어떻게 인생을 살아야 하는지 일생일대의 고민을 반복하던 시기였다. 그런 상황에서 산티아고의 꿈에서부터 시작된 보물을 찾기 위한 여행은 사춘기 소녀의 가슴을 뛰게 해줬다. 나만의 길을 가면 된다는 무언의 이야기와 간절히 원하면 온 우주가 도와준다는 책 속의 문장에 가슴이 설레었다.

 책에서 발견한 작은 설렘은 한 소녀를 책의 세계로 이끌었다. 처음 흥미를 느꼈던 것이 소설이었기 때문이었을까? 몇 년은 소설책만 읽었다. 장면 묘사가 잘 되어 있는 소설이 더욱 좋았다. 작가님이 그려놓은 이야기를 따라가며 장면을 상상하는 일이 무료한 일상 속의 소소한 재미였다. 소설 속에 담긴 다양한 사람들의 이야기는 또 다른 재미였다. 평소에 경험할 수 없는 일을 대리 만족할 수 있었다. 책을 읽으면서 '언젠가는 이야기들이 나오는 장소를 꼭 가봐야지.'라는 마음속의 버킷리스트도 생겼다. 어린 시절 책이란 꿈을 꾸게 해주는 존재였다.
 책이 주는 꿈은 힘이 있다. 책이 있었기에 힘든 고등학교 수험생활을 견뎠다. 도무지 앞이 보이지 않을 때 책을 읽었다. 한 권의 책을 읽으면 한 장의 버킷리스트를 채웠다. 미래의 목표를 채워나가며 다가올 날을 상상했다. 사소하지만 사소하지 않은 희망과 목표가 지치고 힘들었던 일상을 지탱했다. 책을 읽으며 여행하고 싶은 나라가 생겼고 배우고 싶은 언어도 많아졌다. 언어와 여행에 흥미가 생기면서 자연스레 외교

분야에 관심을 가졌다. 어떤 과에 진학해야 할지 나아가 미래에 어떤 직업을 가져야 할지 막막하기만 했던 상황에 새로운 꿈이 생겼다. 물론 원하던 과, 원하던 학교에 진학하지 못했지만 꿈이 있기에 버틸 수 있었던 시간이었다.

수능은 운칠기삼이라 하였던가? 고등학교 3년 동안 목표를 이루지 못할 일은 없다 생각했는데 수능은 내 뜻대로 되지 않았다. 상상과 다른 수능 결과에 유학의 길을 택했다. 외국에서 대학을 다니면서 한국어로 된 책을 구하기 어려웠다. 원하는 책을 구하기 위해 한국에 있는 친구에게 부탁해야 했다. 책에 대한 갈증은 커져갔지만 매번 부탁하기에 미안함이 더욱 앞섰다. 가끔 기회가 생기면 미뤄왔던 숙제를 해내듯 책을 잔뜩 샀다. 하지만 그러기도 한두 번 택배비마저 부담되는 상황에 저절로 책과는 거리가 생겼다.

유학 생활 중 책과 멀어졌지만 큰 변화를 느끼지 못했다. 한국에 있는 친구들에게 뒤처지지 않기 위해 열심히 사느라 변화를 느낄 틈이 없었다. 소리 없는 변화는 내면에서부터 조금씩 생겨났다. 스스로 깨닫지 못한 채 지쳐갔다. 요즘에는 번아웃이라는 단어를 사용하지만 당시에는 그런 용어도 몰랐다. 대학을 졸업하고 취업 준비를 시작할 때 번아웃이 왔다. 한국에 돌아온 나는 아무것도 하기 싫었다. 손에 잡히는 것이 하나도 없었다. 마음먹고 잠깐 쉬어보기로 했다. 하지만 며칠을 쉬어도 쉰 것 같지 않았다. 바로 취업해도 모자란 시기에 그 누구보다 늦은 휴식기에 들어갔다. 하지만 온전히 쉬지도 못했다. 아무것도 하지 않기에는 마음의 짐이 무거웠다. 돈이 없는 취준생의 휴식기는 답답한 공기로 가득 찼다.

고등학생 때 하루 4시간씩 자면서 공부해도 힘들지 않았다. 아니 힘들었지만 버텨낼 수 있었다. 하지만 대학생 시절 학업과 아르바이트를 병행하자 금방 지쳐갔다. 무엇이 달랐을까? 그저 타국에서 적응하느라 힘들었을까? 돌이켜 생각해 보면 제일 큰 차이는 스스로와의 소통이 적어졌던 것이다. 학창 시절 공부를 핑계 삼아 주말마다 시립도서관에 갔다. 열람실에서 공부하다가 지치면 책을 읽기 위해 인문학 도서실로 내려갔다. 책으로 재충전을 한 다음 자리로 돌아와 버킷리스트나 생각을 정리하는 글을 썼다. 힘든 수험 생활을 '왜' 해야 하는지 깊이 생각했다. 그리고 이 시기를 지나고 나면 '무엇'을 얻을 수 있을지 문장으로 정리했다. 스스로 다독이며 목표를 설정하고 응원하는 시간을 가졌다. 번아웃이 왔던 그때 사실 '나와의 대화'가 필요했을지 모른다.

잠깐의 쉼으로 번아웃을 벗어났다고 할 수 있을까? 어느새 취준생에서 벗어나 일을 하고 있었다. 대학교 때 아르바이트로 모아둔 여유자금은 바닥을 보였다. 생활비를 벌어야 했다. 짧은 방황을 뒤로한 채 있어야 할 자리로 돌아왔다. 재충전도 아니었고 다시 나를 찾은 시간도 아니었다. 나에겐 그럴 여유가 없었다. 당시 지금의 남편과 결혼을 약속한 사이였다. 일을 시작하자마자 적금을 들었다. 곧바로 결혼 준비에 들어갔다. 그래서 더욱 여유 부릴 틈이 없었다. 정신을 차리고 얼마 지나지 않아 결혼했다.

  신혼집으로 이사를 하기 위해 짐을 챙기며 몇 년 만에 가지고 있던 책을 꺼내 들었다. 짐을 싸기 위해 꺼낸 것이었지만 책을 다시 손에 들자 새로운 느낌을 받았다.

'맞아. 나는 이런 책을 좋아했었어. 이 작가님 신간이 새로 나왔을 텐데…' 순간 책을 꽤 오래 놓았다는 것을 깨달았다. 문득 짐을 정리하다 좋아하는 작가의 신간이 궁금해졌다. 한쪽으로 짐을 놓아두고 어느새 어떤 작가의 신간이 언제 나왔나 검색해 봤다. 그 사이 여러 권의 책이 나왔음에 놀라고 긴 세월 책을 놓아버린 스스로에게 놀랐다. 취업 준비를 핑계로 손에 쥐었던 책은 어학 공부 책이 전부였다. 새롭게 찾은 보고 싶은 신작을 살포시 보관함에 넣어둔 채 다시 짐을 챙겼다. 잠깐의 놀라움과 씁쓸함이 지나간 자리에 책에 대한 그리움이 남겨졌다. 하지만 그리움은 금방 사라져버렸다. 바쁜 결혼 준비와 결혼 후 바뀐 생활 적응에 시간이 빠르게 흘러갔다. 어느새 나는 한 아이의 엄마가 되어 있었다.
  여느 때와 같은 하루를 보내던 순간 뭔지 모를 회의감이 들었다. 아이에게 책을 읽어주고 보여주는데 내 손에는 여전히 책이 없었다. 아니 아이가 좋아하는 동화책이 전부였다. 그 순간 '자식은 부모의 거울이라고 하는데 책을 열심히 읽어준다 한들 부모가 놓아버린 책을 아이가 좋아해 줄까?'라는 생각이 파고들었다. 살기 바쁘다고 책을 놓아버린 엄마의 모습을 아이는 어떻게 받아들일까 생각하니 '아차!' 싶었다. 아이에게 좋은 건 다 해주고 싶은 마음이 부모 마음인데 정작 중요한 사실을 놓쳤다는 것을 알아채자 미안함과 민망함이 몰려왔다. 그렇게 다시 책을 손에 들었다.

정작 책을 다시 손에 쥐었을 때 책이 낯설게 느껴졌다. 어떤 책을 읽어야 할지 몰라 이사하면서 넣어둔 상자 속의 책을 꺼냈다. 하지만 너무 오래 책을 멀리했던 까닭이었을까? 아니면 단지 책을 읽게 된 계기의 문제였을까? 책이 손에 잡히지 않고 계속 겉도는 느낌이 들었다. 지금 생각해 보면 후자의 문제가 컸다. 어린 시절 책에 빠져들었던 이유는 내가 원해서였다. 하지만 30대의 아이 엄마가 다시 책을 읽게 된 이유는 아이를 위해서였다. 책은 다시 손에 쥐었지만 '나'라는 사람이 빠져 있었다.

아이를 낳고 엄마가 된 순간부터 대부분의 여자는 '나'를 잃어버리고 살아간다. 그 당시 나도 똑같았다. 그 누구도 나에게 엄마는 그러해야 한다고 강요한 것도 아니었지만 어느새 그렇게 됐다. '정유정'이라는 이름 세 글자보다 'ㅇㅇ엄마'로 불리는 게 자연스러웠다. 책을 다시 손에 쥐었어도 스스로를 위해서가 아니라 '아이'를 위해서였다. 어떤 상황에서든 자신을 위한 행동보다 '아이'를 위한 행동이 많았다. 그저 '엄마도 열심히 책을 읽고 있으니 너도 책을 읽어야 해.'라고 외치는 듯이 책을 읽었다. 그렇게 읽은 책은 지루했다. 손에 책이 쉽게 안 잡혔다. 힘들게 책을 들어도 내용이 눈에 들어오지 않았다. 막상 책장을 펼치면 책을 읽어 나갔지만 읽는 것이 책인지 시간인지 알 수 없었다. 그저 책이 시간을 보내기 위한 수단이 된 것 같았다.

'나'라는 존재가 책을 읽는 데 중요하다는 사실을 몰랐다. 자신을 알아야 할 필요성을 알지 못했고 '나'를 잃어가고 있다는 것은 더욱 자각할 수 없었다. 스스로 살아가고 있는 인생인데 그 안에서 '나'라는 사람이 흐려지고 있다는 것을 느끼지 못했다. '나'를 잃는다는 것은 많은 것을 초래했다. 자존감을 떨어뜨렸고 무엇을 해도 재미없었다. 스스로가 무엇에 흥미를 느끼는지 점점 잊어갔다. 스트레스는 점점 많아졌고 감당이 되지 않았다. 짜증이 자주 났고 스스로 조절하지 못한 감정은 고스란히 주변 사람의 몫이었다.

학창 시절 책을 읽으며 찾아갔던 '나'의 존재를 10년 사이 잃어버렸다. 독서의 의미도 사라졌다. 책에 대한 흥미가 주춤하기 시작했던 그때, 독서 모임이라는 좋은 기회가 다가왔다.

2

책을 통해
벽을 넘다

학기 초, 초등학교에 입학한 아이의 낯선 생활을 들여다볼 좋은 기회라는 생각에 사서 봉사에 참여했다. 처음에는 아이에 대한 호기심이었다. 교실이 도서관 바로 옆이었다. 도서관에 가면 자연스레 아이를 지나칠 수 있었다. 잠시나마 아이를 볼 수 있는 시간이 즐거웠다. 봉사 시간이 끝나도 바로 집으로 가지 않았다. 돌이켜 생각해 보면 도서관에서 맡는 책 냄새가 좋았다. 마음이 안정되었다. 도서관 가는 날이 더욱 설레었던 것은 봉사하겠다는 결정이 엄마가 된 후 스스로 선택한 첫 번째 일이었기 때문이다. 사소한 일이지만 금쪽같은 휴식시간과 바꿔 선택한 설렘이었다.

어디선가 '기회는 도전하는 자에게 주어진다.'라는 구절을 읽었다. 사서 봉사라는 작은 도전을 시도했다. 그랬더니 봉사에서 만나 인연이 된 분이 〈다독다독〉이라는 학부모 독서 모임에 초대해 줬다. 처음 제안을 받았을 적에 얼떨떨했다. 머릿속이 새하얘졌다. 마음속 어딘가에서 '이 기회를 놓치면 안 돼!'라고 외치고 있는 것 같았다. 너무나 순식간이었고 두근거렸다. 결혼하고 10년 가까이 모임이 없었기에 〈다독다독〉은 어떤 모임일까?'라는 궁금함과 설렘이 생겼다. 설렘 반, 긴장 반 속에 독서 모임 단체 카톡 방에 초대되었다. 그리고 2023년 4월 6일 떨리는 마음을 안고 모임 장소에 갔다.

독서 모임에 참가하고 나서 눈에 띄게 변한 점이 있다. 바로 독서 습관이다. 그 당시 좋아하는 장르와 싫어하는 장르가 뚜렷했다. 학창 시절에 자리 잡은 습관이었을까? 책의 장르에 대한 선입견이 있었다. 편독이 무조건 나쁜 것일까? 편독이라고 다 나쁜 것은 아닐 것이다. 다만 책을 고르는 기준이 명확했다.

학창 시절부터 자기계발서에는 유난히 손이 안 갔다. 선생님께 책을 추천받으면 늘 자기계발서가 한 권씩 있었다. 추천받은 책은 싫어도 일단 찾아보고 한 번씩 읽어봤다. 하지만 깊이 있게 읽지 않았기도 했지만, 잔소리를 듣는 느낌에 몇 장 읽지 못하고 덮은 적이 많았다. 독서 모임에 참여하고 초반에는 자기계발서 읽는 것이 가장 힘들었다. 그런데 그런 장르의 책을 읽고 모임의 리더가 준비한 질문에 답을 하다 보니 자기계발서를 읽는 의미를 조금 알 것 같았다. 자기계발서는 현실적인 면이 강하다. 그렇기에 '나'를 되돌아보고 변화하게 해주는 책이다. 편독이라는 틀이 깨어지는 순간이었다.

'학창 시절, 나에게 자기계발서란 어떤 의미였을까?'라는 생각을 하다가 문득 '나에게 책이란 어떤 의미였을까?'라는 의문을 가졌다. 책에 빠져 시간 가는 줄 모르고 종일 책장을 넘기던 때 사춘기 소녀에게 책이란

'마음의 안식처'였다. 학생이기에 공부만으로도 힘들고 지치는데 사춘기 시절 마음속에 폭풍이 일어났다. 친구와의 소소한 갈등마저 마음을 어지럽혔다. 당시에는 그 무엇보다 위로와 마음의 평온이 필요했다. 책이란 누구보다 나를 위로해 주는 존재였다.

  소설책 속의 다양한 상황이 나의 상황과 겹쳐졌다. 소설 속 인물이 위로받고 상처를 회복하면 나도 위로받았다. 그런데 자기계발서는 마음의 안식을 주는 것이 아니라 '너는 지금 행동을 바꿔야 해. 그렇게 하는 게 아니야.'라고 꾸짖었다. 현실에 안주하면 안 된다는 조언이 가득했다. 10대 소녀는 쓴소리보단 따뜻한 한 마디가 듣고 싶었다. 마냥 어린 학생에게 '쓴 것이 몸에 좋으니 먹어봐.'라는 제안은 통하지 않았다.

  20년 정도 지난 지금 책이란, 마음의 방향성이 되어준다. 나이가 든 만큼 책에서 찾는 의미도 달라진다. 여전히 소설책은 힐링이자 아이디어를 주는 존재지만 자기계발서가 주는 의미도 알아차린다. 책 속에서 나를 위한 부분을 발견할 수 있다. 조금은 쓴소리도 달게 받아들이고 다시 한번 생각한다. 어린 시절보다 마음의 여유가 있다. 상황을 바라보는 시야가 달라진다. 자기계발서에 대한 벽을 하나 무너뜨리고 나니 다양한 장르의 책이 새롭게 다가온다. 단단하게 느껴졌던 편독의 틀을 없애니 다시 한번 책이 삶에 활력을 불어 넣는다.

  독서 모임을 하면서 새로운 독서 방법도 경험했다. 〈다독다독〉에서는 1달에 1명이 리더가 되어 책을 정하고 질문지를 만들어서 모임을 주관한다. 학창 시절 이후 한 무리를 이끌어 볼 일이 없었던 나에게는 아주 신선한 방식이었다. 4월에 처음 참여한 독서 모임인데 그다음 달인 5월의 리더를 제안받았다. 그 순간 어떻게 해야 할 줄 몰랐다. 분명 마음 한편에서는 자신이 없어 'No'를 외치는데 다른 한편에서 무슨 용기인지 'Yes'를 외쳤다. 그렇게 5월의 리더가 됐다. 독서 모임이 무엇인지도 제대로 알기 전에 한 달을 이끌어갈 책을 정해야 했고 질문을 만들었다.

 어떤 책을 골라야 할지 고민이었다. 책을 정하는 과정에서 스스로 두 가지 질문을 했다. 첫 번째, 어떤 책이 나를 보여줄 수 있을까? 두 번째, 어떤 책이 다른 분들에게 도움이 되는 질문을 품고 있을까? 첫 번째 질문에 가장 좋아하는 작가를 떠올렸다. 소설책을 많이 읽어 왔기에 좋아하는 작가도 당연 소설책 작가였다. 소설의 내용으로 질문을 하는 방법을 몰랐다. 그렇기에 고를 수 있는 폭이 넓지 않았다. 그래도 좋아하는 작가의 책을 고르고 싶어 뚫어져라 책장을 살폈다. 눈에 띄는 몇 권의 책이 있었다. 두 번째 질문을 되뇌며 제목들을 다시 읽었다. 그중 '파울로 코엘료' 작가의 『아처』가 눈에 들어왔다. 『아처』는 소설이지만 소설 같지 않고 책도 얇아서 접근하기 편한 책이다. 책의 두께와 상반되게 생각할 내용이 많았다. 그래서 찾던 방향성에 적합하다고 생각했다.

 『아처』를 독서 모임 책으로 선정했을 때 익숙한 책이기에 질문을 금방 만들 수 있을 것 같았다. 낯선 모임이지만 자신감이 넘쳤다. 그것은 큰 오산이었다. 말 한마디를 적었다 지웠다 끊임없이 반복했다. 그 와중에 책을 읽으면서 이렇게 깊이 생각할 수 있다니 놀랐다. 『아처』는 처음 읽었을 때도 깨우침을 많이 주는 책이었다. 독서 모임을 준비하면서 재독을 하였을 때 처음 느꼈던 깨달음보다 내용의 심오함을 느껴 당황했다. 생각만큼 쉽지 않았다. '책의 내용을 혹시 잘못 전달하지 않을까?'라는 고민에 책의 정보를 찾아보고 다시 읽어보았다. 모임을 준비하면서 독서의 새로운 방향성을 깨우쳤다. 같은 책을 여러 번 읽으면서 다른 부분을 바라볼 수 있다는 것을 알았다. 단어를 하나하나 생각하며 깊이 있게 책을 읽는다는 것을 조금 알게 된 느낌이었다.

그래도 독서 모임을 통해 가장 새롭게 접해 본 경험이라면 다양한 독서다. 스스로 책을 많이 읽고 다양하게 읽었다고 생각했는데 큰 착각이었다. 모르는 작가도 너무 많고 한 번도 읽어보지 않은 장르도 있었다. '내가 왜 이제야 이 책을 알았지?'라는 생각에 허무했다. 세상은 넓고 모르는 것은 너무 많았다. 수많은 우물을 벗어나 넓은 세상 속에서 살았다고 생각했는데 어느새 새로운 우물 속이었다는 것을 깨달았다.

새롭게 알게 된 작가 중에 가장 큰 충격을 준 사람은 '사이토 다카시'였다. 글 속에 작가의 내공이 느껴진다는 것이 어떤 것인지 알게 되었다. 넓은 식견이 느껴지는 책에 완전히 매료되어 한동안 '사이토 다카시' 작가의 책을 여러 권 읽었다. '이제야 알았다.'라는 후회와 '이제라도 알았으니 다행이다.'라는 안도감이 같이 다가왔다. 『곁에 두고 읽는 니체』를 읽으며 전혀 생각하지 못했던 니체를 알게 됐다. 기존에 알던 니체는 어려운 말만 하는 철학자 중 한 사람일 뿐이었다. 하지만 새롭게 알게 된 니체는 현대인에게 울림을 줄 수 있는 사람이었다. '사이토 다카시' 작가의 설명과 글이 니체에게 다가가는 길을 열어줬다. 니체가 궁금해진 것도 놀랐지만 어떻게 작가를 글에 드러내지 않고 주제를 잘 전달할 수 있는지 신기했다.

독서 모임의 힘은 엄청났다. 혼자 읽을 때는 손이 잘 안 가던 자기계발서를 스스로 찾아서 읽게 했다. 심지어 한 번도 시도해 보지 않았던 육아서도 읽어 봤다. 육아서라는 책의 존재는 알고 있었지만, 필요성을 느끼지 못했다. 육아하다 막히는 부분은 '주변 어른들이나 인터넷 정보를 통해 해결하면 되는 것이 아닌가?'라는 생각이었다. 육아서에 대한 편견을 깨 준 책이 '윤지영' 작가의 『엄마의 말 연습』이다. "엄마의 말은 순간이지만, 아이의 가슴에는 평생 남습니다"라는 캐치프레이즈가 마음에 확 와닿았다. 책을 통해서 평소에 하던 말들, 사소한 습관들을 돌아볼 수 있다는 점을 알게 됐다.

한동안 책을 놓으면서 1년에 몇 권 읽지 않았다. 하지만 2023년 독서 모임을 시작하고 9개월 동안 96권의 책을 읽었다. 모든 장르가 새롭게 다가오면서 읽고 싶은 책도 많아졌다. 책에 대한 갈증을 해결하듯 책을 쌓아두고 읽어 나갔다. 사실 1년에 몇백 권씩 읽는 다독가들에 비하면 많은 책이 아닐 것이다. 그렇지만 시간을 쪼개어 책을 읽으며 생각하는 과정이 있었기에 1년에 96권은 충분한 양이었다. 쌓여가는 책이 마음을 다시 다독이며 채워줬다.

〈다독다독〉에서의 새로운 경험은 변화로 이어졌다. 독서의 세계에 다시 발을 들여놓고 세상이 조금씩 달라지는 것을 느꼈다. 가장 큰 변화는 책과의 만남이 자연스러워졌다는 것이다. 모든 곳에 책을 들고 다녔다. 놀러 갈 때도 꼭 책 한 권은 챙겨갔다. 책을 챙기기 어려울 때는 전자책을 다운로드했다. 그런 모습을 보고 있자니 어느새 아이도 나를 따라 책을 챙겼다. 자연스럽게 책이 아이의 일상에 녹아들었다. 힘들게 매일 밤 아이에게 책을 읽어주지 않아도 괜찮았다. 책의 중요성을 수십 번 말해주지 않아도 됐다. 아이의 일상에 책이란 당연한 존재가 됐다. 아이도 스스로 조금씩 깨우쳤다. 그렇게 천천히 나를 포함한 주변이 바뀌었다.

또 다른 변화는 생각이었다. 책을 손에서 놓고 한동안 나도 모르는 사이 마음의 넓이가 많이 좁아져 있었다. 마음속에 있던 방이 무언가로 꽉 차서 비우지도 못하는 상태였다. 마음속에는 스트레스, 근심, 걱정, 말로 다 설명하지 못할 것으로 가득 차 있었다. 무엇부터 비워야 하는지 몰랐다. 너무 가득 차서 무엇을 하나 하더라도 버거웠다. 그러니 당연히 다른 것을 생각할 마음의 공간도 여유도 없었다. 누구라도 건드리면 쉽게 짜증을 냈다. 타인의 상황, 타인의 감정은 눈에 들어오지 않았다. 하지만 독서 모임에서 다양한 사람들의 의견을 듣고 대화를 나누다 보니 나의 생각이 바뀌는 것이 보였다. 모임을 하면서 하나씩 하나씩 가득 차 있던 것들을 꺼내어 보고 정리할 수 있었다.

학기 초 선택한 작은 모임 한 번이 '나'라는 사람을 많이 바꿔놓았다. 무엇보다 분야에 대한 고정관념을 없애고 독서 스펙트럼을 넓혔다. 어떤 장르의 책을 보더라도 망설여지거나 거부감이 들지 않는다. 두꺼운 벽돌 책을 보아도 '언제 다 읽지?'라는 조급함이 없다. '어떻게 끝까지 읽지?'라는 두려움보다 '조금씩 나눠 읽으면 언젠가 다 읽을 수 있어!'라는 자신감이 든다.

편독이라는 벽이 조금씩 무너지면서 독서 방법도 다양해졌다. SNS에서 모집하는 신간 서평도 신청했다. 다양한 난이도가 있는 책들을 일정 기간 읽어내는 챌린지에도 도전했다. 챌린지를 통해 어렵게 느껴지는 책도 쉽게 접근할 수 있었다. 생각보다 여러 방식으로 책을 접할 수 있는 기회가 많았다. 독서의 틀이 달라지면서 '나'라는 사람의 틀도 조금씩 바뀌는 기분이 들었다.

도미노는 한번 쓰러지기 시작하면 쉽게 멈추지 않는다. 사서 봉사라는 작은 기회가 시작점이 되어 첫 조각을 넘어뜨렸다. 그 조각은 독서 모임이라는 다음 조각으로 닿았고 '나'라는 사람 속에 자리 잡고 있던 작은 습관들을 바꿨다. 도미노는 마지막 한 조각이 쓰러지고 나서야 완성된 모양을 확인할 수 있다. 내 인생에 어떤 그림이 그려질지 설렌다.

3

책을 읽고
꿈을 꾸다

글쓰기는 어떤 매력이 있는 것일까? 독서의 완성은 글쓰기라고 한다. 많은 독서가들이 책을 읽다가 종착지에 다다르면 글을 쓴다. 무언가에 홀린 것처럼 같은 행동을 한다. 어쩌면 독서의 세계에 발을 들여놓았을 때 글쓰기의 세계로 발을 같이 내딛었을지 모른다. 나 또한 책을 읽기 시작했는데 어느새 글을 쓰는 중이다. 기록을 위해 시작한 글쓰기였는데 지금은 새로운 꿈을 쓰고 있다. 책을 다시 읽으며 가장 많이 생각한 부분은 '나는 그동안 책을 어떻게 읽어 왔던 것일까?'였다. 누군가와 함께 같은 책을 읽으며 이야기를 나누어 본 것이 언제였을까? 혼자 책을 읽고 혼자 생각하는 것에 익숙해졌던 것일까? 내용에 대해 깊이 고민하지 않았다. 독서를 하며 이야기를 따라가고 읽은 내용을 마음속으로 대충 정리하고 넘기는 경우가 많았다. 하지만 모임을 나가면서 질문에 답하기 위해 생각을 미리 정리해야 했다. 리더의 질문에 답을 준비하는 시간은 책의 내용을 깊이 있게 따라가게 만들었다. 놓치고 지나가 버린 이야기들을 발견하는 순간이었다. 책과 대화하는 또 다른 재미도 발견했다. 새로운 독서의 재미를 알게 됐을 때 모임에서 블로그를 추천했다.

블로그를 시작해 보라는 제안을 받았을 때 강력한 끌림을 느꼈다. 독서 기록을 하는데 난항을 겪었기 때문이다. 한창 책을 많이 읽기 시작한 때였다. 모든 책을 구매해서 읽기에 부담 되어 전자책을 읽기 시작했었다. 처음에는 전자책이 낯설고 불편하다 느꼈다. 하지만 하나의 벽을 넘어서고 전자책이란 벽도 넘어보기로 했다. 종이책이 좋아 거부하기만 했던 전자책도 나름의 장점이 있었다. 책을 손상시키지 않고 마음껏 표시할 수 있다는 점이다. 책을 깔끔하게 읽는 것을 선호하는 나에게 가장 큰 매력이었다. 한편으로는 아이러니하게 사라지기 쉬운 흔적을 남기는 기분이 들었다. 책이 남겨준 의미를 간직하고 싶어 공책에 독서 내용과 감상을 기록했다. 전자책의 내용을 독서 기록용 공책에 다 옮겨 적기에는 많은 시간이 필요했다. 그래서 블로그가 매력적으로 다가왔다.

거의 20년 만에 다시 본 블로그에는 잊고 살았던 꿈이 있었다. 글을 쓰고 싶다는 꿈이다. 학창 시절의 나는 수많은 소설의 장면처럼 상상을 글로 펼쳐보고 싶었다. 작가가 되고 싶은 것은 아니었다. 나의 이야기를 그려보고 싶었다. 상상 속의 이야기를 많은 사람들에게 들려주고 싶었다. 이야기를 좋아했던 사춘기 소녀에게 당연한 일이었다. 책 한 권을 읽고 나면 상상의 나래를 펼쳐나가기 일쑤였다. 하지만 늘 끝을 보지 못했다. 글을 쓰는 방법을 잘 몰랐다. 글감을 떠올리고 이야기를 썼지만 글을 풀어나가는 재주가 부족해 마무리를 짓지 못했다. 머릿속에 떠오르는 장면을 표현하는 법도 글과 글 사이를 메우는 법도 몰랐다. 학생에게 돌아서면 다가오는 시험은 시작한 글을 뒷전으로 미뤄두기 좋은 핑계였다. 그렇게 블로그 속에는 시작만 있고 끝은 맺지 못한 글이 있었다. 이야기를 쓴다는 것은 간단한 일은 아니다. 글이라는 것은 누군가에게는 희망과 위로가 되기도 하지만 다른 누군가에게는 상처를 남길 수 있기 때문이다. 한 번 뱉은 말은 사람의 가슴속에 묻히고 한 번 쓰인 글은 기록으로 남는다. 그렇기에 더없이 신중해야 한다는 것을 안다. 글을 쓰기 위해 열어 본 곳에는 너무 신중하게 고민하다 꺼내지 못한 나의 꿈들도 있었다.

학창 시절 언제나 꿈을 꾸며 살았다. 힘들 때도 꿈으로 버텼다. 그 꿈은 직업이자 희망이었으며, 때로는 사소한 일상 속에도 스며들었다. 사소하고 소중한 작은 꿈들이 삶을 안정적으로 버티게 해줬다. 하지만 어느 순간부터 그 많던 꿈들을 잊어버리고 살고 있었다. 꿈을 잊은 나는 버팀목이 사라진 상태였다. 힘든 순간이 다가온 건 당연한 일이었다. 버팀목이 없던 나는 일상에 불어오는 산들바람에도 휘청거렸다. 이유도 모르고 휘청거리고 넘어지고 깨졌다. 오래된 블로그를 열어봤을 때 한 줄기 빛이 드리우는 기분이 들었다. 가슴 한편에 자리하고 있던 글을 쓰고 싶다는 작은 꿈이 다시 피어났다. 잃어버린 길의 방향을 찾은 것 같았다.

나에게 글쓰기는 무엇일까? 글은 영화나 드라마와는 다르게 상상 속의 장면을 단어로 그려나간다. 글을 읽으며 작가가 표현한 장면을 상상하는 재미에 책에 빠져들었던 나였다. 글을 쓰기 시작했을 때 머릿속에 그려놓은 풍경을 글로 풀어나가는 것이 또 다른 재미였다. 글은 상상을 현실화 시키는 도구였다. 상상한 미래를 글로 써 내려가며 구체적으로 만들었다. 뚜렷해진 미래는 목표이자 희망의 불씨를 지폈다. 아득히 멀기만 할 것 같은 10년 후가 눈앞에 보였고 일상의 원동력이 되었다.

과거와 다르게 현재의 내가 글을 쓰기 시작한 이유는 달랐다. 그날 읽은 책의 내용을 정리하기 위해 글을 썼다. 지금은 현재를 정리하고 다듬기 위해 글을 쓴다. 10년을 책과 거리를 두고 갑자기 많은 책을 몰아서 읽어서였을까 머릿속이 복잡해지는 느낌이었다. 그때 만난 글쓰기는 '나'라는 존재를 다듬어 줬다. 처음에는 그날 읽은 내용을 정리하는 순간에도 어떤 글을 써야 할지 몰랐다. 생각이 많고 복잡한 만큼 글로 풀어지지 않았다. 글 쓰는 것이 어려운 만큼 마음이 조급해졌다. 그래서 조급함은 잠시 내려놓고 매일 쓰기에 집중했다. 하루 한 줄의 짧은 감상평이어도 생각하는 습관을 길러보았다.

블로그를 다시 시작한 지 1년쯤 지나자 어느새 기록이 일상이 되어가는 것을 느꼈다. 대부분 그날의 독서 기록이자 몇 줄 안 되는 짧은 생각이었지만 복잡했던 마음속을 정리하기엔 충분했다. 꾸준히 독서하며 생각을 정리하다 보니 크게 달라진 것은 없지만 마음이 한결 가벼워졌다. 그리고 어느 순간 글을 쓰는 것이 편해졌다. 그렇게 글쓰기와 독서가 하나가 되었고 일상으로 스며들었다.

복잡하게 쌓아둔 마음속을 조금씩 정리한다는 것은 묘한 쾌감을 불러왔다. 갈피를 못 잡던 마음이 명확해졌다. 왜 그런 생각을 하는지 뚜렷하게 바라볼 수 있게 됐다. 세월이 흘러가는 대로 살아온 줄 알았는데 그 속에서 나만의 인생을 찾아냈다. 그렇게 나를 알아갈수록 새로운 친구를 사귄 듯한 기분도 들었다. 내 안의 새로운 친구를 만나고 나니 더 많은 이야기를 그 친구에게 들려주고 싶어졌다.

과거에는 타인에게 들려주고 싶은 글을 썼다. 20년이 지난 지금 마음속에 자리하고 있는 친구와 대화하기 위해 글을 쓴다. 대상이 바뀌니 주제도 달라졌다. 상상 속의 풍경들만 묘사하는 것이 아니라 그 상황 속에 전달하고 싶은 나만의 이야기를 담게 되었다. 이야기를 풀어나가는 방식도 바뀌었다. 아직도 글쓰기의 정답을 찾지 못하고 방황 중이지만 마음이 무겁지는 않다. 다시 꿈을 찾았을 뿐인데 주변 공기가 달라진 기분이다.

마음속이 간결해지니 책을 읽는 시선도 달라졌다. 조급하게 글을 읽어 내려가기 바빴던 시간을 보내고 한결 가벼워진 마음으로 책을 읽으니 책 안의 다른 면이 눈에 들어왔다. 그냥 지나치기 바빴던 섬세한 표현이 보였다. '한강' 작가의 『소년이 온다』를 읽으면서 분명 같은 일을 겪었음에도 시점을 달리하면 서로 다른 경험이 될 수 있음에 놀랐다.

'아, 글의 시점을 이렇게도 표현할 수 있구나!'
'이 장면에 이런 표현을 쓰니 색다른 느낌이 드네!'

색다른 표현들을 발견할 때마다 써보고 싶은 문장들이 차곡차곡 쌓여갔다. 학창 시절 메우지 못한 간극을 조금은 좁혀나갈 수 있다는 희망이 보였다. 간단한 일상을 정리하는 글쓰기에서 마음 한편 저장해둔 글쓰기로 넘어가는 순간이었다.

　글을 쓴다는 것은 어렵게 생각하면 한없이 어려워진다. 하지만 더 이상 두려워하지 않고 한 발 내디뎌 보려 한다. 소소하다면 소소하고 거창하다면 거창한 꿈이다. 나만 할 수 있는 이야기를 나만의 언어로 써보고 싶다. 누구나 각자의 삶이 있기에 할 수 있는 이야기는 다를 것이다. 같은 경험을 하여도 다른 장면으로 기억된다. 그리고 그 장면을 각자의 언어로 그려내면 다른 이야기가 된다. 그렇기에 이 세상에 같은 이야기는 없다. 그래서 마음속의 나의 꿈을 꺼내보려 한다.

　책을 놓고 방황한지 14년 만에 독서의 세계로 돌아와 3년이 지났다. 가슴 깊이 묻어뒀던 꿈을 찾는 데 3년이 걸렸다. 3년이 더 지나면 어떻게 바뀐 내가 기다리고 있을까? 어떤 보물을 내 안에서 찾아낼 수 있을까? 또 다른 꿈을 발견하는데 더 많은 시간이 걸릴지도 모른다. 아니, 어쩌면 더 이상 발견할 수 있는 것이 없을지도 모른다. 그래도 계속해서 책을 읽고 글을 쓸 것이다. 다시 찾은 꿈을 가지고 앞으로 한 발씩 나만의 길을 찾으려 한다.
　인생이라는 망망대해를 항해하는 중 폭풍우를 만났다. 거센 비바람에 지도를 잃어버렸다. 도착지를 모르고 한없이 헤매었다. 해가 뜨고 지는 것만 한없이 바라보다 방향을 깨우쳤다. 그 방향이 맞을지 틀릴지 모른다. 하지만 한 번쯤 잘못된 방향으로 나아간다고 후회할 거 같지 않다. 다시 길을 찾을 수 있다는 자신감이 생겼기 때문이다. 그래서 오늘도 나만의 길을 가기 위해 변함없이 책을 읽고 글을 쓴다.

6장

「다독의 여정」
그 속에서 이뤄낸 성장

윤지은

나에게 다독다독이란?

멈춰있던 나의 심장을
다시 뛰게 하는
내 인생의 CPR이다.

1

외로운 애주가가
책을 펼친 이유

나는 애주가다. 술을 좋아해도 참 좋아한다. 아니, 사랑한다는 표현이 더 맞겠다. 혼자 마시는 혼술도 좋고, 사람들과 어울려 마시는 술자리도 좋다. 그곳의 분위기를 좋아하고, 그때의 감정을 좋아한다. 서로의 가면을 조금 내려놓은 약간의 느슨함을, 그 느슨함 속 진솔함을 좋아한다. 이러한 이유로 나 자신을 애주가라 소개하며 언제고 술 한 잔 함께 하자며 인사를 나누곤 한다. 술과 함께한 세월이 20년도 넘은 어느 날, 문득 궁금증이 들었다. 나는 왜 술을 사랑하게 되었을까?

부모님은 넉넉지 않은 가정 형편으로 맞벌이했다. 그 때문에 어릴 적 나의 곁에는 부모님이 아닌 할머니와 이모가 함께였다. 어린 시절 사진 속에는 나를 향한 부모님의 넘치는 사랑이 담겨있다. 하지만 나는, 그 사랑을 기억하지 못한다. 사진 속 웃고 있는 모습을 보며 '많은 사랑을 받았구나.'라고 짐작할 뿐이다.

기억 속 부모님은 사진 속 그들과 다르다. 가장으로서 어깨가 무거웠을 아빠는 유쾌하지만, 무섭고 권위적인 분이다. 평생을 워킹맘으로 살아온 엄마는 사랑 표현에 인색하고, 표현한 작은 사랑마저 나보다는 동생에게 먼저 닿았다.

초등학교 4학년이 되던 해, 부모님 이름으로 된 집이 생겼다. 타지로 옮겨가야 했지만, 부모님은 행복해했다. 오로지 당신들의 노력으로 이루어낸 결실을 보며 더 나은 미래를 꿈꿨다. 하지만 그 행복을 공감할 수 없었다. 이사로 인해 홀로 가족과 떨어져 지내게 됐기 때문이다.

어떻게든 나를 부모 품에 두지 못한 것을 아빠는 늘 미안해한다. 하지만 그 당시 가족 상황을 이해하고, 결국은 나의 선택이었기에 부모님을 원망하지는 않는다. 그저 한 번씩 떠오르는 학창 시절의 내 모습이 안쓰러울 뿐이다.

이사 후 이모와 단둘이 살게 된 나는 언제나 혼자였다. 하교 후 문을 열고 들어간 집은 한없이 적막했다. 그 적막함이 너무도 싫어 항상 TV를 틀었다. 그 앞에서 한참 넋을 놓고 앉아 있다 학원 시간이 다가오면 조용히 집을 나섰다. 똑같은 일상의 반복. 그런 일상 속의 나는, 사람 온기가 고픈 외로운 아이였다.

아이는 외로움과 헛헛한 마음을 달랠 방법을 배우지 못했다. 주위의 어른들은 뱃속 허기를 달래기 바빠 마음의 허기를 챙길 여력이 없었다. 아이는 외로움을 채우지 못한 채 성장했고, 감정의 허기를 술로 채우기 시작했다. 술기운에 이리 비틀, 저리 비틀거리며 친구를 사귀고 사랑을 찾아 헤맸다. 지독하게도 시린 혼자만의 시간을 피해 항상 의지할 누군가를 찾으면서도 겉으로는 강해 보이려 애썼다. 결혼 후 아이는, 사랑하는 사람과 행복해서 한잔, 엄마가 되고는 육아에 지쳐 또 한잔을 채웠다. 그렇게 술은 내게 허락된 순간부터 괴로우나 즐거우나 나와 함께였다. 심한 숙취로 배신감을 느낄 때도 있지만, 언제든 곁을 내어주면 함께 울고 웃어주는 진정한 친구가 되었다.

이토록 외로운 애주가가 마흔이 되던 해, 새로운 친구를 만났다. 아직은 나를 배신한 적이 없는 멋진 친구, 책이다. 사회생활을 시작한 20대의 나와 책 사이의 거리는 너무도 멀었다. 겉멋으로 시집을 사서 읽거나 당시 유행했던 '쿨'한 여자가 되어보려 자기계발서 두세 권 읽은 것이 전부다. 타고 나기를 소심했기에, 몇 권의 책으로 '쿨'한 여자가 되기엔 무리였지만 말이다.

그런 책을 3년 전 첫째 아이의 담임인 밀알샘과의 인연으로 다시 만났다. 집안일도 미뤄둔 채 TV 앞에서 뒹굴던 어느 날, 학교 알리미로 〈학부모 독서교육 특강〉 안내문을 받았다. 안내문을 확인한 순간 깊은 고민에 빠졌다.

'아… 한번 해보고는 싶은데, 신청해야 하나 말아야 하나… 모르는 사람들뿐일 텐데… 카메라를 켜서 얼굴도 공개해야겠지? 그렇다고 안 하면 또 후회할 것만 같은데….'

코로나 19로 대부분의 강의가 비대면으로 진행되던 시기였다. 낯선 사람들과 카메라를 통해 얼굴을 마주한다는 것이 부담스러웠다. 한참을 고민하다 용기를 냈다. 그렇게 '참석' 칸에 체크 후, 회신을 보냈다. 지금에서야 '그리 힘든 일도 아닌데 왜 그렇게 고민했을까?'라는 생각이 든다. 누구나 인생에서 세 번의 기회가 찾아온다는데, 돌이켜보면 그 특강은 나에게 주어진 첫 번째 기회였다.

고심 끝에 신청한 특강에서 선생님의 읽고 쓰는 삶에 대해 들었다. 삶을 변화시키는 '진짜 독서'법에 관한 강의였다. 책을 읽고, 본 것을 정리하고, 삶에 바로 적용할 수 있는 한 가지를 뽑아 실천하라고 했다. 한 권의 책에서 단 한 가지만 배워 삶에 적용해도 충분하다고 말이다. 그렇게 조금씩 나은 방향으로 삶을 변화시키면 언젠가는 꿈꾸는 삶을 살 수 있다고 했다.

특강이 끝나고 노트북을 덮었다. 가슴이 두근거렸다. 소풍 전날 밤의 아이처럼 기대에 가득 찬 설렘이었다. 겉멋이 아닌, 원하는 삶을 이뤄낼 수 있는 '진짜 독서'를 할 수 있겠다는 자신감이 차올랐다. 설렘도, 기대할 것도 하나 없는 삶에 뭔가 대단한 일이 일어날 것만 같았다. 아이들이 아닌 오롯이 나만을 위해 무언가를 시작한다는 것은 너무 멋진 일이다.

책과 기분 좋은 재회는 특강 후 만들어진 학부모 독서 모임 〈다독다독〉으로 나를 이끌었다. 책을 좋아하고, 책과 친해지고 싶은 열댓 명의 학부모가 모여 서로의 '책벗'이 되기로 했다. 우리는 선생님에게 '100일 동안 33권 읽기' 미션을 받았다. 미션을 해내려면 3일에 책 1권을 읽어야 했다. 결코, 쉬운 일이 아니었다. 10년이 넘는 시간 동안 책 표지조차 들춰보지 않았던 나는 책과 마주 앉아 있는 것부터가 어색했다. 매일 똑같던 일상에 변화가 생겨 에너지는 차올랐지만, 실행력은 그 의지를 따라가지 못했다. 독서는 항상 우선순위에서 밀렸다. 집안일에 밀리고, 육아에 밀리고, 이런저런 약속에 밀렸다. '역시 엄마는 해야 할 일이 많아서 어쩔 수 없어.'라고 스스로 핑계를 댔다. 그렇게 하루 24시간 중 책에 내어준 시간은 너무도 인색했다.

그런 나를 포기하지 않게 잡아준 것은 독서 모임의 '책벗'이었다. 하루에 한 줄을 읽어도 응원의 말을 아끼지 않았다. 매일 서로의 안부를 묻고 책 읽는 하루를 응원하고 작은 성장에 함께 기뻐했다. '책벗'의 긍정 에너지는 벌써 멋진 사람이 된 듯 기운을 북돋아 주었다. 한 달에 한 번, 독서 모임의 주기적인 만남은 책을 읽다 지친 마음을 다독여줬다. 같은 책을 읽고 서로의 생각을 공유하는 그 시간이, 그 밝은 에너지와 마음에 와닿는 그 온기가 좋았다. 독서 후 만남의 시간은 내가 책을 사랑하고 독서가 나의 취미가 되는 것에 큰 역할을 해주었다.

『대면 비대면 외면』의 김찬호 작가는 '사람은 다른 사람과 연결되어 일체감을 느낄 때 생명의 힘이 배가 되고, 소통 자체에서 우러나오는 즐거움과 충만함은 면역력을 높여주어 건강을 증진 시킨다.'라고 했다. 코로나19로 인해 더욱 철저히 단절되었을 때, 〈다독다독〉은 나를 세상과 연결해주는 통로 역할을 했다. 덕분에 24시간 고된 육아를 이겨낼 수 있었고, 어려운 시기에도 우울함에 젖어 스스로 고립시키지 않고 성장할 수 있었다.

'책벗'의 도움으로 조금씩 책을 읽어내기 시작했다. 아이들이 등교하면 제일 먼저 식탁에 앉아 책을 펼쳤고, 냉장고 문을 열어 맥주캔을 꺼내 드는 대신 책장에서 책을 꺼내 들었다. 집안일을 마무리 지은 오후면 리모컨 대신 책을 챙겨 소파에 앉았고, 핸드폰을 쥐고 잠 못 이루던 밤에는 몇 줄이라도 책을 읽고 잠이 들었다. 매일 조금씩 노력한 덕분에 책과의 거리는 점점 줄어들었다. 거리가 줄어드는 만큼 읽어낸 책이 차곡차곡 쌓여갔다. 독서가 나의 하루에 스며들수록 더 깊은 '생각'을 했고, '나'라는 사람에게 관심을 가지기 시작했다.

결론부터 말하자면, 나의 '100일 동안 33권 읽기' 미션은 실패했다. 30권을 읽고는 끝내 마무리 짓지 못했다. 일기를 쓰다 마지막 문장에 마침표를 찍지 못한 느낌, 결승점 앞에서 넘어져 미처 들어가지 못한 기분이었다. 충분히 해낼 수 있다고 생각했는데, 해내지 못함에 자괴감이 들었다. 하지만 미션을 하는 동안 조금 단단해진 탓일까. 그 자괴감은 오래지 않아 털어낼 수 있었다. 100일 동안 달궈진 책에 대한 애정은 미션이 끝난 후에도 계속 책을 펼치게 했다. 아이를 기다리는 교문 앞에서, 집안일 하다 잠깐 앉은 식탁에서, 고도의 집중력을 발휘할 수 있는 화장실에서까지 책을 펼쳤다. 그렇게 술과 함께했던 시간을 책과 함께했고, 그 시간은 갈수록 길어졌다.

외로운 애주가는 이제야 온전히 의지할 곳을 찾았다. 마음이 어떻든 언제나 책은 그 맘을 공감해주고 가슴에 따뜻한 온기를 불어넣어 준다. 힘들기만 했던 혼자만의 시간이 더는 외롭지도, 두렵지도 않다. 오히려 그 시간을 즐기고, 그 시간이 기다려진다. 애주가는 이제 책에 의지하고 책을 사랑하는 애서가가 됐다.

  삶을 변화시킬 수 있는 '진짜 독서'를 시작하면서 채우기 시작한 나의 책장에는 아직 펼쳐보지 못한 책도 많다. 애서가로서 책 욕심은 가득하지만, 책을 정독하기에 새 책이 들어오는 속도를 따라가지 못한 탓이다. 하지만 책으로 가득 채워진 책장을 볼 때면 든든함에 흐뭇해진다. 냉장고에 밑반찬과 맥주가 가득 채워진 것과 같은 푸짐한 마음이다.

  읽던 책의 마지막 장을 덮고 새로운 책을 꺼내려 또다시 책장 앞에 섰다. 외로운 애주가가 맥주를 찾아 냉장고를 향했듯, 이제는 조금 단단한 애서가가 되어 책을 찾아 책장을 향한다. 이번에는 어떤 작가를 만나고, 어떤 생각과 감정이 남아 나를 성장시켜줄지 기대된다.

2

나도 작가?!

"지은아, 너는 왜 책을 읽는 거야?"
오랜만에 만난 친구가 물었다. 봄볕 좋은 화창한 날에도 모두가 나간 빈집에서 책만 읽는다니 그 이유를 궁금해했다. 그때의 친구는 자신이 모르는 책의 매력을 술술 알려주길 기대했던 것일까.

"글쎄…."
열심히 책을 읽는 동안에도 생각해 본 적 없는 질문에 결국 답을 하지 못했다. 나는 왜 책을 읽는 것일까. 친구에게 이렇다 할 이유를 말하지 못한 그 날부터 이유를 찾기 시작했다. 처음에는 '그냥'이었다. 어릴 때부터 수없이 들어왔듯이 남들이 좋다고 하니까, 아이의 선생님이지만 선생님이 읽자고 하니까. 그리고 책 읽는 모습이 뭔가 있어 보이니까. 이것이 내가 뒤늦게 독서를 시작한 단순한 이유다.
인문학의 정확한 뜻도 모르던 마흔 살 아줌마가 3년이라는 시간 동안 '책벗'과 함께 책을 읽었다. 육아서는 물론, 에세이와 자기계발서를 읽고, 소설과 철학서까지 장르를 가리지 않고 읽었다. 서로의 생각을 나누며 울고 웃고, 독자로서 다양한 작가를 만났다. 아름답고 신선한 표현을 보면 감동하고, 힘겹고 외로운 마음을 위로받고, 누구도 쉽게 알려주지 않는 삶의 지혜를 배웠다. 이 글을 쓰는 지금, 이제는 친구의 질문에 대답할 수 있을 것 같다. 마흔세 살, 내가 늦깎이 독서쟁이가 된 이유 말이다.

독서는 진정한 '나'로 내 안을 가득 채워준다. 항상 초점을 타인에게 맞춘 탓에 미처 챙기지 못한 내 안의 변화를 느끼게 한다. 왜 이렇게 짜증이 나는지, 밤새 잠을 설친 이유가 뭔지, 당장 먹고 싶은 것이 무엇인지, 지금 함께하고 싶은 사람이 누구인지 같은 것을 여태껏 모르고 살았다. 가장 가깝지만, 너무도 몰랐던 나. 책은 그 순간의 '나'를 깨닫게 한다. 책을 펼쳐 들고 있는 시간 동안은 머리와 가슴 속에 오롯이 '나'만 존재한다. 그 시간만큼은 나에게 몰입하고, 몰입할수록 '나'는 여물어져 간다. 여물어 가는 만큼 성장을 하고, 나에 대한 무한 신뢰가 쌓인다.

스스로가 단단해지고 무게감이 생기니 감정이 널뛰지 않았다. 조금 더 수월하게 차분함을 유지할 수 있었다. 쉼 없이 흔들어대는 삶의 풍파에 쉬이 휩쓸리지 않고 버틸 힘이 생겼다. 좀 더 이성적으로 상황을 바라보는 여유를 얻었고, 신세를 한탄하기보다 닥친 문제의 해결 방법을 찾으려 노력하게 됐다. 무엇보다 눈앞의 상황을 긍정적으로 받아들이려 했고, 아주 작은 것에도 감사함을 느꼈다.

이렇게 삶의 한 부분이 된 독서를 하다 보면 유독 마음이 끌리는 책을 만나기도 한다. 그런 책은 단숨에 읽히고 더욱 깊은 여운을 남긴다. 그리고 이런 생각이 들곤 했다.

'언젠가는 나도 이 작가처럼 울림을 주는 글을 쓸 수 있을까?'

허무맹랑한 생각이라고 여겼던 작가의 꿈을 이룰 기회는 생각보다 빨리 찾아왔다. 나에게 주어진 두 번째 기회였다. 나는 잡아야만 했고, 오랜 노력 끝에 잡아냈다.

어느 여름 저녁, 아이가 아파 응급실이라는 '책벗'이 단톡방에 사진 한 장을 공유했다. 재밌는 이야기라 함께 읽고 싶다고 말이다. 그때의 상황과 그 사진이 나를 독자에서 저자로 성장하게 한 작은 신호탄이었다. 남자들의 군대 동기 사랑만큼 여자들의 육아 동지애도 끈끈하다. 그런 육아 동지애 때문이었을까. 밤사이 응급실에서 아이를 지켜볼 엄마의 마음을 다독여 주고 조금이나마 힘이 되어주고 싶었다. 그 마음을 짧은 글에 담아 전했다. 즉흥적으로 끄적인 짧은 글에 〈다독다독〉 '책벗'들이 깊게 공감해줬다. 생각지 못한 반응에 조금은 쑥스러웠지만, 뭔가 대단한 일을 해낸 것 같아 뿌듯했다.

칭찬은 고래도 춤추게 한다. 그날 이후, 본격적으로 시를 쓰기 시작했다. '책벗' 한 사람, 한 사람의 시를 썼다. 자신의 매력이 담긴, 자신만을 위한 시를 선물 받은 '책벗'은 행복해했다. 서프라이즈 이벤트를 좋아하는 나 또한, 그런 모습에 그들보다 더 행복했다.

그리고 쉼 없이 흘러가기에, 붙들어 놓지 않으면 흔적 없이 사라져버렸을 시간과 그때의 감정을 시에 담았다. 항상 독박 육아로 힘들다고만 생각했다. 하지만 시에 담긴 감정은 다양했다. 기쁨과 분노, 행복과 슬품, 사랑과 미움, 믿음과 실망, 소망과 좌절. 평소 무심히 지나쳤던 수많은 감정이 시 안에 그대로 녹아있었다. 정식으로 글쓰기를 배운 적이 없기에, 순간의 생각과 느낌을 짧은 글귀에 담은 것이었다. 그것만으로도 성장하기에는 충분했다. 잊고 지냈던 '지은이'를 다시 찾고, '지은이'에 대해 알아가고, 앞으로 마주할 '지은이'의 모습을 원하는 대로 꿈꿀 수 있었다. 남은 인생은 지나간 청춘을 그리워하며 아이들 뒷바라지나 하면서 보낼 줄 알았다. 하지만 내 삶에도 아직 설렘과 희망이 남아 있음을 깨달았다.

'2022년 12월 31일, 나는 시집을 낸 작가다.'

22년 여름, 블로그에 선언한 말이다. 부족한 끈기와 육아 핑계로 이 선언 또한, 제때 지키지 못했다. 항상 쉽게 끓어오르고 그만큼 쉽게 식어버리는 열정을 가진 탓일까. 뜨거운 여름의 열기가 식어갈 즈음 시에 대한 나의 열정도 점차 식어갔다. 굳게 한 다짐은 헛소리가 되어 흐지부지 잊히는 듯했다. 그렇게 1년이라는 시간이 무심히 흘러갔다.

약속의 무게는 생각보다 더 무거웠다. 작가가 되겠다고 선언한 그해 여름만큼 시에 대한 열정은 다시금 뜨겁게 타오르지 않았다. 그저 마음의 짐이 되어 내 안에 무겁게 남아 있을 뿐이었다. 굳게 약속해 놓고 멋대로 어긴 듯한 찜찜함이 그 무게를 더했다. 흐르는 시간에도 이 불편한 감정은 옅어지지 않았다. 점점 더 짙어져 머릿속과 마음속에서 커져만 갔다.

23년 말, 우리 네 식구는 낯선 곳에서 새롭게 시작해야 했다. 두 아이의 엄마인 나는 아이들의 적응이 제일 큰 걱정이었다. 그러했기에 새해 목표로 '적응'과 '독서'를 적었다. 다음으로 깊숙이 묻혀 있던 '시집 출간'을 적었다. 그러고는 혹시 지키지 못해도 부끄럽지 않게 아무도 보지 못하도록 서랍 속 깊이 넣어두었다.

걱정과 달리 두 아이는 학기가 시작되자 낯선 환경에 쉽게 적응했다. 큰 걱정을 한시름 놓은 나는 모두가 나간 뒤 혼자만의 시간을 만끽했다. 홀로 자유로운 시간이 너무도 감사했고, 아이들의 하교 시간이 다가올 때면 아쉬움만 커갔다. 그런 나날이 쌓일수록 아이들 걱정으로 잠시 잊고 지냈던 마음의 짐이 다시금 스멀스멀 올라왔다. 이렇게 소중한 시간을 무심히 흘려보내도 되는 걸까.

시집에 대한 열정이 식어 무기력해진 그때, 손을 내민 '책벗'이 있다. 볼 일이 있어 근처에 잠깐 들렀다는 '책벗'이 책 한 권을 내밀었다. 『마이크로 리추얼: 사소한 것들의 힘』. 하얀색 표지에 둘려진 검은 띠지에 가장 먼저 눈길이 갔다.

'선 하나 그을 힘만 내어도 괜찮아요!'

띠지에 적힌 문구 하나가 다시 에너지를 불어넣어 줬다. 밀알샘의 특강을 들었던 때와 비슷한 설렘이었다. 뭔가 해낼 수 있을 것 같은, 해낼 것만 같은 자신감이 몽글몽글 생겨났다.

'책벗'에게 선물 받은 책을 읽고서 덮어 두었던 새해 계획을 펼쳤다.

마지막 새해 목표를 달성하기 위해 노트북의 하얀 바탕을 마주하고 앉았다. 시에 대한 열정의 온도를 높이려 다시 한번 힘을 냈다. 열정이 오를수록 시가 한 편씩 쌓여갔다. '이 정도면 최선을 다했다.' 싶을 즈음, 그동안 모인 시를 인쇄했다. 150편의 시가 인쇄된 종이 뭉치를 책상 위에 가지런히 올려놓았다. 가제와 나의 이름이 새겨진 첫 장을 내려다보니 가슴이 뭉클해졌다.

『우리 언제나, 모든 계절에서 사랑을』.
 24년 11월 8일, 그동안의 노력이 한 권의 시집으로 엮여 결실을 맺었다. 세상의 수많은 책 중에 내 이름 석 자, '윤지은'이 새겨진 한 권의 책이 생겼다. 다짐했던 시간보다 한참이 더 걸렸다. 하지만 결국은 해냄에 더 의미를 두기로 했다.
 책을 읽으며 스스로 중심을 잡고, 나를 신뢰하지 않았다면 불가능한 일이었을 테다. 이리저리 흔들릴 때 곁을 내주었던 술은 나에게 지방간을 안겨주었지만, 늦은 나이에 곁을 내어준 책은 세상에 나의 이름을 남겨주었다. 이 한 권의 시집은 약속과 노력의 힘을 체감하게 했고, 또 한 번의 성장을 하게 했다.
 독자에서 저자가 되었다고 해서 드라마틱한 삶의 변화는 없다. 육아도, 때마다 해내야 하는 집안일도 매일 똑같이 반복된다. 하지만 아무것도 하지 않았다면 잊혔을 나의 시간과 생각, 감정의 모음집이 광화문 교보문고 어딘가에 자리하고 있다는 뿌듯함을 얻었다. 무엇보다 '나도 해낼 수 있다.'라는 자신감과 용기가 한층 높아졌다.

"지은님은 어떤 글을 쓰고 싶으세요?"

함께 공저를 준비하는 '책벗'이 물었다. 책을 왜 읽느냐는 친구의 질문처럼 글을 쓰면서 한 번도 생각하지 못했던 질문이다. 글을 쓰며 그 질문에 대한 답을 정리해본다. 배움이 깊지 않아 누군가에게 가르침을 주기에는 한없이 부족하다. 그렇기에 내가 할 수 있는 것, 나와 같은 처지의 사람들과 내가 겪어 본 상황 속의 사람들에게 용기와 다독임을 주는 글을 쓰고 싶다. 열심히 달려오다 잠깐 쉬어가는 틈에 만나는, 사람의 온기를 전해주는 그런 글을 쓰고 싶다. 그들도 울고 웃으며 자신을 알아가고, 스스로 다독일 수 있는 단단함을 얻었으면 좋겠다.

우리가 맞이할 내일의 하늘에는 분홍 꽃구름이 두둥실 떠 있길 바라본다.

3

쫌생이,
나누는 삶을 꿈꾸다

 살다 보면 별 의미 없는 말이 가슴에 박혀 생채기를 낼 때가 있다. 그런 말은 오랜 세월이 지나도 잊히지 않고 수시로 마음을 후벼 판다. 요양 병원에서 근무할 당시, 한 치매 어르신의 말이 나에겐 그랬다.
 "야는 키도 훤칠해가 털털하겠구만은, 니는 딱 보이 염팡 쫌생이네."

 김뻬약 어르신. 흔치 않은 이름이라 긴 시간이 흐른 지금도 또렷이 기억난다. 오랜 병원 생활로 볕을 보지 못한 새하얀 피부와 순백의 머리칼은 어르신을 더욱 기력 없어 보이게 했다. 하지만 치매 증상이 나타나면 거센 분노와 함께 평소 입에 담기 힘든 욕을 뱉어냈다. 그럴 때면 요양 보호사는 욕의 앞 자를 따 '씨약이' 어르신이 오셨다며 어르신을 달래기에 바빴다.
 그런 뻬약이 어르신이 날 향해 쏘아 올린 한마디에 적잖이 당황스러웠다. 함께 있던 물리치료사 선생님은 웃었지만, 나는 웃지 못했다. 정신이 맑지 않은 어르신의 말이라도 기분이 상하는 건 어쩔 수 없었다. 점심을 먹을 때도, 퇴근길 북적이는 버스 안에서도, 시원한 맥주 한잔을 넘길 때조차 어르신 말이 맴돌았다. 온종일 머릿속이 '쫌생이'로 가득 찬 하루였다.

　잠깐의 찰나에도 모든 걸 잊어버리는 어르신의 말이니 '아무 의미 없는 말이다.'라며 스스로 달랬다. 하지만 '너무 쩨쩨하게 굴었나?' 싶은 날은 꼭 그날의 기억이 떠올라 마음이 더욱 무거워졌다.

　어르신의 한마디가 왜 그리도 가슴에 박힌 걸까. 좋지 않은 의미의 단어라 그렇다고 하기에는 상처가 깊었다. 지금에서야 이유를 찾아본다. 그땐 미처 알아차리지 못한, 좁디좁은 내 마음의 크기를 들켜버렸기 때문이지 않았을까. 똑똑한 사람에게 바보라고 놀리면 너그러이 웃어넘기지만, 진짜 바보는 길길이 뛰며 화를 내는 것처럼 말이다.

　치매로 정신이 흐릿해도, 『곽재구의 포구기행』의 곽재구 작가 말처럼 사물의 핵심에 가장 빠르게 도달하는 길은 연륜인가 보다. 내 마음의 크기는 그리 쉽게 들켜버릴 만큼 작았던 것일까. 넉넉한 마음은 타고나야만 하는 것일까.

　삐약이 어르신은 나에게 '쫌생이'라고 했지만, 친정엄마는 나에게 '복(福)이 많은 사람'이라고 했다. 특히, 인복(人福)이 많은 사람. 돌이켜 생각해보면 엄마의 말처럼 나에게는 고마운 사람이 많다. 항상 먼저 마음을 열고 곁을 내어주는 사람들이다. 예전부터 그랬던 것처럼, 항상 가까이에서 나를 챙겨준다. 마음의 크기가 큰 사람들이다.

　그 인연은 어떤 때는 속마음을 편하게 들어주는 단짝 친구였고, 인생과 사랑에 대해 함께 고민해주는 또래 친구였다. 동료애를 넘어 우정을 나눈 직장동료였고, 좀 더 나은 방향으로 이끌어주는 인생 선배였다. 그들은 언제나 함께였다. 즐거울 땐 그 기쁨을 배로 만들어 줬고, 힘에 겨워 이리저리 흔들릴 땐 단단히 붙들어 줬다. 굳이 찾아 나서지 않아도 돌아보면 어느새 곁에 와 나를 보듬어 줬다. 그 덕분에 부모 품을 떠나 객지 생활을 했던 내가 흔들림을 이겨내고 두 아이의 듬직한 엄마가 될 수 있었다.

 엄마가 된 후에도 나의 인복은 계속됐다. 처음 경험하는 '엄마'라는 역할은 마음을 굳게 먹는다고 해도 만족스럽게 해낼 수 없었다. 양가 부모님의 도움을 받을 수 있는 상황도 아니었다. 가장의 무게에 눌린 신랑도 육아를 함께 할 체력과 지친 나의 마음을 위로해 줄 여유가 없었다. 그런 내가 무너지지 않고 책임감 있는 엄마가 될 수 있었던 건 곁에 머물러준 인연 덕분이었다.
 그녀는 흔쾌히 육아 정보를 공유해줬고, 육아용품을 나눠줬다. 혼자 하는 육아로 지친 마음에 공감해줬고, 다독여줬다. 답도 없고, 피할 수도 없는 현실 속에 유일한 숨구멍이었다. 그 좁은 틈으로 숨을 쉬며 고된 시간을 잘 견뎌냈다. 지금은 첫째 아이의 생일 때면 만나 함께 추억을 만들고 있다. 이 감사한 인연이 앞으로도 쭉 이어지길 간절히 바란다.
 밀알샘을 통해 책과 재회하며 함께 하게 된 사람들, 〈다독다독〉의 '책벗'도 나의 인복에 한몫했다. 어떤 이는 자신이 가진 지식을, 또 어떤 이는 자신의 재능을 나누었다. 다양한 정보를 나누는 이도 있고, 감정을 나누어 응원과 위로를 전하는 이도 있다. 그런 '책벗' 덕분에 혼자서는 해내지 못했을 성장을 할 수 있었다.

그동안 맺어 온 감사한 인연들로 나는, 받는 것에 익숙하다. 고마운 마음에 받은 만큼 보답하려 부단히도 애를 썼다. 하지만 경제적 여력도, 마음의 여유도 넉넉하지 못했다. 아니, 넉넉하지 못하다는 핑계를 대며 살았다.

그들은 어떻게 나눌 수 있었을까? 그들이라고 여유가 있었을까? 그냥 마음씨 좋은 대인배였던 걸까? 삐약이 어르신이 옳았다. 나는 쫌생이었다.

보답을 바란 것은 아니었겠지만, 아마도 서운함을 느꼈을 것이다. 알 수는 없지만, 주는 마음만큼 받지를 못하니 서서히 마음을 닫았을 테다. 그렇게 떠나버린 시절 인연을 모두 쫌생이였던 내가 만든 것만 같아 씁쓸하다.

독서를 통해 나를 단단히 하고, 글쓰기를 통해 나의 존재를 세상에 남겼다. 이제는 마음의 크기를 키워 여태껏 받기만 했던 삶을 바꿔보고 싶다. 작은 것 하나라도 나눌 줄 아는 넉넉한 사람이 되고 싶다. 그렇게 세 번째 성장의 모토를 정했다. '받는 삶에서 나누는 삶으로'. 또 한 번의 성장을 위해 앞으로 찾아올 세 번째 기회를 놓치지 않고 잡아야 한다.

나누는 삶을 살아가려면 지금의 나는 어떻게 해야 할까?

『여덟 단어』의 박웅현 작가는 인생을 제대로 살아가려면 '본질'을 쌓아야 한다고 했다. 작가가 말하는 본질은 좋아하는 것, 잘하는 것, 5년 후에도 자신에게 긍정적인 체력이 되는 것이다.

 나누는 삶도 본질을 찾고 쌓아야 즐거운 마음으로 오래도록 실천할 수 있다. 나의 본질을 어떻게 찾을지 생각해 봤다. 이미 그 답을 실천 중이었다. 책을 읽고, 사색의 시간을 가지고, 생각을 글로 남기는 것이다. 이제는 그 시간을 꾸준히 쌓아가면 된다.

 전업주부로 지내는 동안은 혼자 있는 시간이 많았다. 그 시간을 이용해 '나'를 알아가고 나만의 꿈을 그릴 수 있었다. 하지만 고물가 시대, 남편의 외벌이로는 4인 가족생활이 너무 버거워졌다. 그 부담을 줄여주고 싶었다. 아직 엄마의 손이 필요한 아이들도 챙기고픈 마음에 종일 근무가 아닌 시간제 일을 구했다. 오전만 일하는 반 워킹맘이 된 것이다. 하지만 두 마리 토끼를 잡은 대가로 혼자만의 시간을 잃어버렸다. 퇴근 후, 밀린 집안일을 하고 아이들을 챙기고 나면 잠자리에 들기 바쁘다. 해결 방법을 찾기 시작했다.

 나의 하루를 헤아려 봤다. 아무런 방해도 받지 않고 혼자 몰입할 수 있는 시간은 정해져 있었다. 새벽, 그 시간을 활용해야 했다.

 몇 번을 시도했지만 실패했던 '새벽 기상'이다. 관련 책을 읽어 '미라클 모닝'에 대해 알고 있지만, 실천은 또 다른 문제다. 하지만 일을 시작하니 별다른 수가 없다. 꿈을 꾸고, 그 꿈을 이루려면 일어나야만 한다.

 혼자서는 해낼 수 없었기에 뜻이 맞는 '책벗'과 함께 하기로 했다. 나에게 책임감을 얹어 준 것이다. 남에게 피해 주는 것을 너무도 싫어하기에 어떻게든 일어났다. 그리고 '책벗'과 함께 할 '줌(Zoom)' 공간을 열었다. 그렇게 〈새벽 다독다독 모임〉을 시작했다.

지금은 새벽 문지기로서 '새벽 기상 100일'에 도전 중이다. 독감과 미리 잡아놓은 일정으로 그 시간을 제대로 활용하지 못한 적도 있지만, 나름의 최선으로 하루하루를 채워가는 중이다.

새벽 시간을 통해 본질을 쌓아가며 조금씩 선명한 꿈을 그려 간다. 이제는 '나'를 알아가고 단련시키는 독서를 넘어 '삶'을 변화시키는 독서가 필요하다. 여러 종류의 글쓰기 책을 읽고, 독서 모임 관련 책을 읽고 있다. 그 책 속의 좋은 문장을 필사하고, 글쓰기 강의나 책에서 배운 내용을 적용해 나만의 글쓰기로 이어가고 있다.

나눔을 실천하기 위한 가장 간단한 방법은 물건을 전하는 것이다. 지금 나의 여건으로는 실천하기 힘들다. '나중에 성공해서 나눔을 해야지.'라고 하는 건 기약 없는 다짐일 뿐이다. 기약이 없는 다짐은 결국 지켜지지 못한다. 의미 없는 아우성이 되어 허공을 떠돌다 끝내 사라질 것이다. 당장 나눌 수 있는 것을 찾아 나눠야 한다.

지금 내가 가진 것은 무엇일까? 그중, 나눌 수 있는 것은 무엇일까? 긴 고민 끝에 찾은 것은 책과 독서에 대한 지식이다. 아직 초보 독서가이지만, 이제 막 독서를 시작하는 사람에게 관련 지식을 나눠줄 수 있다. 지식을 나누려면 책을 읽고, 글을 쓰면서 배움을 이어가야 한다. 나눔을 통해 함께 성장하는 것이다.

여기에 아이를 좋아하는 나의 성향과 유쾌한 성격을 고려해 확실한 꿈을 정했다. 바로 '그림책 마인드셋 부모교육지도사'다. 그림책을 통해 아이들과 깊이 있는 소통을 하고, 교육을 통해 부모의 마음 성장을 돕는 일이다. 그들과 함께 책을 읽고 생각을 공유하고, 공감과 위로를 나누어 성장까지 이끄는 삶을 꿈꾸기로 했다.

정확한 꿈을 그린 후, 그 꿈을 이루기 위해 하나씩 준비하고 있다.

먼저, 그림책 강의를 듣기 위해 강의비를 모으고 있다. 아이들을 위한 지출은 얼마가 됐든 어렵지 않다. 하지만 빠듯한 형편에 엄마의 꿈을 위한 돈은 쓰기가 쉽지 않다. 항상 나중으로 미루기 마련이다. 그래서 '내 꿈 통장'을 하나 만들었다. 매달 급여 100만 원에서 조금씩 떼어 통장에 넣는다. 얼마 되지 않는 금액이지만, 쌓이면 꿈을 이룰 수 있는 든든한 자금이 될 것이다. 강의비가 쌓여가는 통장을 볼 때면 벌써 꿈을 이룬 듯 행복하다. 미래의 내 모습을 상상하며 지금의 힘듦을 이겨낼 에너지를 얻는다.

두 번째로, 매주 화요일 '줌(Zoom)'으로 그림책 작가들의 북토크에 참여하고 있다. 근무시간이라 집중해서 듣지는 못하지만, 최대한 많이 배우려 노력한다. 그림책은 어린이가 읽는 책이라는 편견이 있었다. 하지만 그림책 작가와의 만남으로 생각이 바뀌었다. 제대로만 읽는다면 남녀노소 누구나 공감하고 배움을 얻을 수 있는 것이 그림책이다. '그림책 마인드셋 부모교육지도사'를 꿈으로 정한 가장 큰 이유다.

세 번째는 많은 사람 앞에서 말하는 연습을 하고 있다. 강의를 통해 나눔을 하려면 대중 앞에서 편안하게 말할 수 있어야 한다. 그리고 전하고자 하는 내용을 정확하게 전달해야 한다. 하지만 일상에서 그런 경험을 쌓기는 어렵다. 근무시간에 하는 활동을 이용하기로 했다.

일하고 있는 주간 보호센터에서는 아침마다 어르신들 '인지 체조'를 한다. 요양보호사와 함께 전 직원이 어르신들 앞으로 나가 체조를 알려주고, 웃음을 주는 시간이다. 50여 명의 사람 앞에 서는 기회가 주어지는 것이다. 예전에는 부끄러워 빨리 지나가기 바랐던 시간에 요즘은 에너지를 한껏 올려 최선을 다하고 있다. 한 사람, 한 사람 눈을 마주치고, 적당한 목소리로 준비한 것을 최대한 전달하려 노력한다. 그런 나의 모습에 환하게 웃으시고, '재밌게 잘한다.'라며 응원해주시는 어르신들 덕분에 자신감이 듬뿍듬뿍 채워지고 있다.

이제 준비하기 시작한 '그림책 마인드셋 부모교육지도사' 꿈을 이루지 못할 수도 있다. 나만의 속도로 달려가다 보면 또 얼마나 긴 시간이 걸릴지도 모른다. 하지만 늦더라도 마침표를 찍어내는 스스로를 믿고 끝까지 달려볼 생각이다. 달려가다 보면 아직 찾아오지 않은 인생의 세 번째 기회를 마주하고, 준비된 나는 단번에 잡을 수 있으리라 믿는다. 그렇게 쫌생이는 나누는 삶을 꿈꾸며 마음의 크기를 키워가는 중이다.

새벽, 세상의 만물이 어둠에 묻혀 본연의 색을 미처 찾지 못한 시간. 나는 꿈을 그리고, 나만의 색으로 꾸준히 채색하고 있다. 그렇게 육아로 멈췄던 나의 시간이 세 번째 성장을 향해 다시 흘러간다. 틱톡, 틱톡, 틱톡.

7장

「다독의 속도」
느리지만 나만의 흐름대로

장의주

나에게 다독다독이란?

멈춰 있던 삶에
다시 발걸음을 내딛고
나아갈 용기를 선물해 준 사람들

1

걸음이
느린 아이

"언니를 보면 고유진의 〈걸음이 느린 아이〉가 생각나."

어느 날 동생이 뜬금없이 내게 한 말이다. 20여 년이 지난 지금도 그 노래를 들어본 적은 없지만, 생각해 보면 나는 참 느린 편인 것 같다. 걷는 속도도, 말의 속도도, 그리고 삶의 속도 또한 느렸다. 이제 인생 2막을 시작하기에 앞서, 지난 시간을 되돌아보면서 그때의 나에게 해주고 싶은 말이 있다.

얼마 전 종영된 드라마 〈폭싹 속았수다〉의 명대사.

'살민 살아진다.'

나는 강원도 두메산골, 열 가구 남짓한 마을에서 태어났다. 신작로라 불리던 아스팔트 도로 사이로 유치원과 초등학교 3학년까지 다니는 분교가 있고, 도로 옆으로 난 좁은 돌길을 내려가면 아주 작은 가게가 나왔다. 가게 앞에는 아이들이 뛰어놀던 마당과 두 줄로 나란히 붙어 있는 집들이 있었는데, 그 가운데는 터널처럼 지나갈 수 있도록 지붕만 있었다. 마을 뒤로는 커다란 돌산이 병풍처럼 서 있었고, 옆으로는 실개천이 졸졸 흘렀으며, 이웃 마을로 이어지는 출렁다리도 있었다. 폭설이 내리면 처마 밑까지 눈이 쌓여, 동네 사람들이 서로 치워주지 않으면 집 밖을 나갈 수 없는 첩첩산중에 자리한 산골 마을이었다. 최근에 알게 된 사실은 마을의 집들이 똑같이 생긴 이유가 아버지 회사의 관사였기 때문이다.

아버지는 광부였다. 내가 기억하는 아버지는 한없이 다정한 분이다. 동네에서는 법 없이도 살 사람이라고 '어사 박문수'라는 별명으로 불렸다. 아버지가 살아계실 땐 나는 여느 시골 아이처럼 평범했다. 봄이면 쑥과 냉이를 캐러 다니고, 여름이면 개울가에서 물놀이하고 봉숭아꽃 따다가 손톱을 물들였다. 메뚜기를 잡아 강아지풀 줄기에 꿰거나, 이흡들이 소주병에 넣어 친구에게 주기도 했다. 가을이나 겨울엔 돌산에 올라가 놀거나 쥐불놀이를 했다. 해 질 녘 엄마가 밥 먹으라고 부르기 전까지 신나게 뛰어놀았다. 어릴 땐 행동이 느린 기억은 없고 친구들과 잘 어울리고 활달했다.

당시 유일하게 느려지던 순간은 책을 읽을 때였다. 우리 집에는 계몽사 위인 전집과 백과사전 전집으로 가득한 책장이 하나 있었다. 작은 산골 마을에서 100권가량 되는 전집을 가진 집은 우리 집이 유일했다. 훗날 엄마는 집안 형편 때문에 공부하지 못한 한이 남아 전집을 샀다고 말했다. 나는 그 책을 다 읽고 학교에서 동화책을 빌려 읽곤 했다. 이렇듯 책으로의 자연스러운 이끌림은 엄마로부터 시작된 것 같다.

시간이 흘러 '공부는 넓은 곳에서 해야 한다.'라는 엄마의 말에 산골 마을을 떠나 강릉으로 이사했다. 아버지는 일 때문에 주말에만 왔는데, 아버지 오는 날을 늘 손꼽아 기다렸다.

그러던 어느 날이었다. 그날따라 유독 새빨간 전화기가 미친 듯이 울렸다. 벨 소리부터 불길해서 왠지 그 전화를 받고 싶지 않았다. 마지못해 수화기를 들자, 건너편에서 들려오는 목소리는 귀에 닿지 않고 허공으로 흩어져 맴돌았다.

흩어진 소리는, 아버지가 우리를 만나러 오는 길에 교통사고로 즉사했다는 말이었다. 그 사람이 무심코 던진 말의 깊이를 이해하지 못했지만, 본능적으로 느꼈나 보다. 갑자기 양쪽 코에서 뜨거운 코피가 흘렀다.

그때 아버지의 부고를 들은 날이 크리스마스이브, 내 나이 11살이었다. 장례식장에서 울다가 몇 번이나 정신을 잃었다고 하는데 전혀 기억나지 않는다. 단 하나, 또렷이 기억나는 순간이 있다.

눈 감지 못한 아버지의 마지막 얼굴.

상복 위로 스며드는 겨울 공기 탓인지, 뼛속까지 차디찬 푸르른 영안실로 걸어 들어갔다.

어른들이 무언가를 둘러싸고 있어, 그 너머가 보이지 않았다. 내가 도착했음을 알리는 나지막한 목소리에 어른들이 길을 터주었다. 그제야 눈을 감지 못한 채 누워 있는 아버지의 얼굴이 보였다. 가만히 보고 있으니, 누군가의 손이 다가와 아버지의 눈꺼풀을 쓸어내렸다.

'스르륵'
"딸 보고 싶어서 눈을 못 감았나 보네."
어른들의 웅성거리는 소리가 어렴풋이 들렸다. 아무리 애를 써도 감기지 않던 아버지의 눈을 보고 누군가 그랬다고 한다. 남겨두고 가는 자식들 때문인 것 같으니, 어서 딸을 데리고 오라고. 그렇게 아버지는 엄마와 나, 동생을 남기고 떠났다. 어른들은 착한 사람은 하늘나라로 먼저 올라간다고 말했지만, 그 어떤 말로도 위로가 되지 않았다. 아버지가 떠난 자리는 평생 채워지지 않는 빈 공간으로 남았다.

아버지가 돌아가신 후, 나는 완전히 다른 아이가 되었다. 말수가 급격히 줄어들었고, 늘 땅만 보고 다녔다. 그때부터 초등학교 졸업할 때까지 동화책이란 동화책은 모조리 찾아 읽었다. 집에서도 구석에 틀어박혀 책을 읽는 날이 많아졌다. 인생에서 그때가 가장 책을 많이 읽었던 시기였다. 책만이 유일한 안식처였다. 그 조용하고 느린 나만의 세계에 빠져들었다.

그때 말 없는 나를 신기하게 여기며 먼저 다가오는 친구들이 있었다. 늘 곁에 있어 주던 활달하고 유쾌한 친구들 덕분에 힘든 시기를 잘 넘겼다. 친구에게 의지하는 마음이 한창 커지던 중학교 1학년 때, 엄마는 갑자기 서울로 이사 가자고 했다. 이번에도 공부를 위해서라고 했다. 서울로 이사 온 후로 엄마는 아침부터 밤늦게까지 일했다. 고단한 엄마의 뒷모습을 보며 나는 서울 생활에 적응하기 위해 애썼다. 하지만, 사투리로 말할 때면, 서울 아이들은 북한 말 같다며 따라 했다. 놀리려는 의도가 없다는 걸 알면서도, 창피해서 그 무렵부터는 입을 더욱 닫았다. 그저 혼자 속으로만 곪아 갔다.

고등학생이 되면서 인천으로 이사 갔다. 서울 양천구의 학교와 인천 서구 가정동 집을 오가는 장거리 통학이 시작된 것이다. 새벽 5시, 첫 마을버스를 타고 동암역에서 지하철로 환승한 뒤 서울 개봉역에 내려 또다시 마을버스를 타고 종점까지 가야만 했다. 이 생활은 고2 때 학교 근처로 이사 올 때까지 1년간 계속됐다.

그때 아무도 대놓고 말한 적은 없지만, 나는 '아비 없는 자식'이라는 말을 듣지 않기 위해 학생으로서 할 수 있는 것은 오직 공부뿐이라고 생각했다. 지하철에 서서 교과서를 읽고, 쉬는 시간마다 수학 문제를 풀었다. 당시 필수였던 야간자율학습은 밤 11시까지 이어졌다. 그렇게 늦은 하교 시간으로 인해, 인천 마을버스 종점에 내리면 자정이 훌쩍 넘기 일쑤였다. 잠이 부족해 전방 5미터 정도만 확인하고, 눈을 감은 채 그날 외운 영어 단어를 되뇌며 졸면서 집으로 걸어갔다. 말 그대로 자투리 시간까지 끌어모아 눈 떠 있는 시간을 공부에 쏟아부었다.

한번은 엄마가 "머리 터진다!"라며 공부 그만하라고 시장에 데리고 갈 정도였다.

그러다 대학 본고사 날이 왔다. 꿈속에서 시험을 치르다 번쩍 눈을 떴다. 시계를 보니 시험 시작 50분 전을 가리키고 있었다. 시험장까지는 마을버스와 지하철로 한 시간이나 걸리는 거리였다. 첫 늦잠이 대학 시험 날이라니, 울면서 지하철을 탔다. 시험 시작 10분도 채 남지 않았을 때, 당황한 나머지 무작정 지하철에서 내려 안절부절못하고 있었다.

그때 저 멀리서 노란 마을버스 기사님이 손짓하며 "수험생이냐?" 크게 소리쳐서 물었다. 그렇다고 하자, 일단 타라고 하더니 승객들에게 시험장으로 곧장 가도 되는지 양해를 구했다. 흔쾌히 허락받은 덕분에 버스는 거침없이 달리기 시작했다. 도착한 시험장은 하필 운동장을 가로질러 5층 맨 끝 교실이었다. 학창 시절 달리기를 할 때면 뒤에서 일이등을 다투던 내가 그날은 우사인 볼트(육상선수)처럼 달렸다. 교실 문을 열자마자 바로 뒤이어 감독관 선생님이 들어왔다. 시험을 어떻게 치렀는지 기억조차 나지 않고, 수험생들이 모두 나간 뒤에도 혼자 남아 한참을 펑펑 울었다.

나중에 합격 소식을 듣고 그 할아버지 기사님을 찾아봤지만, 얼굴이 전혀 기억나지 않아 찾을 수 없었다. 노선표를 확인해 봐도 그 수험장으로 가는 버스는 없었다. 당시 대학 본고사는 학교별로 시험일이 달랐고, 나는 교복이 아닌 사복 차림이었다. '어떻게 내가 수험생임을 단번에 알아봤을까?' 다시 생각해 봐도 기사님과 승객들은 하늘에서 내려온 천사 같다.

그분들이 아니었다면 인생의 방향이 또 어떻게 흘러갔을지 모르겠다. 당시 친척들은 "여자아이를 뭐 하러 공부시키고 대학 보내냐!"라고 말했기 때문이다. 그럼에도 엄마는 대학을 가야 한다고 했다. 이 글에서나마 그때 하지 못한 감사 인사를 그분들께 전하고 싶다.

'늘 마음속에 있었어요. 덕분에 저 합격했어요. 정말 감사합니다.'

대학 가면 상황이 조금 좋아질 줄 알았지만 그렇지 않았다. 성적 A 장학금을 받아도 등록금 전액을 충당하기엔 부족했고, 생활비도 필요했다. 안 해본 아르바이트가 없을 정도로 대학 생활 내내 일했다. 당시에는 지금처럼 온라인으로 구직하는 시대가 아니었다. 벼룩시장 구인란을 보고 전화하거나, 그날 지하철 노선도를 보고 신촌으로 정했다면 아침 일찍 신촌역에 내려 가게마다 '아르바이트 구함' 종이를 확인하고 직접 들어가서 구직해야 했다. 그렇게 구직할 때까지 하루 종일 묻고 다녔다. 목소리도 작고 남 앞에 나서지 못하는 성격 탓에, 아르바이트를 구하고 실제로 일하는 것 자체가 나에겐 큰 도전이었다. 아니 살기 위한 몸부림이었다.

어느 날, 방학 내내 일해서 받은 월급을 은행에서 찾아 책상 서랍에 넣어두었다. 잠시 집을 비운 사이, 돈이 없어졌다. 그런 일이 한두 번이 아니었다. 그전에는 소액이었지만, 이번엔 다음날 등록금을 내야 할 돈이라 당황했다. 믿고 있던 지인의 소행이었고, 그저 "다 써버렸다."는 말뿐 돈을 돌려받지도, 사과의 말도 듣지 못했다.

가고 싶은 여행도 못 가고 방학 동안 하루도 쉬지 않고 일해서 받은 월급, 고스란히 저축한 돈이란 걸 알았을 텐데….

이 일이 있기 전까지, 나는 늘 '모든 것은 마음먹기에 달렸다'고 믿었다. 주어진 환경은 바꿀 수 없지만, 어떻게 행동하느냐에 따라 미래는 얼마든지 바뀔 수 있다고 긍정적으로 생각했다.

하지만 그날, 모든 것이 무너져 내렸다.

'아무리 노력해도 어쩔 수 없는 일이 있구나.'
'믿고 잘해주면 오히려 만만하게 보고 이용하려 드는 사람도 있구나.'
'앞으로 살아갈 날이 숨 막히고 지옥 같다.'라는 생각까지 들자, 생을 마감하려 했다.

화장실에 가서 손목을 그었다. 엄마가 발견하고, 결국 3학년 1년을 휴학했다. 자식으로서 엄마 가슴에 대못을 박은 일이다. 다시는 그런 생각이나 행동을 하지 않으리라 굳게 다짐했다. 하지만 나의 다짐과 별개로, 삶은 마치 시험이라도 하듯 예측할 수 없는 시련을 계속 던져주었다. 하루하루 아무 일도 없이 지나가는 그런 평범한 날을 꿈꿨다.

언젠가는 칠흑 같은 어둠이 걷히고 새벽이 찾아오겠지. 그 희망이라도 붙잡고 있어야 살 수 있을 것 같았다. 그래서 힘든 현실에 휩쓸리지 않고 꿈을 이룬 사람들의 이야기와 자기계발서를 찾아 읽었다. 책 편식을 한 셈이다. 그중에서도 이지성의 『18시간 몰입의 법칙』에 나오는 '벼랑 끝에서 꿈을 가져라.'라는 글귀는 20대 내내 지갑 속에 넣고 다녔다. 다이어리나 책 앞뒤에도 늘 적어두었다. 이지성의 『꿈꾸는 다락방』과 최윤규의 『리더가 넘어선 위대한 종이 한 장』도 가까이 두고 읽었다.

공부를 오래 하는 바람에 취업이 남들보다 늦어졌을 때도, 희망의 끈을 놓지 않으려고 애썼다. 취업뿐 아니라 결혼도 서른일곱이라는 다소 늦은 나이에 했다. 그렇게 인생의 속도가 느린 나는 서른아홉에 한 아이의 엄마가 되었다.

되돌아보면, 책을 늘 가까이하지 않았지만, 산골 마을에서 엄마가 전집을 들인 이후 책에서 멀어질 만하면 다시 책으로 회귀하는 강한 끌림에 감사함을 느낀다. 힘든 시기에 늘 책을 찾아 나를 잃지 않도록 붙잡아 주었고, 새로운 시작을 할 수 있도록 용기를 준 책들에 감사하다. 여러분도 여러분만의 책을 만나길 진심으로 바라면서….

오랜 시간 힘이 되어준 '벼랑 끝에서 꿈을 가져라.' 글귀를 들려주고 싶다.

'꿈'을 갖는 것마저 사치스럽게 느껴지고
고통스러운 때일수록

우리는 '꿈'을 호흡하고
'꿈'을 먹고 마시며
'꿈'과 함께 잠들고
'꿈'과 함께 깨어나야 합니다.

2

고요한 제자리걸음,
뜨거운 준비

"어머님, 반 대표를 맡아주시겠어요?"
"네."
이 한마디가 나비 효과가 되어 훗날 나를 이토록 변화시킬 줄 몰랐다.

결혼과 동시에 친정과는 5시간 30분이나 걸리는 먼 부산으로 이사했다. 결혼 이듬해 임신 11주 차에 남편은 6개월간 해외 출장을 갔다가 만삭 때 돌아왔다. 아이가 태어난 지 100일이 된 다음 날, 3개월 해외 출장을 또 갔다. 결혼 후, 남편 얼굴 보기가 매달 손에 꼽을 정도였다. 그때는 아는 지인이 없어서 아기를 업고 오륙도에 가서 하염없이 바다를 보고 돌아오는 것이 일상이었다. 그렇게 아이와 단둘이 지내는 시간이 길어지면서, 내향적인 성향이 더욱 깊어져 그저 조용히 '아이 엄마'로만 지내고 있었다.

남편은 직업 특성상 2년마다 발령이 났다. 나는 어릴 때 잦은 이사로 힘들었던 기억이 있었기에, 아이에게는 안정적인 환경을 만들어주고 싶었다. 아이 취학통지서 받기 전에 정착하려고 친정과 조금이나마 더 가까운 도시로 이사를 결정했다. 아이가 유치원에 입학하고 얼마 지나지 않아, 담임선생님으로부터 반 대표 권유를 받았다. 처음에는 부담스러워 정중히 거절했지만, 다른 학부모님들의 부재로 결국 반 대표를 맡게 되었다. 선생님 말씀처럼 부담스러운 일은 없었다. 5월 가정의 달 행사와 졸업 앨범 회의로 몇 번 모였을 뿐이다. 하지만 그 덕분에 이전에는 교류가 없었던 아이 또래의 어머님들과 안면을 트게 되었다. 아이 졸업을 앞둔 어느 날, 우연히 다른 반 대표 어머님과 이야기를 나누게 되었다.

"혹시 책 좋아하세요?" 무심코 건넨 질문에 "네, 좋아해요."라고 답했던 평범한 대화.

그 짧은 대화가 나를 〈다독다독〉이라는 학부모 독서 모임으로 이끌었다. 이 만남이 내 삶의 중요한 전환점이 되었다.

책을 좋아하지만, 결혼 전에는 자기계발서 위주로 읽었다. 그마저도 뜸했다. 결혼 후에는 육아 관련 서적, 이를테면 임신·출산 백과, 이유식 책, 동화책이 전부였다. 모임에 나가기 전, 단톡방에 초대되어 대화를 읽을 수 있었다. 이미 1년이나 먼저 시작된 모임이고, 읽었던 책 장르도 다양했다. 미라클 모닝이나 감사 일기 등 본받을 점이 많아 보였다. 책 선정 후 자유롭게 참여하는 방식이라 부담은 없었다. 하지만 워낙 말주변도 없고 내성적인 성격 탓에 오프라인 모임 참석을 망설였다. 그러다 마침 자기계발서가 선정되었고, 큰 용기를 내어 첫 모임에 발을 들였다.

아직도 〈다독다독〉 모임에 처음 참석했던 날이 생생하다. 작은 목소리와 서툰 말에도 따뜻하게 귀 기울여줬고, 걱정했던 것과는 달리 편안한 분위기였다. 그날의 책 제목은 기억나지 않지만, '가까운 미래에 대한 계획 세우기'라는 주제는 또렷하다. 당시 하지 정맥류로 의사 선생님께 수영을 권유받았지만, 수영복을 입는 것에 대한 부담감으로 미루고 있었다. 그런데 그날, 모임에서 수영 등록을 공개적으로 말했고, 신기하게도 다음 날 바로 실천했다. 다음 모임에서 이야기할 거리를 만들기 위한 다소 단순한 동기였지만, 오랫동안 미뤄왔던 일을 즉시 행동으로 옮긴 것은 큰 변화였다. 2개월 이상 지속한 운동이 없고 운동을 싫어하던 나에게, 이제 수영은 재미있는 운동으로 자리 잡게 되었다.

그 후로 어려운 책은 망설여지기도 하고, 바쁘다는 핑계로 꾸준히 참여하지 못했다. 하지만 〈다독다독〉이라는 울타리 안에 속해 있는 것만으로도 긍정적인 자극을 받았다. '그 사람을 알려면 그 주변 친구를 보라.'라는 말처럼 어릴 때부터 주변 사람들의 영향을 믿는 편이었다.

〈다독다독〉 모임 안에서 서로에게 좋은 영향을 주고받는 모습을 보며, 마음속으로만 품어왔던 것들을 서서히 꿈꾸기 시작했다.

2년 전 어느 여름날, 『세이노의 가르침』이 그달의 도서로 선정됐다. 책 속에서 토머스 제퍼슨은 '행복의 추구는 양도할 수 없는 권리'라고 했다. 그 권리를 누리려면 스스로 변화를 먼저 주도하라고 조언했다. 남이 하면 따라 하고 남이 좋다면 따라서 박수 치는 그런 삶이 아니라, 스스로 뿌듯해질 수 있는 주체적 삶을 살아야 한다고 말이다. 어제가 오늘 같고 오늘이 내일 같은 삶은 이미 생명이 죽은 삶이라고. 하지만 수많은 사람들이 그런 삶에 익숙해져 살아간다며 일침을 가했다.

이 글을 읽었을 때, 날씨만큼이나 뜨거운 아지랑이들이 내 마음 깊은 곳에서 일렁이기 시작했다. 결혼 전 치열하게 하루하루를 살았던 터라, 결혼 후에는 어제가 오늘 같고 오늘이 내일 같은, 아무런 파동 없는 안정된 일상에 감사함을 느끼고 있던 때였다. 그때 '당신 스스로 뿌듯해질 수 있는 주체적 삶을 살아라.'라는 글귀가 눈에 들어오자, 내 안에 작은 불씨가 지펴진 것이다.

하지만 책을 읽고 마음을 먹는다고 모든 일이 착착 진행되면 얼마나 좋을까. 세상일이 어찌 그리 쉽게 흘러가겠는가. 변화를 시도하려고 막상 뭔가를 하고 싶어도, 무엇을 할 수 있을지 어디부터 시작해야 할지 막막했다. 우선 아이가 학교 간 시간에만 할 수 있는 일이나 재택근무가 가능한 일을 찾아야 하는 등 현실적인 장벽이 있었다. 아무런 진전이 없이 까맣게 속만 태우는 나와는 달리, 계획적인 삶을 살아가며 꿈을 향해 열심히 달려가는 '책벗'들을 보면서 자괴감에 빠지기 시작했다.

결국 겨울이 오자, 모임을 잠시 멈추겠다는 의견을 내기에 이르렀다.

그때 처음으로 모임 리더를 맡게 되고 평소 읽고 싶었던 『퓨처셀프』를 선정했다. 함께 읽으면서 과거 10년 전 나에게, 현재의 나에게, 5년 후 나에게, 10년 후 나에게 쓰는 편지를 써보기로 했다. 책 내용에 따라 우선순위 3가지를 정하고, 그것을 이루기 위해 해야 할 일들을 구체적으로 적었다. 나에게 가장 중요한 세 가지는 건강, 경제, 자기계발이었다. 건강을 위해서는 수영을 하고 있었고, 경제적인 안정을 위해서는 온라인으로 생일이나 여행 기념 토퍼를 제작·판매 강의를 듣고 있었다. 자기계발로는 영어 공부와 독서가 자리했다. 그에 따른 12주간의 계획들과 마감일까지 꼼꼼히 기록했다.

  2주간의 독서 모임 후, 전업주부로서 육아와 병행할 수 있는 경제 활동을 적극적으로 모색했다. 블로그 쓰기, 온라인 판매 등 다양한 강의를 들으며 재택근무를 알아봤다. 하지만 성과는 없고 마음만 조급해질 뿐이었다. 학습지 관리 교사 근무도 저녁 시간 아이 돌봄 문제로 무산되었다. 아이가 어려 시간 제약이 많았던 것이다. 계획과는 달리 흘러갔지만, 포기하지 않고 매일 할 수 있는 일을 찾아보았다. 그렇게 속절없이 1년이 흘러갔다.

  그러던 어느 날, 가까운 역의 오전 편의점 아르바이트 구인 공고가 눈에 들어왔다. 온라인으로 간단한 이력서를 작성해 지원했지만, 전화는 오지 않았다. 나이 때문일까 낙담했다.

  잠 못 이루던 밤이 지나고, 다음 날, 낯선 번호로 전화가 울렸다. 평소 모르는 번호는 받지 않지만, 그 전화는 이상하게 끌렸다. "면접 보러 오세요."란 말에 "고맙습니다."를 연발했다.

  그런데, 기다리던 편의점이 아닌 고등부 입시학원이었다. 아르바이트 사이트에 올려진 이력서를 보고 연락한 것이다.

  결혼 전, 나는 고등부 입시 영어 강사였다. 당시에는 자정까지 수업하고 집에 가면 새벽 1~2시였다. 밤늦게까지 하는 일이라, 결혼 후에는 다시 할 엄두를 못 냈었다. 하지만 일단 면접을 보겠다고 했다. 면접을 본 후, 가슴이 뻥 뚫린 듯 시원했다. 오랜만에 가슴이 두근거렸다.

  용기를 내어 몇 군데 더 지원하고 싶어졌다. 남편에게도 조심스럽게 다시 일하고 싶다는 의사를 밝혔다. 그러자 남편은 "탄력근무제로 함께 해보자!"라며 흔쾌히 지지해 주었다. 그토록 혼자 애쓰며 고민하던 일들이 이렇게 쉽게 풀릴 수 있다니. 그저 신기할 따름이었다.

  드디어, 결혼 후 10년의 경력 단절을 깨고 다시 일하기 시작했다. 지금 이 글을 쓰는 순간에도, 1년 전 『퓨처셀프』에서 그렸던 삶의 우선순위 세 가지 방향대로, 비록 느리지만 나만의 속도로 나아가고 있다. 구체적인 계획은 계속 바뀌지만, 원하던 길을 향하고 있다는 사실에 감사하다.

  육아로 책 읽을 시간이 없어서 간결한 책을 곁에 두고 봤던 시기가 있다. '어제와 똑같은 오늘에 변화와 활기를 불어넣는 최고의 발견, 더도 덜도 아닌 1cm만큼의 길이와 깊이에 주목하세요.'라는 책 띠지에 이끌려 읽었던 김은주 작가의 『1cm』의 한 구절을 소개하고 싶다.

  숲을 보기 위해서는
  숲을 떠나와야 한다.
  그리고
  알게 될 것이다.

어딘가를 향해 떠나는 것보다
어딘가로부터 떠나오는 것이
때로 더 큰 용기를 요한다는 것을.

결혼 후, 안정된 가정생활에 만족하며 익숙함에 젖어 있었다. 새로운 변화를 꿈꿀 엄두조차 내지 못했다. 하지만 마음 한편에는 늘 '언젠가 나도 할 수 있지 않을까?' 하는 작은 믿음의 불씨를 간직하고 있었다. 그런 내게 이 글은 깊은 울림을 안겨주었다. 〈다독다독〉과의 만남은 그 믿음이 1mm씩 쌓여 1cm의 성장을 이루는 소중한 계기가 되었다. 비록 지금은 작은 1cm이지만, 앞으로 5년, 10년 후에는 어떤 모습으로 성장해 있을지 기대된다.

여러분에게도 무심코 건네지는 따뜻한 말 한마디, 혹은 삶의 긍정적인 변화를 이끌어주는 소중한 사람이나 책과의 만남이 있기를 바란다. 그 작은 1cm의 변화가 여러분의 삶에 놀라운 활력을 불어넣어 줄지도 모르니까.

3

출발선 앞에 서다

"아무도 당신에게 관심 없어. 하고 싶은 대로 다 해!"

다른 사람 의식을 많이 하는 나에게, 남편이 한 말이다. 나는 어린 시절부터 마치 몸에 꼭 맞는 투명한 유리 상자 속에 살았던 것 같다. 남들에게 보이는 내 모습은 물론, 스스로에게도 부끄럽지 않으려고 노력했다. 결혼 전, 2년 동안은 세 가지 일을 동시에 하면서 쉬는 날이 드물었다. 왜 그렇게까지 자신을 틀에 가두고 옭아맸는지 모르겠다. 심지어 술조차 입에 대지 않았다. 혹시라도 남들에게 흐트러진 모습을 보여주고 싶지 않아서였다. 처음 술을 마신 것도 마흔 중반이 넘어서였다. 알코올 도수도 2.6%짜리 맥주 한 모금이 전부였다.

언젠가 엄마가 그런 나를 보고, "무슨 재미로 사느냐?"라고 물은 적이 있다. 교과서처럼 사는 것 같아 답답하고 재미없어 보인다고 말이다.

그저 '생각은 말이 되고, 말은 행동이 되고, 행동은 습관이 되고, 습관은 인생이 된다.'라는 글귀를 어디선가 읽은 후부터 부정적인 생각조차 하지 않으려 노력했다. 다행인 점은 다른 사람과 비교하며 내 환경을 비관하거나 남들을 부러워하지는 않았다는 것이다. 각자 타고난 자기 인생이 있다고 믿었다. 그렇게 생각하는 것이 나를 지키는 방법이었을까?

또한 나를 지키는 방법이 있었다. 이지성의 『꿈꾸는 다락방』에서 'R=VD, 생생하게(Vivid) 꿈꾸면(Dream) 이루어진다(Realization)'를 접하고 나서 구체적으로 버킷리스트를 작성하기 시작했다. 책에서는 바라는 꿈뿐만 아니라, 갖고 싶은 물건, 가고 싶은 장소, 심지어 배우자상에 대해서도 R=VD를 실천해 보라고 했다. 의심하지 말고 일단 해보라는 글에 '밑져야 본전'이란 생각으로 시도했다. 놀랍게도 결혼할 때까지 작성했던 목록에서 우선순위가 높은 부분들은 대부분 이뤘다. 이를테면,
 '키 175cm 이상 금연자가 아닌 비흡연자로, 자상한 우리 아빠 같은 배우자를 만난다.'
 '몰디브로 신혼여행을 간다.'
 '겨울에도 찬바람이 들어오지 않는 따뜻하고 깨끗한 화장실이 있는 집에 산다.'

하지만, 결혼하고 나서 절실한 목표가 없어지고, 현실에 안주해서 살다 보니 새로운 버킷리스트를 작성하지 않았다. 이전에 적었던 목록들은 경제적으로 힘든 상황을 벗어나기 위한 꿈들이 대부분이었다. 온전히 내가 원하는 것이라기보다는 주변 상황을 의식한 부분이 많았다. 이제는 내가 원하는 꿈들로 미래를 채워나가고 싶다.

그 첫 번째가 바로 '글쓰기'다. 어릴 때 편지 외엔 글을 써본 적이 없는 나에게 어쩌면 무모한 도전일 수 있다. 하지만 그동안 애써 외면하고 일부러 생각하지 않았던 과거의 일들이 이번에 글쓰기 시작하면서 가슴 속 응어리가 풀리는 느낌을 받았다.

글을 쓰는 동안 꿈을 꾸었다. 어둡고 축축한 골목길 벽 모퉁이에 내가 서 있었다. 갑자기 볼에 혹이 풍선처럼 커지더니 그 혹에서 온갖 오물이 분수처럼 터져서 나오는 꿈이었다. 그동안 혼자만 끙끙 앓던 것들이 곪아 터진 것이 아닐까? 꿈에서 깨어났을 때, 조금 홀가분해진 기분이었다. 이제껏 스스로를 돌보는 일에 소홀한 편이었지만, 앞으로는 나를 응원하는 글쓰기로 하루를 시작할 것이다. 지금부터 내면의 목소리에 귀 기울이고, 글로 표현하며 진정한 나를 찾아가는 여정이 되길 바란다.

이처럼 글쓰기가 나를 치유하고 성장시키는 길이라면, 오랜 시간 가슴 한편에 남아있던 또 다른 꿈도 펼치고 싶다. 그 꿈은 바로 번역서를 쓰는 일이다. 교육대학원 재학 시절 10개월 단기 프로젝트 번역가 모집 공고에 지원한 적이 있다. 우리나라에 HACCP(식품안전 관리인증 기준)를 도입된 이후 관련된 내용을 영문에서 한국어로 번역하는 일이었다. 최종 면접까지 올라온 세 명 중 한 명은 전문 번역가였고, 나를 포함한 두 명은 학생이었다. 전문 번역가를 이길 자신은 없었지만, 후회를 남기고 싶지 않아서 최선을 다해 테스트를 치렀다. 운 좋게도 최종 합격했다. 나중에 알게 된 사실이지만, 단기라고 해도 10개월 동안 출퇴근해야 하는 일인데, 전문 번역가는 시간당 급여를 원해서 합격하지 못했다고 한다.

학교에서 전공서적과 문학 원서만 과제로 번역하다가 건축, 공장, 식품, 직원 근무 수칙 외에도 법적인 부분이 있어서 같은 단어라도 사용하는 용어가 달라 어려움이 컸다. 혹시라도 잘못 번역하여 회사에 법적인 피해가 갈까 봐 부담도 상당했다. 일정에 맞추려고 노트북을 집에 가져와 번역하느라 잠을 3시간 정도 잤다. 프로젝트가 끝나고 담당 부장님이 본사에 추천서를 써줄 테니 지원해 보라는 제의를 했다. 당시 유학을 준비 중이었고, 학교와 번역 일을 병행하느라 몸과 마음이 지쳐 있었다. 그런 상황에서 일하면서 느꼈던 책임감과 부담감도 너무 커서 새로운 도전을 할 자신이 없었다. 그때 도전하지 않은 것이 후회로 남아 있다. 그래서 언젠가 내 이름 석 자로 된 번역서를 출판하는 것이 새로운 꿈이다. 그 꿈을 위해 번역가가 되는 방법을 알아보고 있다. 번역 아카데미 수료 등 여러 가지 길이 있다. 하지만 우선할 일은 지금보다 적극적으로 책을 읽는 것이다.

두 번째는 '내면 채우기'다. 어려서부터 배우고 싶었지만, 여러 이유로 하지 못했던 것들을 하고 싶다. 고등학교 때는 수학학원도 다니고 싶고, 문제집도 사고 싶었다. 엄마에게 말하면 기꺼이 해줬을 것이다. 동생들은 원하는 학원을 말하면 들어주었으니 말이다. 하지만 나는 말하지 않았다. 교과서와 학교 선정 문제집으로만 공부했다. 모르는 문제는 혼자 며칠이고 고민하다 안 풀리면 선생님께 물어보곤 했다. 학업에 관련된 학원도 차마 다니고 싶다고 말하지 못했는데, 어릴 적 다니고 싶었던 미술 학원은 더더욱 입 밖에 내지 못했다.

어린 시절 독서는 편안함을 주는 시간이었고, 그림 그리기는 그 자체로 행복이었다. 둘 중 무엇이 더 좋으냐고 묻는다면 마치 '엄마가 좋아, 아빠가 좋아?'라는 질문처럼 어렵다.

그래도 굳이 선택한다면, 그림 그리는 시간이 어떻게 흘러가는지 모를 만큼 조금 더 행복했다. 어렸을 때 미술 학원에 다니고 싶었지만, 학원비는 비싸고 혹여나 입시로 택한다면 비용도 만만치 않다고 들어서 일찌감치 포기했다. 결혼 전, 세 가지 일을 동시에 해서 한창 바쁠 때에도 시간을 쪼개어 목요일 오전에 이화여자대학교 근처 화실에서 취미 미술을 배웠다.

그때 그림을 그리는 단 두 시간의 힘으로 나머지 요일을 버텼다고 해도 과언이 아닐 정도로 그림 그리는 시간이 너무나도 행복했다.

요즘에는 화실에 다녀야만 그림을 배울 수 있는 것은 아니어서 감사하다. 코로나 시기에 우연히 온라인으로 아이패드 그림 그리는 강좌를 알게 되어 수강한 적이 있다. 완강한 후 생각날 때마다 드물게 수강했는데, 화실을 다녔을 때처럼 요일을 정해놓고 꾸준히 그림을 그리려고 한다. 그동안 등한시했던 내면의 어린 자아를 돌볼 것이다. 내가 꾼 꿈처럼 곪아 터지지 않게 하기 위해서다. 또 혹시 아는가. 아이패드로 그린 그림을 상품으로 판매하는 수익화 과정까지 할 수 있을지. 로마의 파이프라인처럼 하나의 수입원보다는 여러 가지 수입원이 생기는 미래의 여유로워진 나를 상상해 본다.

세 번째는 '건강 챙기기'다. 나는 아픔을 잘 참는 편이다. 어느 정도 아파야 병원에 가야 하는지 잘 몰라 병을 키운 적이 많다. 결혼 전까지 앞만 보고 달리다가 결혼 후 안정이 되고 긴장이 풀려선지 몸 여기저기 아프기 시작했다. 그야말로 탈이 난 것이다. 건강할 때 운동하며 관리했으면 좋았겠지만, 지나간 일은 후회해 봤자 소용없다는 것을 이제는 안다.

고등학교 졸업 후 가장 좋았던 점이 '체육을 안 해서'라고 말할 정도로 운동을 싫어했던 나였다. 하지만 〈다독다독〉 첫 모임 후에 등록한 수영을 계기로 운동에 흥미를 느끼게 됐다. 얼마 전부터는 남편과 주 2회 달리기를 하기로 했다. 우선은 5km부터 시작하고, 무리하지 않는 선에서 거리를 점점 늘려가려고 한다.

새해가 되면 운동 계획을 세웠지만, 번번이 작심삼일로 끝났다. 늘 실패의 쓴맛을 봤다. 의지가 부족했던 탓도 있겠지만 너무 구체적인 목표가 문제였다. 이 사실을 깨달은 것은 스콧 애덤스의 『더 시스템』을 읽고 나서다. 책에서 꾸준히 하기 위해서는 '목표'가 아닌 나만의 '시스템'을 만들라고 한다. 예를 들어, '20kg 감량'은 목표지만 '올바른 식습관 갖기'는 시스템인 것이다. 책을 읽고 나서야 그동안 내가 얼마나 목표에만 치중해 있었는지 깨달았고, 마음가짐이 달라졌다. 앞으로는 나만의 시스템을 만들어 수영과 달리기를 꾸준히 할 생각이다.

『더 시스템』에서 또 하나 인상 깊은 문장이 있다. '당신이 원하는 모습을 지닌 사람들과 더 많은 시간을 어울리는 것이 자신을 변화시키는 한 방법이 될 수 있다.'라는 구절이다. 나 역시 〈다독다독〉을 만난 후 여러 가지로 긍정적인 동기부여를 받고, 성장하고 있음을 느낀다. 미래의 나는 어떤 모습으로 변화해 있을지, 어떤 사람들과 함께하고 있을지 기대

되고 설렌다.

　이제 인생 2막 출발선에 선 이 순간, 오롯이 나를 응원하며 힘찬 첫발을 내딛고 싶다.

　나만의 속도대로
　느리지만 포기하지 않고 묵묵히 달려 나가자!

8장

「다독의 인연」 삶의 터닝포인트가 되다

김예화

나에게 다독다독이란?

밝게 빛나게 해주는 등불 같은 존재다.
함께하는 힘으로 용기를 얻고,
꿈에 한발 다가간다.

1
내 안의
빛을 깨우다

 일상에서 무심코 지나쳤던 작은 경험들이 언젠가는 빛을 발할 때가 있다. 나도 모르게 심어졌던 씨앗은 엄마의 삶을 살아가면서부터 빛을 보기 시작했다. 내 안의 빛은 단지 숨어 있을 뿐, 마음속 깊은 곳에서는 이미 싹 틀 준비를 하고 있었는지도 모른다.

 '나는 언제부터 책을 읽었을까?'
 6학년 때 학교의 복도 창 아래에 앉아 그림책을 읽고 있던 어린 내 모습이 어렴풋이 떠오른다. 순수했던 어린아이는 새로 생긴 도서관에서 그림책을 읽으며 상상의 나래를 펼쳤다. 그때 처음으로 기분 좋은 설렘을 느꼈다. 초등학교에서 시작된 책과의 인연은 중학교에 가서도 이어졌다. 친구 따라 처음으로 시립도서관에 간 날, 정적이 흐르는 분위기 속에서 서가를 둘러보다가 마음에 드는 한 권을 골랐다. 책 속에는 내가 모르는 세상이 담겨 있었고 흥미로웠다. 집중해서 읽다 보니 어느새 이야기 속으로 빠져들었다. 짧은 시간이었지만 몰입했던 순간, 마음이 평온했다.

어느 날은 외할머니를 따라 점집에 갔다. 생년월일만으로 미래를 예측한다는 것이 신기했다. 호기심이 많은 나는 할머니의 토정비결을 보며 앞날에 대해 궁금해하기도 했다. 그때부터 과학으로 설명되지 않는 신비한 세계에 관심이 갔다. 서점에 가면 운세, 사주, 미스터리와 같은 책에만 손이 갔다. 책을 통해 미래를 그리고 새로운 지식을 조금씩 알아가는 것은 또 하나의 즐거움이었다.

부모님 곁을 떠나 3년 동안 외할머니 집에서 외롭고 쓸쓸한 나날을 보냈다. 해외에 있는 엄마 생각에 이불속에서 눈물을 흘리며 잠든 날이 허다했다. 예민한 기질을 가진 나는, 숨 쉴 틈을 찾아 헤매고 있었다. 그때는 미처 몰랐다. 책이 허전한 내 마음을 다독여 주고 있었다는 것을. 어린 시절 접했던 책은 내 곁을 지켜주는 친구 같은 존재였다.

초중 시절, 중국 길림성 연변조선족자치주(延边朝鲜族自治州)에 있는 소도시에 살면서 주로 한국어를 사용했다. 그런데 길림시(吉林市)에 있는 고등학교에 입학하고부터는 수업 시간은 물론, 친구와의 대화나 마트에서의 일상 소통을 모두 중국어로 해야 했다. 언어가 바뀌니 낯설었다. 광고 디자인학과에 입학한 나는 대부분의 시간에 그림을 그리며 지냈다. 서점에 가면 자연스레 그림 위주의 책을 찾았고 한자가 가득한 책은 쉽게 손이 가지 않았다. 언어 환경이 바뀌고 나서부터 책과 점점 멀어져 갔다.

고등학교를 졸업하고 1년 동안 중국 칭다오(青岛)에 있는 인테리어 회사에서 일을 했다. 성인이 되고 처음 겪는 사회생활은 생각보다 쉽지 않았다. 대인관계에서 오는 스트레스 때문에 결국 회사를 그만두게 됐다. 이후 진로를 고민하다가 일본 유학을 결심했다. 일본어 전문 어학원에서 1년 동안 공부하고 JLPT 2급 자격증을 취득했다. 자격증 덕분에 어학원을 건너뛰고 일본 지바현(千葉県)에 있는 단기 대학교에 입학할 수 있었다. 이번에는 중국어에서 일본어로 언어 환경이 바뀌었다. 그동안 다녔던 학교에는 도서관이라는 시설이 없었는데 여기엔 도서관 건물이 따로 있었다. 괜히 든든한 마음이 들었다. 지하철 개찰구처럼 생긴 입구를 지나 도서관 안으로 들어갔다. 책이 빼곡히 꽂혀있는 서가와 넓은 책상이 보였고 다른 한쪽에는 칸막이 책상이 있었다. 칸막이 책상은 나만의 작은 공간처럼 느껴져 왠지 공부가 잘될 것 같은 기분이 들었다. 모든 것이 새로웠다.

'일본어 책이나 읽어볼까?' 하고 서가를 둘러보다가 책 한 권을 꺼냈다. 막상 펼쳐보니 낯선 일본어 한자와 히라가나에 머리가 찌릿했다. 게다가 세로로 쓴 책이라 적응되지 않았다. 일본어를 배운 지 1년밖에 되지 않아 술술 읽는 건 무리였다. 읽으려고 시도한 건 잘한 일이지만 어려운 책을 읽고 싶지는 않았다. 그 후로 도서관은 과제를 하거나 잠시 머리를 식히는 공간으로 이용했다.

일본 유학을 마친 2012년 봄, 한국에서 결혼했다. 사는 나라도, 주변 사람도, 주거 환경도 모두 달라졌다. 이듬해 겨울에는 첫째가 태어나고, 1년 전 학생이었던 나는 26살에 한 아이의 엄마가 됐다. 한국에 온 지 얼마 되지 않아 육아 정보를 주고받을 사람이 없었다. 어느 날 포털사이트에서 정보를 검색하던 중 '맘스홀릭'이라는 육아 카페를 발견했다. 카페의 한 게시글을 읽던 중『삐뽀삐뽀 119 소아과』라는 육아 책이 눈에 들어왔다. 댓글을 보니 필수 육아서였다. 급한 상황에서 분명 도움이 될 거라는 생각에 얼른 구매했다.

조리원에서 퇴원한 지 얼마 되지 않았을 때다. 모유 수유를 하던 중 갓난아이의 얼굴에 좁쌀 같은 두드러기가 올라왔다. 밤늦게 당장 병원에 갈 수 없어 미리 사두었던 책을 펼쳤다. 책에는 '두드러기가 심하면 옷을 헐렁하게 입히고 안정을 취해 주세요.'라는 내용이 있었다. 꽁꽁 싸맸던 속싸개를 풀었더니 몸 전체에 다 퍼져 있었다. 우선 몸을 시원하게 해주고 다음 날 병원에 가서 진료를 봤다. 신생아 때는 태열이 자주 올라온다고 했다. 시원하게 해줘야 하는데 아이가 추울까 봐 보일러를 세게 틀고 지낸 것이 원인이었다. 처방받은 연고를 바르고 적정한 온도를 맞춰 지냈더니 금방 가라앉았다. 이후에도 아이가 울고 보채거나 열이 날 때, 발진이나 두드러기가 나는 증상이 나타나면 제일 먼저 책을 펼치고 원인을 찾았다. 그렇게 자연스레 육아 상식을 익혀갔다.

이유식 시기가 다가오자 아이에게 무엇을 어떻게 만들어 먹여야 할지 감이 잡히질 않았다. 레시피를 얻기 위해 교보문고에 요리책을 사러 갔다. 진열대 위에는 이유식 관련 도서가 종류별로 놓여 있었다. 그중에서 단순한 레시피가 담긴 책을 골라 구매했다. 내용을 참고하여 요리 도구와 재료를 준비하고 아이의 발달 단계에 맞춰 이유식을 만들었다. 정성

들여 만든 이유식을 잘 먹어줄 때마다 뿌듯했다. 배운 대로 하니 '나도 할 수 있구나!'라는 작은 성취감이 생겼다.

중국에서 태어났지만 나의 모국어는 한국어다. 그러나 한국어에서 중국어, 다시 일본어로 바뀐 언어 환경에서 책 읽기는 쉽지 않았다. 한 권을 읽으려면 언어를 깊게 공부해야 했다. 하지만 그때는 그럴 여유와 의욕이 없었다. 만약 한국어로 된 책을 읽을 수 있는 환경에 놓였더라면 좀 더 일찍 책의 매력에 빠지지 않았을까. 지금 돌아보면 그 시절에 주어진 환경이 아쉬움으로 남는다.

그럼에도 불구하고 어린 시절 책을 읽으며 느꼈던 설렘과 평화로운 분위기는 여전히 내 마음속 한편에 남아 있다. 그런 경험 덕분인지 도서관에 드나드는 일은 낯설지 않았다. 빌린 책을 매번 끝까지 읽지는 못했지만 궁금한 부분만 골라 읽으며 도움을 얻었다. 오랜 시간 동안 책과 멀어졌지만 육아하면서 다시 만난 책은 내 안에 잠들어 있던 또 다른 '나'를 조용히 깨워 주었다.

2

숨겨진 빚을
마주하다

삶이 지치고 힘들 때, 하루하루 깜깜한 터널 속을 걷는 기분이었다. 도망갈 곳조차 없어 끝이 보이지 않는 시간을 견디고 또 견뎠다. 그러던 어느 날, 내게도 작은 빛 한 줄기가 스며들었다. 그 빛은 서서히 퍼지며 무너진 마음을 단단히 붙들어 줬다. 그렇게 내 삶은 조금씩 안정되어 갔다.

2018년 둘째가 태어날 무렵, 첫째는 여섯 살이었다. 아이들이 넓고 쾌적한 공간에서 자라기를 바라는 마음에 영등포의 좁은 골목길에 있는 주택에서 시흥에 있는 신축 아파트로 이사했다. 그토록 바라던 곳에서 살게 된 건 기쁘고 설레는 일이다. 하지만 그 행복은 그리 오래가지 않았다.
    아이 둘을 키우며 전업주부의 길을 선택했다. 맞벌이에서 외벌이가 되었고 지출은 두 배로 늘었다. 생활비, 자동차 할부금, 아파트 월세, 학원비, 보험료까지 남편의 수입만으로 도저히 감당되지 않았다. 게다가 남편의 일도 순탄치 않았다. 카드 할부와 현금서비스, 신용대출에 의지하며 간신히 버텼다. 빚에 시달리는 일상은 그야말로 악순환의 반복이었다. 생활에 조금이나마 보탬이 되고 싶었지만 여섯 살과 돌쟁이 아이를 두고 일을 할 수도 없는 상황이었다. 내가 할 수 있는 건 아무것도 없었다. 이런 생활을 언제까지 견디고 버텨야 할지, 사는 게 그저 막막했다.

월세 계약이 만료될 즈음, 집주인과 연락이 닿지 않았다. 불길한 예감이 들었다. 거래했던 부동산에 찾아가 사장님에게 상황을 전달했다. 등기부등본을 떼어보니 이미 근저당이 잡혀 있었다. 당혹스러움과 동시에 눈앞이 캄캄했다. 부동산 사장님은 책임을 회피했고 나는 속이 타들어 갔다. 월세가 시세보다 저렴하다 싶었는데 역시 문제가 있었다. 법원에 가서 소송을 신청하고 내용증명을 보냈지만 집주인과 끝내 연락이 닿지 않았다. 우리는 경매 소식을 기다릴 수밖에 없었다. 그사이 낯선 사람들이 집에 여러 번 찾아왔다. 모두 대부업체 직원이었다. 긴장 속에서 하루하루를 보내며 살 곳을 알아봐야 했다. 동네 부동산에 수시로 드나들며 매물을 알아보던 중 운 좋게 저렴한 전셋집을 구했다. 청년 대출이 가능해 낮은 이자로 보증금을 빌릴 수 있었고 부족한 보증금은 시부모의 도움을 받았다. 덕분에 급한 불을 꺼서 다행이었다.

독박 육아에 안 좋은 일까지 겹치니 몸과 마음은 지쳐갈 대로 지쳤다. 머리를 꽉 조이는 두통이 생겨 신경과에 가서 진통제를 처방받았다. 통증을 줄이려고 먹은 약인데 부작용이 심했다. 신경이 예민해져 뛰어놀고 있는 아이들의 말소리와 살갗을 스치는 작은 접촉조차도 자극으로 다가왔다. 짜증이 치밀어 올라와 잘못 없는 아이에게 화를 내며 울기도 했다. 머리가 찢어질 듯한 고통을 견디며 혼자 아이를 돌봐야 했다. 딱 하루만이라도 육아를 도와줄 사람이 있었으면 얼마나 좋았을까. 그런데 그 누구에게도 도움을 요청할 수 없었다. 이대로는 안 되겠다 싶어 의뢰서를 받아 대학병원으로 갔다. 진료를 받아보니 신경성 두통이었다. 스트레스가 주요 원인이었다. 한 달 동안 약을 먹고 간신히 두통에서 벗어날 수 있었다.

소식 없던 월셋집은 시간이 한참 흐른 뒤에야 경매로 넘어가고 보증금은 1년 반 만에 돌려받았다. 보증금 1,000만 원 중에서 그동안의 관리비를 빼고 나니 손에 쥔 금액은 절반도 되지 않았다. 소중한 돈이 허무하게 사라졌지만, 문제가 해결되니 마음은 한결 가벼웠다.

2021년 코로나19가 한창 기승을 부리던 시기에 부동산 붐이 일어났다. 살고 있던 전셋집은 1억 원이 올랐다. 2년 계약이 만료되기 6개월 전부터 집주인에게 계약 갱신 여부를 물었다. 고민하던 주인은 반전세로 돌리겠다고 했다. 전세를 그대로 연장할 수 있었으면 좋았겠지만 부동산 시세가 올라가니 어쩔 수 없었다. 보증금이 넉넉하지 않아 아쉽게도 재계약을 하지 못했다.

결혼하고 9년 만에 다섯 번째 이사를 하게 됐다. 살 집을 구하면서 내 집 마련을 위해 부동산 공부도 시작했다. 온라인 강의와 유튜브 채널을 보며 정보를 얻었다. 그때 강사가 추천하는 『청약 맞춤 수업』이라는 책을 샀다. 청약의 기본은 물론 맞춤 청약 전략까지 설명되어 있어 부동산 초보인 나도 읽기 쉬웠다. 수도권에 청약하고 싶으면 서울, 인천, 경기도에 속해 있어야 했다. 언젠가 청약할 것을 대비해 조건을 미리 갖춰놓았다.

여러 곳을 임장 다니다가 시흥에서 1시간 거리에 있는 평택으로 정했다. 이전 동네에서는 일이 잘 풀리지 않았기에 새로운 환경으로 탈출하고 싶은 마음이 컸고 원하는 청약 조건과도 맞아떨어졌다. 매달 월세가 나가지만 청약에 도전하기 위해 보증금이 저렴한 집을 선택했다. 혹시라도 청약에 당첨되면 10% 계약금을 낼 수 있는 여유자금이 필요했기 때문이다.

아는 사람 한 명 없는 낯선 곳에서의 첫 3개월은 마음이 뒤숭숭했다. 서서히 적응해 가던 어느 날, 청약 알림이 떴다. 유튜브 영상으로 청약 정보를 보고 자료를 꼼꼼히 살펴봤다. 미리 준비를 한 덕분에 청약 조건을 확인하고 바로 실행에 옮겼다. 신청 결과가 나오는 날, 두근거리는 마음으로 '청약홈' 사이트에 접속했다. 컴퓨터 모니터에 '당첨' 두 글자가 보였다. 아파트 동호수를 한참 들여다봤다. '생애 최초 특별공급' 조건으로 한 번 만에 당첨됐다. 부동산 앱 '직방'에서 3D단지 투어를 보고 3년 후 네 식구가 새 아파트에서 지낼 상상을 하며 입주를 기다렸다. 그토록 바라던 내 집 마련의 꿈이 한발 다가왔다. 나에게도 이런 행운이 있을 줄이야. 한 줄기의 빛이 나에게 주는 선물 같았다.

책으로 도움을 받고 나서 주식, 부동산, 목돈 모으는 방법에 관련된 책을 사 모으며 문제해결을 위해 독서를 하기 시작했다. 내가 했던 독서 방법은 완독과는 거리가 멀었다. 해결하고 싶은 문제의 답을 찾기 위해 필요한 부분만 골라 읽었다. 책 한 권을 처음부터 끝까지 읽어본 적 없는 나에게 책은 생존 도구였다.

이듬해, 초등학교 3학년인 첫째 아이의 'e알리미'에서 학부모 특강 안내문을 봤다. 가정에서의 독서교육과 학부모 자신을 위한 독서에 관련된 강의였다. '학부모를 위한 특별한 시간'이라는 말에 끌려 바로 신청했다. 나에게 다가온 그 빛은 '밀알샘' 김진수 선생님, 그리고 〈다독다독〉 독서 동지들과 인연을 맺게 해줬다.

"자녀에게 책을 읽으라고만 하지 말고 부모님이 먼저 읽는 모습을 보여주세요."

강의 날, 선생님은 학생뿐 아니라 학부모에게도 독서의 중요성을 강조했다. 강의가 끝난 후 '학부모 독서 모임'에 대한 안내가 이어졌다. 혹시 독서 프로젝트에 참여하면 글쓰기나 독후감을 써야 하지 않을까 걱정이 앞섰다. 사실 책 읽기보다 글쓰기가 두려웠다.

학부모와 함께하는 독서 프로젝트에서는 '100일에 33권의 책'을 읽는 것이 목표다. 그 많은 책을 과연 읽어낼 수 있을지 자신이 없었지만 책을 읽으면 삶이 정말로 변화하는지 확인하고 싶었다.

프로젝트가 시작되기 전에 선생님이 추천한 도서를 알라딘과 예스24에서 구매했다. 책장에 가득 찬 책을 보니 든든했다. 제일 먼저 독서법을 알려주는 『독서 천재가 된 홍대리』를 꺼내 들었다. 이 책에는 좌천당한 직장인 홍대리가 '100일에 33권 읽기'를 통해 삶이 변화한 이야기가 담겨 있다. 그의 모습은 마치 지금 책 읽기에 도전하는 내 모습과 같았다. 책을 읽으면서 홍대리가 변화하는 모습에 점점 빠져들었다. 한 권을 완독한 성취감은 자신감으로 이어졌다.

처음에는 무작정 빨리 읽어내려고 완독하는 것을 목표로 했다. 새벽 시간과 식사 시간에도 읽고 주말이나 여행 갈 때도 책을 가지고 다니면서 읽었다. 목표를 향해 책 읽기에만 집중했다. 그 결과 60일 만에 39권을 읽었다. 인스타그램에 남긴 독서 기록은 김진수 선생님의 저서 『밀알샘 자기경영 노트』에 실리기도 했다. 내 이름 석 자가 들어간 페이지를 보니 '그동안 책을 열심히 읽은 보람이 있구나!'라는 생각이 든다.

중요하지 않은 일을 뒤로하고 독서를 우선순위에 두었더니 충분히 해낼 수 있었다. 급하게 읽은 책은 대부분 내용이 기억나지 않는다. 당연한 일이다. 처음에는 독서 습관을 잡는 것이 목표였으니까. 몰입한 경험만으로 성취감을 얻을 수 있다. 습관을 잡기에 100일이면 충분했다.

시간이 지날수록 책 읽기 방식은 바뀌어 간다. 처음 책을 읽었을 때는 구겨지는 것도, 낙서하는 것도 싫었다. 그런데 지금은 연필로 밑줄을 긋고 생각을 메모하며 읽는다. 책을 무작정 빨리 읽는 것이 아닌 한 권을 읽더라도 생각하는 시간을 가지며 읽어야 한다는 것을 깨달았다. 여운이 남는 책은 재독하고 내용을 곱씹어 보며 내 것으로 만든다. 수십 권의 책을 읽으며 나만의 독서법이 생겼다.

책 읽는 엄마의 모습을 본 아이는 가끔 엄마와 함께 책을 읽기도 한다. 엄마의 변화된 모습이 아들에게는 낯설게 느꼈을 것이다. 남편은 독서하는 나를 보고 의아해했다. 처음에는 '언제까지 지속하나 두고 보자.'라는 눈빛으로 바라봤다. 하지만 계속 이어 나가는 모습에 지금은 말없이 지켜봐 준다.

작은 시작이 큰 행운을 불러일으켰다. 처음에는 순수하게 읽었지만 나중에는 문제 해결을 위해 독서를 했다. 그러다가 독서 프로젝트에 도전하면서 까마득히 잊고 있던 내면과 다시 마주하게 됐다. 한 사람만 변했을 뿐인데 나로부터 뿜어진 긍정적인 영향은 나와 연결된 사람에게 전달되고 있다.

내 삶의 터닝포인트는 〈다독다독〉을 만나 책을 읽기 시작했을 때부터다. 아이가 책을 읽기 바라는 마음에 시작한 독서 프로젝트인데 가장 크게 변화한 건 바로 '나 자신'이다. 그동안 육아를 하면서 온전히 나만의 시간을 가질 여유도, 그 시간을 즐길 줄도 몰랐다. 갈 곳을 잃고 방황하던 내게 드디어 쉴 곳이 생겼다. 책은 나에게 한 줄기 빛으로 다가와 숨은 잠재력을 빛나게 해줬다. 그리고 내면을 단단하게 만들어 주고 용기를 주며 앞으로 조금씩 성장해 나갈 수 있게 힘을 실어준다.

3

메시지를
세상에 전하다

"현재의 생각이 미래의 삶을 만들어낸다. 가장 많이 생각하고 집중하는 대상이 삶에 나타날 것이다."

『시크릿』을 읽으며 나의 소원이 이미 이루어진 것처럼 상상했다. 그리고 5년 후에 '나는 무엇을 하고 있을까?'를 생각하며 '캔바(Canva)'에 비전 보드를 만들었다. 유튜브에 중국어 콘텐츠를 올리고 작가가 되기 위해 글을 쓰며, 탄탄한 몸매를 가꾼 나의 모습, 가족여행 하며 추억을 남기는 모습까지 이루고 싶은 일들과 하고 싶은 일들을 하나하나 채워갔다.

'글도 잘 못 쓰는 내가 작가가 된다고?'
'말주변이 없는 내가 중국어를 가르친다고?'
막연한 상상을 했다. 꿈을 이루고 싶었지만 현실에서는 해낼 수 없을 것 같았다. 하지만 그 꿈에 한발 다가간 건 한 권의 책을 읽으면서부터 시작됐다. 그 책은 바로 브렌든 버처드의 『백만장자 메신저』다.

"메신저로 살면 의미 있는 삶과 물질적인 만족, 두 마리 토끼를 모두 잡을 수 있다."

『백만장자 메신저』에 있는 한 구절이다. '메신저란 어떤 일을 하는 사람일까?' 궁금했다. 이 책에는 자신의 경험과 지식으로 남을 돕는 일을 직업으로 삼고 평생 성장하는 메신저가 되는 방법을 알려준다. 평소에 누군가에게 도움이 되는 존재가 되고 싶었는데 그게 바로 '메신저'의 역할이었다. 경험과 재능을 나눌 수 있는 삶, 얼마나 가치 있는 일인가. 나는 '빛나는 메신저의 삶'을 살아가기로 했다.

'내가 할 수 있는 일은 무엇일까?'

스스로에게 물었다. 중국어와 블로그 글쓰기가 생각났다. 그동안 배우고 실천했던 경험이 누군가에게는 도움이 되지 않을까. 나와는 먼 이야기지만 책을 통해 콘텐츠 크리에이터와 작가의 꿈을 가지게 되었다.

2020년, 초등학교 1학년인 첫째 아이와 함께 엄마표 중국어에 도전했다. 아이에게 중국어를 가르쳐보니 중국어 실력이 형편없다는 걸 깨달았다. 가르치려면 먼저 배워야 했다. 중국어 선생님에게 중국어를 9개월 동안 배웠다. 그때 마침 독서 프로젝트로 함께 하고 있었다. 책은 나에게 부스터 역할을 해줬고 앞으로 나아갈 수 있게 용기를 심어줬.

2022년 4월, '갤럽 강점 코칭'을 받은 적 있다. 비전에 대해 이야기를 나누던 중 강사가 운영하는 카페에서 중국어 챌린지 리더를 해보면 어떻겠냐는 제안을 받았다. 엄마와 아이에게 중국어를 가르치는 일을 해

보고 싶었던 찰나에 기회가 생겼다. 독서하면서 얻은 용기로 선뜻 도전했다. 나는 재능을 기부하고 가르치면서 배울 수 있고 엄마와 아이는 새로운 언어에 도전할 좋은 기회였다.

'엄마도 아이도 배우는 중국어' 무료 챌린지 모집 글을 네이버 카페에 올리고 블로그와 인스타에 공유했다. 카페 게시글에 한 명, 두 명 신청 댓글이 달리기 시작했다. 혹시나 〈다독다독〉 학부모 독서 모임 회원도 참여 의사가 있지 않을까, 조심스레 홍보했다. 감사하게도 여섯 명이 추가로 신청했다. 챌린지는 온라인에서 모집한 사람과 독서 모임 회원이 함께했다.

'노션(Notion)'에 유튜브 영상자료와 학습 파일을 올리고 링크를 챌린지 멤버에게 공유했다. 발음을 따라 하고 녹음한 음성파일을 보내주면 1:1로 발음 피드백을 해줬다. 중국어 기초를 탄탄하게 배웠으면 좋겠다는 마음으로 피드백에 정성을 쏟았다.

온라인으로 피드백하는 경험을 해봤으니 오프라인에서도 도전하고 싶었다. 누군가를 가르친 적도, 발표해 본 적도 없다. 많은 사람 앞에 서면 긴장되어 목소리가 떨리고 할 말을 못 하는 사람이다. 그런데도 두려움을 깨고자 대면으로 가르쳐 보기로 했다. 동네 카페에 챌린지 멤버 여섯 명이 모였다. 중국어 학습자료를 나누어 주고 한글의 'ㅏ, ㅑ, ㅓ, ㅕ', 'ㄱ, ㄴ, ㄷ, ㄹ'처럼 중국어 기초 모음과 자음인 한어 병음을 하나씩 읽어주면서 발음을 교정해 줬다.

어느 날은 챌린지 멤버를 집으로 초대해 중국어를 가르치기도 하고 마라탕과 훠궈를 해 먹기도 했다. 중국 음식 문화를 소개해 주는 것이 즐거웠다. 중국어 기초를 어느 정도 배운 사람은 그림책 읽기 챌린지도 이어갔다. 꾸준히 하다 보니 그림책의 한어 병음을 보고 술술 읽을 수 있는 수준으로 성장했다.

나의 재능 기부가 다른 사람에게 좋은 영향을 줄 수 있다는 걸 알았다. 모르는 것을 알게 해주고 나누는 일은 즐겁고 보람찬 일이다. 2022년 6월에 시작했던 중국어 챌린지는 2024년 4월까지 이어졌다. 그동안 챌린지 과정에서 얻은 경험으로 더 많은 사람에게 도움이 되고 싶다는 마음이 생겼다. 그 후로 '하오마마' 유튜브 채널에 생활 중국어 콘텐츠를 올리고 콘텐츠 크리에이터의 꿈에 한발 다가섰다.

콘텐츠를 나누는 것은 유튜브에 중국어 지식을 올리는 것뿐만이 아니다. 블로그에도 중국어 지식을 올리고 정보 글이나 직접 경험하고 얻은 통찰을 전해 줄 수 있다. 내가 원하는 건 유튜브나 블로그 혹은 책을 통해 삶에서 경험하고 배운 것을 세상에 나누며 소통하는 일이다.

2020년부터 블로그에 일상을 끄적였다. 처음에는 몇 줄로 시작했지만 포스팅을 한 건씩 올릴 때마다 글쓰기 실력이 점점 늘어났다. 글쓰기에 도움이 된 건 독서 기록을 하면서부터다. 책 속의 한 문장을 골라 적고 아래에 생각을 적는 연습을 했다. 독서하고 글 쓰는 과정에서 생각이 확장된다. 읽고 쓰는 행위는 나를 자연스레 작가의 길로 인도해 줬다.

2024년 5월부터 블로그에 독서, 중국어, 여행, 육아, 일상과 관련해 기록하고 있다. 블로그 포스팅을 꾸준히 하기란 쉬운 일이 아니다. 그동안 작심삼일로 블로그를 해왔는데 독서했듯이 글쓰기 실력을 늘리고 싶었다. 근육을 키우듯 글쓰기 근육도 키울 필요가 있다. 실력을 늘리기 위해 먼저 글쓰기 습관을 들이기로 했다. 처음에 100일 글쓰기부터 시작했다. 목표는 밤 12시 이전에 포스팅을 발행하는 것이다. 100일을 넘기니 글에 대한 두려움이 점점 사라졌다. 꼭 잘 써야 한다는 강박을 내려놓으면 매일 글쓰기를 유지할 힘이 생긴다. 완벽하지 않아도 된다. 하루를 되돌아보며 기록하는 일은 나에게 소중한 루틴 중 하나다. 쓰다 보니 멀게 느껴졌던 작가의 꿈과도 가까워졌다.

중국어를 온오프라인에서 가르쳐 보고, 생활 중국어 콘텐츠를 '하오마마' 유튜브 채널에 올리며 가진 재능을 나누고 있다. 그리고 〈다독다독〉 공저에 참여하면서 작가의 꿈도 이루어졌다. 독서를 처음 시작했을 때만 해도 작가가 되리라곤 생각조차 하지 않았다. 그런 내가 작가가 되다니 믿어지지 않는다. 콘텐츠 크리에이터, 작가의 꿈을 생생하게 그렸더니 하나둘 실현되고 있다.

"꿈은 꾸는 순간 이루어지기 시작한다."
비전 보드를 만들고 5년 후의 나를 상상했던 것은 꿈을 현실로 이끌어줬다. 원하는 것이 있으면 실제로 일어난 것처럼 마음껏 상상해 보자. 상상은 언제든 자유롭게 할 수 있으니까.

이 모든 변화의 중심에는 책이 있다. 책은 나침판 역할을 한다. 책을 통해 문제를 해결하고 잃어버린 '나'를 되찾을 수 있으며 좋아하는 일과 원하는 일이 무엇인지를 찾을 수 있다. 때로는 '지금 가는 이 길이 내가 원하는 방향이 맞나?' 싶을 때가 있다. 과정이 힘들고 지칠 때는 조급해지고 정보의 홍수 속에서 누군가의 말에 흔들리기도 한다. 그럴 때마다 나는 독서와 글쓰기를 통해 정말 원했던 삶이 무엇인지 성찰하고 생각을 정리한다.

누구에게나 '때'가 있다. 책을 읽고 싶을 때, 글 쓰고 싶을 때, 무언가를 이루고 싶을 때가 있다. 그 '때'가 찾아오면 생각에 그치지 말고 용기 내어 한 발 내디뎌보길 바란다. 그 작은 용기가 삶을 바꿔 놓을지도 모른다. 읽고 쓰는 삶을 살아가며 나는 오늘도 메신저의 길을 향해 묵묵히 걸어간다.

8장 「다독의 인연」 삶의 터닝포인트가 되다

∥ 3부 ∥

회복과 성장

9장

「다독의 치유」
나를 찾아가는 회복의 시간

이슬비

나에게 다독다독이란?

지친 마음에 스며드는 쉼표이자,
하루를 채우는 따뜻한 비타민이다.

1

길고 긴 밤,
상실 속의 나

"신이 모든 곳에 있을 수 없어 어머니를 만들었다."라는 말이 있다. 내가 엄마의 자리에 있고 아이를 키우면서 비로소 이 말의 무게를 깨달았다. 동시에 나를 키워낸 부모님이 얼마나 대단한지도 알게 됐다. 그래서 더욱 존경스럽다. 엄마는 언제나 나의 본보기다. 늘 검소하고 부지런한 엄마 덕분에 작은 것에도 감사할 줄 아는 마음을 배웠다. 아빠는 항상 말과 행동이 다정하고, 엄마를 향한 애정과 배려를 보여준다. 아빠의 다정함은 세 자매의 자존감을 키웠고, 덕분에 남자를 보는 나의 기준도 높여줬다. 그런 부모님을 통해 자연스레 화목한 가정을 꿈꿨다.

11살 차이 나는 막냇동생을 어릴 때부터 돌보다 보니, 자연스레 아이들을 좋아하게 됐다. 길을 지나가다 만나는 아이에게는 눈인사를 건네고, 말을 걸고 싶어 눈을 떼지 못한다. 그런 나에게 아이가 태어났을 때의 감동은 말로 다 표현할 수 없다. 이 생명체가 정말로 내 속에서 나왔다는 것이 믿어지지 않는다. 또 하나의 '우주'가 내게로 온 듯, 존재 자체가 너무나 신비롭고 경이롭다. 설명할 수 없는 벅참과 설렘의 기억이 아직도 생생하다.

첫째가 태어난 해에 방음이 전혀 안 되는 오래된 빌라에 살았다. 옆집의 말소리가 옆방에서 말하는 것처럼 들렸다. 혹시라도 아기 울음소리로 민폐가 될까 늘 걱정이었다. 하지만 너무도 순했기에, 그런 일은 일어나지 않았다. 아기는 잠이 많은 초보 엄마가 일어날 때까지 모빌을 보며 방긋방긋 웃고 놀았다. 오죽하면 집주인 할머니가 갓난아기가 있는지 물어볼 정도였다. 배가 고프면 짧게 '엥~' 하는 것이 끝이었고, 젖을 물리면 주는 대로 다 비워내서 젖몸살을 앓은 적도 없었다. 그렇게 순한 아기는 낯가림도 없어 누구에게나 잘 웃고 안겼다. 어떤 이는 '납치되어도 모르겠다.'라며 우스갯소리를 했고, 또 어떤 이는 '너무 울지 않아 걱정이다.'라며 병원에 가보라고도 했다.

"애가 이렇게 순해서 너는 거저 키운다."

그때는 그 말이 정말 듣기 싫었다. 지금은 안다. 주변 인생 선배들이 나의 힘듦을 조금이라도 덜어주려 한 격려와 위로의 말이라는 것을. 아무리 순하고 울지 않는다고 해도 첫아이였다. 육아의 모든 것이 낯설고 서툴렀다. 그리고 그런 순한 아이가 나에게는 마냥 편하지만은 않았다. 응가 한 기저귀를 내버려 둬 엉덩이 발진이 생겨도 울지 않고 잘 놀았다. 분유 알레르기로 온몸에 이상 반응이 일어나도 얌전했다. 추울까 걱정돼 둘둘 싸매놓아 온몸에 태열이 올라와도 다리 하나만 내어둔 채 잘 잤다. 그리 순해 티를 내지 않는 아이였기에 무슨 일이 생길까 걱정돼 눈을 떼지 못했다. 종일 '순한' 아이를 살피느라, '나'는 안중에도 없었다.

아이가 18개월쯤 됐을 무렵, 아무런 연고도 없는 남편 직장 근처로 이사했다. 당시 3교대를 했던 남편 외에 대화할 수 있는 사람은 옹알이하는 딸뿐이었다. 어린이집 차를 기다리는 동안 처음으로 누군가 내게 말을 걸어왔다. 너무도 반가웠지만, 인사를 건네는 것 말고는 할 말이 떠오르지 않았다. 그대로 대화는 중단됐다. 단순한 인사조차 낯설게 느껴진 그날, 집에 돌아와 펑펑 울었다. 항상 밝고 적극적이며, 사교적이었던 나는 어디로 간 걸까? 사람과 대화하는 법조차 잃어버린 나 자신이 낯설게 느껴졌다. 오랜만에 다가온 이에게 반가움조차 표현 못 한 것이 서럽고 안쓰러웠다. 나는 어떤 사람이었는지 기억나지 않아 더욱 슬펐다.

반면, 둘째는 예민하고 손이 많이 가는 아이다. 내 표정이 조금만 달라져도 울음을 터뜨렸고, 그 상황을 피하고자 더욱 매달렸다. 게다가 모든 걸 함께해야만 하는 '엄마 껌딱지'다. 몇 시간을 안고 겨우 재운 아이는 눕히는 순간 잠이 깨서 울어댔다. 화장실에서 앉아있는 5분도 용납하지 않았다. 결국, 아이를 무릎 위에 앉혀두고 볼일을 봐야 했다. 낯을 많이 가려 다른 이에게 안기는 법도 없었다. 심지어 남편에게조차도 그랬다. 온종일 아이를 품에 안고 있다 보니 제대로 식사할 틈도 없었다. 때문에, 모유도 점점 줄어들었다. 단 1초도 떨어지지 않으려는 아이의 애교는 사랑스러웠지만, 나에 대한 아이의 집착은 버겁게 느껴졌다. 너무도 다른 두 아이의 육아 방법에 나는 점점 지쳐갔다.

아이는 그저 사랑하고, 예뻐만 해주면 되는 줄 알았다. 하지만 아이를 키운다는 것은 그것만으로는 감당할 수 없었다. 아이를 사랑하는 마음의 크기만큼 힘듦의 크기도 비례했다. 시간이 흐를수록 나는 준비가 안 된 엄마라는 것을 알게 됐다. 순한 아이도, 예민한 아이도 각기 다른 기질에 맞춰 지혜롭게 대처하지 못하는 나 자신이 너무 한심하게 느껴졌다.

엄마가 되기 전에는 '엄마'라는 직업이 이렇게 힘든 줄 몰랐다. 매일 아이의 영양을 책임지는 요리사로, 아픈 곳을 알아차리는 의사로, 그리고 학습을 도와주는 선생님도 돼야 한다. 항상 모든 것을 품어주는 부처님이 돼야 할 때도 있다. 생각해 보니, '엄마'라는 두 글자 속에는 세상의 거의 모든 직업이 담겨 있었다. '신이 모든 곳에 있을 수 없어 어머니를 만들었다.'라는 말이 맞았다.

엄마의 삶은 하루하루가 시험 같다. 살아오며 배우고 익힌 능력 이상의 것을 끊임없이 요구받는다. 그 과정에서 '나'라는 사람의 밑바닥을 수없이 찍고 올라오기를 반복한다. 특히 정신 수양과 감정 조절은 매일의 과제다. 에너지가 넘치는 아이들과 있다 보면 감정의 파도가 밀려온다. 평정심을 유지하기는 쉽지 않다.

남편은 언제나 나를 1순위로 생각해 주는 내게 너무도 완벽한 사람이다. 10년의 연애 동안 다툰 횟수가 다섯 손가락에 꼽을 만큼 사이가 좋다. 가장 빛나던 때도, 가장 고되고 힘들었던 때도, 언제나 서로가 옆에 있었다. 오늘 하루 나의 안부를 물어 봐주고, 아이에게 쏟아낸 감정에 후회하며 자책하는 나를 다독여준다. 싸운 뒤엔 늘 먼저 손 내밀어 주고, 내가 어떤 모습이든 있는 그대로의 내가 예쁘다며 사랑을 전해주는 사람이다.

하지만, '아빠'인 남편은 아이를 안는 것부터, 아이들 목욕까지 모든 것이 서툴렀다. 비위가 약해 기저귀도 갈아주지 못했고, 무서움에 손톱 발톱도 잘라주지 못했다. 이유식을 먹여주면 아이 입가에 묻힌 게 더 많았고, 소질이 없다며 동화책도 몇 번 읽어주다 그만두었다. 아이를 재우러 들어가서는 늘 먼저 잠이 들어, 모든 것은 결국 나의 몫이 됐다.

아이에게 짓궂은 방법으로 사랑을 전하는 것도 이해가 안 됐다. 사랑을 표현하는 방식이 나와는 달랐던 것뿐인데, 그 다름을 받아들일 여유가 그때의 나에게는 없었다. 남편도 그저 몰랐기 때문에 서툴렀던 것인데, 나는 칭찬 한번 없이 자꾸만 화를 내며 잔소리만 늘어났다. 혼자 네 식구 생계를 짊어지며 힘든 티 한번 내지 않은, 어설프지만 도움이 되려 한 남편의 노력은 몰라줬다. 육아로 지친 나에게 남편은 온전한 버팀목이 되지 못했다.

초보 엄마 아빠의 고충을 뒤로한 채 셋째가 찾아왔다. 아이를 무척 좋아했고, 아이 셋은 낳겠다는 계획도 있었다. 그래서 셋째가 태어난다는 생각만으로도 벅차고, 뭉클했다. 두 아이를 키우며 겪은 수많은 경험이 나를 더 단단하게 만든 것도 알았다. 분명 더 기대되는 미래였다. 또 하나의 생명이 찾아온 것이 기쁘고 감사했지만, 그만큼 걱정도 컸다. 좋아하는 마음만으로는 아이를 키우기 어렵다는 것을, 두 아이를 통해 이미 잘 알고 있었다. 육아의 무게를 나눌 수 없었던 남편에 셋째까지 감당할 자신이 없었다.

결혼 후 처음으로 남편과 깊은 대화를 나눴다. 뱃속에 품은 아이의 이야기로 시작한 대화는 온데간데없이 마음속에 쌓아두었던 불만을 쏟아냈다. 겉으로는 아무런 문제가 없어 보였던 상황에서 갑작스럽게 감정이 터져 나왔다. 남편은 끝까지 아이를 포기하지 말자며 앞으로 변할 테니 지켜봐달라고 했다. 그 말에 흔들린 건 사실이지만 기다려 줄 여유가 내게는 없었다. 그리고 남편이 변하지 않을 거라 단정 지었다. 외벌이인 것을 생각하면 현실적인 부분도 무시할 수 없었다. 이미 내 곁에는 돌봐야 할 아이들이 둘이나 있어 벅찰 것 같았다. 이 아이들에게 더 온전히 마음을 쏟기로 했다. 결국, 나의 선택으로 우리에게 찾아온 아이를 품지 못했다. 마음이 한없이 무거웠다. 내 뜻을 존중해 준 남편이 고맙고 또 미안했다.

"아이를 보내는 것도 용기가 필요해."

지인이 건넨 위로의 말이 마음에 와닿지 않았다. 시간이 지나며 머리로는 이해했지만, 마음 한구석 어딘가에 상처로 남았다. 한동안은 길을 가다 또래 아이를 보면 마음이 저렸다. 밤이 되면 술에 취해 울기도 했다. 그때는 그것이 유일한 방법이라 생각했다. 그렇게 가슴에 묻었다.

남편을 믿고 방법을 찾아볼 생각을 못 했던 것이 못내 아쉬웠다. 말보다는 행동으로 아이들에게 본보기를 보여주는 지금의 남편에게 예전의 초보 아빠 모습은 보이지 않는다. 아빠의 역할을 훌륭히 해내고 있다. 이제는 나보다도 아이들을 더 능숙하게 다룬다. 내가 엄마라는 자리에 익숙해졌듯 남편도 아빠라는 자리에 익숙해졌기 때문일 테다. 시간이 해결해 주리라는 것을 그때는 왜 알지 못했을까. 하지만 그때의 결정을 후회하지 않는다. 품어주지 못한 아이에게 부끄럽지 않으려 더욱 삶에 최선을 다했기 때문이다. 남은 삶의 무게를 더 단단히 끌어안고, 오늘 내게 주어진 하루를 충실히 살아가고 있다.

아이는 나를 더 나은 사람으로 성장시켜 주는 존재다. 그렇게 우리는 부모로서 한 걸음씩 단단해져 갔고, 다시 나를 돌아보게 됐다. 부모라는 그늘 아래, 온실 속 화초처럼 자랐던 나는 사랑하는 사람을 만나 빛났던 순간도 있었고, 찾아온 '우주'를 품에 안는 벅찬 감동의 순간도 있었다. 엄마가 되고서야 알게 된 행복도 많지만, 엄마가 처음이라 어려운 것도 여전히 많다. 시간이 흐를수록 아이는 선명하게 자라났지만, 나는 점점 희미해져 갔다. 그리고 내게 찾아온 또 하나의 상실의 슬픔 속에서 멈췄다. 하지만 그 상태에서 계속 머무를 수는 없었다. 가족을 위해서도 나를 위해서도 벗어나야 했다. 나와 아이들을 위해 잃어버린 나를 되찾아야겠다는 작은 결심이 생겼다.

"가장 어두운 밤이 지나야 새벽이 온다."
이제 어둠을 뒤로하고, 내 안의 빛을 향해 나아가려 한다.

2

치유의 새벽,
회복 속의 나

"나는 먼저 나 자신이 되어야 한다. 그래야 좋은 엄마도, 아내도 될 수 있다."

- 버지니아 울프

나는 그야말로 '올빼미족'이었다. 어렸을 때부터 호프집을 운영하시는 부모님 밑에서 자라 우리 가족의 아침 식사는 정오쯤이었다. 자정은 초저녁처럼 생활했고, 새벽이 되어서야 잠이 들었다. 결혼한 뒤에도 크게 달라지지는 않았다. 그러나 아이가 태어나고 어린이집에 보내기 시작하면서 그 리듬을 바꿔야만 했다. 하지만 30년 넘게 몸에 밴 올빼미 같은 생활 방식을 하루아침에 바꾸기는 쉽지 않았다. 아침 8시에 눈을 뜨는 것도 힘들어 버스가 올 시간에 맞춰 간신히 아이를 보내기 일쑤였다. 아침밥은커녕 지각을 면하면 다행이었다.

아이들이 잠들고 나면 하루 중 가장 조용하고 편안한 시간이 돌아왔다. 그 시간은 주로 남편과 둘이 앉아 조촐한 술상을 두고 소소한 대화를 나눴다. 그 순간이 우리 부부에게는 작은 위로이자 쉼표의 시간이었다. 우리는 애주가지만 교육상 아이들 앞에서는 자제해야 했기에 더욱 절실히 그 시간만을 기다렸다. 특별한 것 없이 반복되는 일상이었지만, 내일을 살아갈 힘을 얻는 힐링의 시간이었다. 그렇게 우리 둘만의 파티는 늘 자정 즈음 시작했고, 하루를 보상받듯 맥주를 마시다 보면 어느새 새벽 2시가 되었다. 남편이 잠든 뒤에는 온전히 나만의 시간이 주어졌다. 그렇게 새벽까지 혼자만의 시간을 즐겼다.

결국, 새벽에 잠들어 늦게 일어났고, 분주한 아침으로 이어지는 악순환이 반복됐다. 나의 하루는 아이들의 등원과 하원, 식사 준비와 집안일로 정신없이 흘러갔다. 엄마로서, 아내로서 역할에 충실한 하루를 바쁘게 보냈다. 하지만 낮 동안 어디에도 나를 위한 시간은 없었다. 분명 쉬는 시간도 있지만, 마음 한편엔 자꾸만 허전함이 밀려왔다. 그 공허함은 점점 무게를 더해갔다. 더는 이렇게 흘려보낼 수 없겠다는 생각이 들었고, 변화가 필요했다.

첫째가 초등학교에 입학한 2022년 3월, 우연히 학부모 독서 모임에 참여했다. 한 달 뒤에 첫 번째 모임이 있었고, 코로나 시기라 비대면 '줌(Zoom)'으로 만났다. "자신의 모습을 무엇에 비유할 수 있나요?"라는 그리 특별하지 않은 질문에 한 사람씩 돌아가며 대답했다. 긴장하며 순서를 기다리는 동안 어느새 내 차례가 되었다. 나의 대답은 '이제 막 단단한 땅을 뚫고 올라오는 새싹'이었다. 그러고는 더는 말을 이을 수 없었다. 눈물이 앞을 가려 세상이 뿌옇게 보였다. 함께한 '책벗'들의 '괜찮아요. 울지 마세요.'라는 위로가 이어졌다. 너무나 당황스럽고 민망했다. 이유도 모른 채 하염없이 눈물이 흘렀다. 그날 이후 그 이유에 대해 깊이 생각해 봤다. 이제는 그 이유를 설명할 수 있다.

  무언가가 되려고 애쓰지 않더라도, '나'라는 존재 자체만으로 이미 충분하다는 사실을 잊고 살았다. 결혼하고서는 좋은 아내가 되기 위해, 아이를 낳고서는 좋은 엄마가 되기 위해 부단히도 애썼다. 그렇게 오랜 시간 동안 누군가를 위한 삶을 살면서 정작 '나'라는 사람은 잃어 갔다. 무엇을 좋아했고, 어떤 것을 싫어했는지도 기억나지 않았다. 남편과 아이들이 늘 우선이었다. 그게 행복한 삶이라 믿고 살았다. 하지만 나를 위해서는 어떤 노력과 사랑을 줬는지 쉽게 대답하지 못했다. 짧은 시간이었지만 독서를 통해 스스로 작은 격려나 보상을 준 적도 없다는 사실을 깨달았다. 술에만 의지했던 나와 달리 독서 모임의 그들은 모두 빛나 보였다.

  내 나이 38살에 처음으로 독서 모임에 참여하고, 책을 읽기 시작했다. 그때 읽은 책 중 최정윤 작가의 『엄마를 위한 미라클 모닝』 때문에 새벽 기상을 결심했다. 첫 목표 시간은 7시로 정했다. 처음에는 알람 소리를 듣고도 일어나는 게 힘들었다. 하지만 무음으로 설정된 단체 카톡 방을 가득 채우는 '책벗'들의 새벽 인증 사진이 나를 깨웠다. 유일한 나의 독서 공간인 식탁에 앉게 했고, 책을 읽게 했다. 그렇게 점차 알람이 없이도 목표한 시간에 일어났고, 점점 익숙해졌다.

  나의 새벽은 물 한 잔으로 시작한다. 하늘을 보며 짧은 명상을 하는 동안 커피를 내리거나 차를 우린다. 조용한 가야금 연주를 켜두고 독서

대에 읽을 책을 올려두고 그 장면을 타임스탬프로 기록한다.

솔직히 처음에는 새벽에 일어나 책을 읽는 재미보다 함께 아침을 시작하는 '책벗'이 있어서 좋았다. 늦은 나이에 독서를 시작했다는 것도 좋았고, 아이들과 같은 학교의 학부모라는 공통점이 좋았다. 아이들이 아직 잠들어 있는 고요한 새벽에서야 비로소 맞이한 나만의 시간 속에서 책 읽는 즐거움이 우리를 새벽에 모이게 했다.

6시, 5시, 4시. 조금이라도 새벽 시간을 확보하기 위해 기상 시간을 점점 앞당겼다. 새벽 4시. 이 시간에 잠든 적은 있어도 일어난 것은 처음이었다. 그것도 책을 읽기 위해 졸린 눈을 비벼가며 스스로 일어나는 일은 입시 준비를 하던 고3 때도 없었던 일이다. 혼자인 듯 함께인 새벽, 각자의 공간에서 책을 읽고 있는 '책벗' 덕분에 나는 나만의 새벽을 채워나갔다.

각자의 책상을 비춘 사진으로 함께하던 '책벗'은 일출 시간이 빨라지자 직접 만나기 시작했다. 아침 공기를 마시며 놀이터 벤치에 모여앉아 함께 읽은 책으로 이야기를 나눴다. 처음에는 책만 들고나와 이야기를 나눴지만, 나중엔 따뜻한 차와 간식도 들고나와 책 이야기를 나눴다. 소풍을 나온 듯, 모두 들떠 아침부터 즐거움이 가득했다.

같은 책을 읽고, 생각하고, 그 생각을 나눌 수 있는 사람이 있다는 사실은 큰 힘이 됐다. 혼자만 읽었다면 몇 페이지를 못 넘기고 책장을 덮었을지도 모른다. 하지만 함께라서 완독할 수 있었다. 같은 구절을 읽었어도 받아들이는 감정과 눈여겨본 부분은 모두 달랐다. "너는 그렇게 느겼어? 나는 이렇게 생각했는데!"라며 서로의 생각을 주고받으며 내 사고가 넓어졌다. 자연스레 서로에 대해서도 깊이 알게 됐다. 추워진 날씨에 잠시 쉬었지만, 새벽 책벙(책을 읽기 위해 만난 번개 모임)이 그립다. 다시 시작하기를 기대하고 있다.

  지금은 이사하였거나, 워킹맘이 된 '책벗'도 있고, 독서 모임을 떠난 '책벗'도 있다. 그럼에도 우리는 여전히 새벽을 함께하고 있다. 비대면으로 방식이 바뀌었지만, 지금 함께하는 새벽도 참 좋다. '책벗'과 함께 시작하는 새벽은 단순히 책을 읽는 시간이 아니다. 미처 알지 못했던 나를 마주하는 감사한 시간이다.

  새벽에 만난 책들은 나를 완전히 새로운 세계로 이끌었다. 책은 또 다른 책으로 끊임없이 연결됐고, 술을 사 모으는 재미만큼 책을 사 모으는 재미에 빠졌다. 아이들 책이 가득했던 책장은 점점 나의 책으로 채워졌다. 책을 읽으며 예전에 몰랐던 나를 알아갔다. 그렇게 알게 된 '나'는 낯설지만, 반가웠다. 어떤 책은 잊고 있던 어린 시절의 기억을 불쑥 떠올리게 했다. 까맣게 잊고 지냈던 추억이 책 속의 문장을 통해 되살아났다. 같은 상황도 전혀 다른 시선으로 해석해 낸 작가의 통찰력과 표현에 머리를 한 대 맞은 듯한 깨달음을 얻는 순간도 있다. 그런 발견이 책과의 거리를 좁혀주었다. 책은 더 이상 낯선 존재가 아니다.

  독서의 재미에 완전히 빠졌을 무렵부터 새로운 습관이 생겼다. 어디를 가든 책을 들고 다녔고, 잠깐의 틈만 나도 책을 펼쳤다. 장소는 중요하지 않았다. 단 5분이라도 책을 읽는 것이 좋았고, 한 구절이라도 읽는 것이 즐거웠다. 그렇게 틈새 독서를 즐기다 나만의 독서 시간이 주어졌을 때는 그저 감사했다. 아무에게도 방해받지 않고 책에 몰입할 수 있는 시간 자체가 큰 기쁨이었다.

새벽을 나만의 시간으로 바꾼 건 살아오면서 가장 잘한 일 중 하나였다. 함께 하는 '책벗'도 자신만의 새벽을 사랑한다. 나 역시 그렇다. 마치 신세계를 만난 기분이었다. 낮 동안에 울리는 수많은 메시지와 앱의 알림, 전화로부터 해방되는 새벽. 모두가 잠든 시간, 오직 식탁 위 책을 비추는 작은 스탠드 불빛 아래에 앉으면 주변의 집안일조차 시야에서 사라진다. 오롯이 나에게 몰입한다. 이른 기상 덕분에 아이들과 함께 잠든다. 그렇게 나의 일상은 규칙적으로 점차 안정감을 찾아갔다.

무엇보다 달라진 건 삶을 대하는 나의 태도다. 예전에는 쏟아지는 집안일을 겨우 해내며, 하루를 버텼다. 하루의 끝은 늘 맥주 한 캔과 함께였다. 하지만 책을 읽기 시작한 이후로는 달라졌다. 단지 읽는데 그치지 않고, 그 안에서 얻은 깨달음을 삶에 적용해 보기 시작했다. 책 한 권 읽지 않던 삶에서 1년에 90권의 책을 읽었다. '책벗'과 육아 강연이나 작가의 북 토크를 찾아가기도 했다. 재능 기부를 해주는 '책벗' 예화님 덕분에 중국어도 배웠다. 이후에 이탈리아어나 일본어, 영어 등 외국어 공부를 다시 시작하는 계기가 됐다. 한 '책벗'의 제안으로 새벽 산책도 시작했다. 산책으로 시작한 부지런함으로 아이들을 돌보는 것만으로도 벅찼던 삶 속에서, 텃밭 농작물까지 가꾸기 시작했다. 1인 1도전을 하자는 제안으로 이사를 오며 잠시 쉬었던 헬스도 다시 시작했다. 운동 덕분에 활력이 넘쳤다. 밥맛도 좋아지고 밤에는 잠도 잘 왔다. 활력 넘치는 내 모습이 너무 좋았다.

글을 따라 써보고, 마음에 와닿는 문장을 노트에 옮겨 적으며, 작은 것부터 실천해 봤다. 오늘 할 일의 우선순위를 정하는 '아이비 리 6 법칙'으로 하루를 계획적으로 보냈다. 김민식 작가의 『매일 아침 써봤니?』를 읽고 블로그도 시작했다. '책벗' 지은님의 제안으로 감사 일기도 3년 넘게 꾸준히 썼다. 책에서 깨달음을 주었던 좋은 문장들은 메모지에 적어 식탁 옆이나 냉장고에 붙여두고 자주 들여다봤다. 하루를 수동적으로 견뎌내던 내가 아니라, 오늘을 어떻게 살아갈지 계획하고 움직이는 주도적인 나로 바뀌었다. 이제는 삶의 방향을 스스로 정하고, 그 길을 걸어가고 있다.

모든 것을 누가 시켜서 한 것이 아니다. 오로지 나의 의지로, 나의 힘으로 이뤄냈다. 그 힘은 정말 신비로웠다. 누군가가 시켰다면, 분명 한 가지도 제대로 즐기지 못했을 것이다. 스스로 선택한 일을 하면서 행복을 되찾았다.

아이들은 학교에, 남편은 회사에 간 시간. 누구에게나 공평하게 주어진 하루를 온전히 내 것으로 만들기 위해 하루를 꽉 채워 사용한다. 거창하게 시작할 필요가 없다. 작은 일에서 시작한 반복된 성취감이 쌓이면 자기 효능감을 키운다. 이는 곧 자신에 대한 존중으로 이어진다. 자신을 존중하고 아끼는 태도가 내면에 자리 잡자, 삶을 바라보는 시선 또한 한층 깊어졌다.

그렇게 독서는 내게 단순한 여가가 아닌, 내면을 치유하고 회복하는 소중한 시간이 됐다. 매일 조금씩 자신을 돌보며 지금도 이 순간을 온전히 살아가고 있다.

3

빛나는 아침,
성장 속의 나

"갑상선 암입니다."

2023년 11월 중순, 건강검진을 받았다. 매년 받아오던 의례적인 검사다. 언제나처럼 아무 걱정 없이 문진표를 작성했다. 평소 건강에는 걱정이 없었다. 특별한 가족력도 '없음'이라는 항목은 감사하다는 말이 입 밖으로 절로 나오게 했다.

그러나 한 달 뒤 추가 검사가 필요하다는 결과를 받았다. '별일 아니겠지.' 대수롭지 않게 생각하려 했지만, 걱정됐다. 무엇이 문제인지 몰라 더 불안했다. 하지만 할 수 있는 건 아무것도 없었다. 결과가 어떻든 확실해지기 전까지는 남편을 제외한 누구에게도 말하지 않았다. 재검사를 받고 일주일 뒤, 청천벽력 같은 결과를 듣게 됐다.

갑상선암이라는 진단을 받은 순간부터 영화에서처럼 '삐—' 하는 이명이 들렸다. '내가 왜? 왜 나에게 암이라는 병이 찾아왔을까?' 가장 먼저 남편이 떠올랐다. 늘 곁에서 희로애락을 함께 한 소중한 사람인데, 어쩌면 우리에게 더는 함께할 시간이 없는 건 아닐까 두려웠다. 두 번째로 생각나는 건 아이들이었다. 앞으로 우리 아이들은 문진표에 가족력으로 '암'을 표시하게 되겠구나. 아이들에게 가족력을 물려주게 되었다는 사실이 미안하고 슬펐다. 건강하게 낳아준 자식에게 암이라는 병이 찾아온 것에 부모님이 얼마나 가슴 아파할지 그것 역시 생각만 해도 눈물이 났다.

초등학교 때 육상을 시작해 늘 운동을 했다. 타고난 운동신경이 좋았고, 체력만큼은 자신 있었다. 무엇을 해도 노력하는 것에 비해 쉽게 좋은 결과를 얻었다. 그래서 운동만큼은 자신 있었고, 건강 걱정을 해본 적이 없었다.

그랬던 내가 암이라니, 믿을 수 없었다. 암이라는 검사 결과를 문자로 남편에게 전했다. 도저히 전화 통화로 직접 전달할 자신이 없었다. 문자를 보내며 집으로 돌아오는 버스에서 소리 없이 울었다.

다행히 암은 극 초기였다. 하지만 위치가 좋지 않아 빨리 수술을 해야 한다고 했다. 기도에 가까이 자리 잡은 탓에 지체하다가는 암이 기도를 타고 온몸으로 퍼질 가능성이 있다고 했다. 살면서 한 번도 죽음이라는 것을 가까이 생각해 본 경험이 없었다. 처음으로 죽음이라는 것에 대해 구체적으로 생각했다. 그만큼 두려움과 불안감이 내 모든 것을 지배해 갔다.

'왜 나에게 이런 병이 찾아왔을까?' 머릿속은 답도 없는 질문으로 가득했다. '올빼미 생활'에서 안 하던 새벽 기상으로 바뀐 루틴이 문제일까?

하루가 멀다고 즐겼던 술이 문제일까? 아무리 생각해 봐도 뭐가 문제인지 알 수 없었다. 그러다 문득, 첫째를 낳은 뒤 갑상선 항진증을 겪은 기억이 떠올랐다. 그때는 아파서 그런 줄도 모르고 출산으로 찐 살이 빠졌다며 속없이 좋아했었는데. 그 일이 암과 연결된 건 아닌지, 진작 내 몸을 더 돌보지 못한 것에 대한 후회가 들었다.

시간만 흘러갈 뿐, 걱정한다고 달라지는 건 없었다. 더 고민하지 않고 바로 남편과 아이들에게 몸 상태를 알렸다. 아직 어린아이들은 암이 얼마나 무서운 병인지도 몰랐다. 그냥 '엄마 몸에 안 좋은 게 생겨서 수술해야 하는구나.'라고 생각하는 정도였다. "한동안 엄마가 스트레스받지 않게 무엇이든지 스스로 잘해야 한다."라며 남편이 말했다. 남편의 말에 아이들은 심각성을 모른 채 고개를 끄덕였다.

부모님과 동생들에게도 아이들을 맡겨야 했기에 소식을 전했다. 안고 있는 폭탄을 가족에게 건네준 것 같아 마음이 아팠다. 하지만 아픈 내 몸을 위해 작은 스트레스도 받고 싶지 않았다.

소식을 들은 이후로 엄마는 밤마다 잠을 못 자고, 종일 한숨과 눈물로 지냈다고 한다. 소식을 전하며 부모님께 큰 불효를 하는 것 같은 생각이 들었지만, 어쩔 수 없었다. 나도 자식을 키우는 처지에서 내 자식이 아픈 것을 숨기고 큰 수술을 받는다 생각하면 그것이 더 큰 불효일 거라는 생각이 들었다. 그렇게 나는 내 병을 알렸다.

암이라는 사실을 알고서 일주일 동안은 제정신이 아니었다. 하루에도 몇 번씩 마음이 오락가락했다. '많고 많은 병중에 왜 하필 암일까?' 싶어 우울했다. 그러다가도 마음 한편으로는 '초기에 발견해서 다행이다.'라고 생각했다. 그러나 누군가에게 '갑상선암은 암도 아니래. 오죽하면 착한 암이라고 하잖아?'라는 말을 들으면 울컥 화가 솟았다. 그러면서도 '그래도 이건 완치율도 생존율도 높은 암이잖아.'라며 스스로 위안했다.

또다시 '왜 하필 나에게…'라는 생각에 슬펐다. 아이들에게 몹쓸 것을 물려주는 것 같아 미안했다. 그러다 문득, '아니야. 아이들에게 건강한 생활습관을 알려줄 기회야. 이것도 엄마인 내가 해야 할 일이잖아.'라며 애써 생각을 바로잡았다. 늘 끝에는 '그래, 이번 기회에 건강을 챙기라는 하늘의 뜻이겠지.'라는 말로 자신을 위로했다. 그렇게 온종일 머릿속은 극과 극의 감정들로 어지러웠다.

일주일쯤 지나자 혼란스러웠던 감정도 조금씩 가라앉았다. 그저 시간이 지나서만은 아니었다. 그동안 쌓아온 독서의 힘, 내면을 단단히 다져온 시간이 지탱해 주고 있었다. 위기는 기회라고들 하지 않는가. 마음속에 긍정적인 생각이 자라나고 있었다. 여러 자기계발서 책에서 읽은 "미래를 뚜렷하게 떠올려보라."라는 문장이 문득 떠올랐다. 암을 이겨내고 건강하게 살아가는 미래의 모습이 또렷하게 그려졌다. 건강한 모습을 상상하자 두려움과 걱정은 서서히 옅어졌다. 분명 더 건강하고 행복한 삶을 살아가리라는 기대와 확신으로 바뀌었다. 오랜 시간 써온 감사 일기도 빛을 발했다. 평범하고 소소한 일에서도 감사함을 찾아내고, 결코 감사하지 않은 상황에서조차도 감사함을 찾아냈듯이. 오히려 암에 걸린 것이 건강에 대해 돌아볼 기회를 얻은 거라 감사하며 스스로 다독였다.

해가 바뀌고 2월, 대학병원 간호사 동생 덕분에 아이들이 개학하기 전 수술 날짜를 잡았다. 수술을 위해 입원한 동안에도 손에서 책을 놓지 않았다. 병원에서 읽은 책들은 수술을 앞두고 불안했던 나의 마음을 다시 한번 더 단단히 붙잡아 주었다. 감사하게도 수술을 잘 받고, 내 몸에 더는 암 덩어리는 없다. 한동안 호르몬 약을 처방받아 먹어야 하지만, 평생 먹는 건 아니라고 해서 그것도 감사한 일이다. 태어나 처음으로 받은 큰 수술이다. 그만큼 큰 탈 없이 무난하게 살아왔던 삶이라 또 감사해했다.

"건강한 신체에서 건강한 정신이 깃든다."라는 격언이 있다. 큰일을 겪고 난 이후로 건강에 대해 큰 중요성을 깨달았다. 삶의 우선순위도 건강으로 바뀌었다. 이전에는 나와 가족, 주변 사람의 '행복'이 중요했었다면, 지금은 아니다. 내가 건강해야 행복할 수 있고, 진정으로 주변의 행복도 꿈꿀 수 있다는 것을 알게 됐다. 그래서 운동을 1순위에 두게 됐다. 다시는 차가운 수술대 위에 눕는 경험을 하고 싶지 않다는 바람으로.

이번 일로 일상에 작은 변화들이 일어났다.
첫 번째로 부부가 함께 운동이라는 취미가 생겼다. 애주가로 많은 시간을 술과 함께했던 우리 부부가 운동하며 보내는 시간이 늘어났다. 같은 취미를 갖고 서로 선한 영향력을 나눈다. 혼자보다 둘이 하니 지루하지도 않다. 달라져 가는 모습을 응원하며 용기를 북돋아 준다. 운동 자세를 봐주기도 하고 관련 정보도 공유한다. 무엇보다 함께 있는 시간이 늘어나 좋다.

두 번째로 식단을 바꿨다. 야식과 술로 함께했던 자극적인 음식 대신 건강 식단으로 바꿨다. 혼자 했다면, 따로 식사를 준비하기도 쉽지 않았을 것이다. 고맙게도 남편은 자발적으로 금주를 했고, 덕분에 음식에 대한 유혹과 스트레스도 줄었다. 식단을 바꾸자 자연스레 아이들에게도 균형 잡힌 식단으로 챙겨줄 수 있게 됐다.

세 번째로 건강과 자신감을 얻었다. 운동은 늘 해왔지만, 먹고 싶은 건 먹었다. 그러다 보니 체중이 줄지 않고 유지만 됐다. 하지만 운동과 식단을 병행하니 건강하게 살이 빠지고 있다. 정기적으로 체성분을 확인한다. 체지방이 줄고 근육량이 늘어가는 것을 보는 재미가 쏠쏠하다. 작아졌던 옷이 들어가는 희열도 느낀다. 운동복을 입었을 때 군살 없는 내 모습이 좋다. 주변에서 보기 좋다는 칭찬을 들으니 자신감이 차오른다.

네 번째로 목표가 생겼다. 남편의 권유로 혼자 하던 운동 대신 큰돈을 들여 각자 일대일 PT 수업을 듣고 있다. 몇 개월 동안 꾸준히 운동하며 체력을 키우는 중이다. 현재는 가장 건강한 몸을 사진으로 남기려 보디 프로필도 준비하고 있다. 달라질 나의 모습이 기대된다. 부모는 아이의 거울이다. 부모가 열심히 운동하며 건강을 중요시하는 모습이 아이들에게 자연스럽게 각인될 수 있도록 하여 건강한 삶을 살아가는 데 영향을 주고 싶다.

무언가를 잃어보았던 사람만이 그 소중함의 가치를 알 수 있다. 나에게는 건강이 그렇다. 아프지 않을 때는 모른다. 하다못해 작은 손가락 하나만 불편해도 그 손가락이 얼마나 중요하고 많은 일을 해왔는지 알게 된다. 약이나 치료를 통해 원래대로 회복할 수 있으면 다행이다.

하지만 그렇지 않을 때는 오롯이 본인이 감내하며 살아야 한다. 그것은 나의 불행만으로 끝나지 않는다. 내 곁의 가족도 고통을 함께 짊어지게 된다. 옆에 소중한 것이 있어도 잃기 전에는 소중함의 깊이를 알 수 없다. 그렇기에 내게 소중한 것이 무엇인지, 잃기 전에 마음 깊이 들여다봐야 한다.

지금의 변화는 나를 위해 시작했지만, 가족 전체로 긍정의 변화를 가져왔다. 크고 작은 일을 겪으며 몸과 마음이 성장했고, 무엇보다 나를 돌보고 사랑하는 법을 배웠다. 특별한 것이 아니어도 평범한 일상이 소중하다는 것도 알게 됐다. 바람이 있다면 앞으로도 건강을 잘 지키며 지금처럼 나답게 살아가고 싶다.

모든 변화의 시작점에는 '책'이 있었다. 몸이 아프기 전, 마음이 지쳤을 때 가장 먼저 찾은 것도 책이다. 책 속에는 비슷한 아픔을 겪고도 꿋꿋이 일어선 이들의 이야기가 있고, 나를 다잡을 지혜와 위로의 문장이 있다. 무너질까 두려워 주저앉고 싶을 때, 다시 한 걸음 나아갈 용기를 준다. 단단한 마음을 기르고 일상을 돌아보는 힘도 독서에서 비롯됐다. 누군가에게는 한 권의 책이, 한 문장이, 삶을 바꾸는 전환점이 된다. 평범한 일상 속에 깃든 소중함을 알아가며 살아가는 지금, 여전히 책을 통해 나를 돌보고 성장하고 있다. 그렇게 또 하루, 새벽을 깨우고 빛나는 아침을 맞이하며 나는 오늘을 살아간다.

10장

「다독의 변화」
책 한 권, 인생 한 걸음

김선경

나에게 다독다독이란?

독서는 머리를 깨우고,
다독은 생각에 깊이를 더한다.

ём # 1

육아서 때문에
책과 담을 쌓았다

　나는 인생을 결혼 전과 결혼 후로 구분했다. 그동안 큰 굴곡이 없는 삶을 살았기 때문일까? 나는 단순하게도 인생을 둘로 나눴다.
　마치 나무의 꽃이 피기 전과 후의 삶처럼 말이다.

　20대의 어린 나이에 제2의 인생을 시작했다. 뭐가 그렇게 좋았을까? 나의 두 번째 인생은 마냥 재미있고 행복했다. 그러나 별다른 걱정 없이 행복한 우리에게도 고민이 하나 생겼다. 바로, '아이'였다.
　삶은 우리가 바라는 만큼 모든 것을 쉽게 내어주지 않았고, 나는 아이를 기다리는 시간만큼 고통의 나날을 보냈다. 그리고 깨달았다. 생명이 세상에 태어나는 것은 내 의지로 되는 일이 아니라는 것을 그제서야 알게 됐다. 수많은 아픔과 좌절 속에서 맛본 내 인생에서 느낀 쓴맛! '세상살이 다 내 뜻대로 되지 않는다.'라는 것을 뼈저리게 느꼈다.
　나의 바람은, 삼신할머니의 뜻이 있어서 쉽게 이뤄지지 못했을까? 아마도 내게 아이의 귀중함을 깨닫게 하려는 것이었을지도 모른다. 내가 아이를 쉽게 가지면 그만큼 가벼이 생각할까 봐, 간절히 바라는 마음이 큰 만큼 아이를 소중하게 여길 수 있도록 인내의 시간을 주는 것 같았다. 마음고생을 한 만큼 아이를 더욱 소중히 여기라는 뜻이라고 생각하며 기다렸다.

1년, 2년, 3년…. 그리고 5년.

이쯤 되니 무심한 하늘도 나의 고통이 충분하다고 생각했을까? 결국 고난의 시간을 견뎌냈고, 그토록 바라던 아이가 찾아왔다.

기어이 어린 나무는 무성한 잎을 펼치고 꽃을 피웠으며, 긴 인내의 시간을 지나 탐스러운 열매를 맺었다. 행복했고 설렜다. 그리고 마음 깊이 감사했다. 한 번의 아픔을 지나 찾아온 아이는, 더욱더 귀하고 소중했다. 마침내 하늘은 내가 아이를 맞을 준비가 되었다고 여긴 듯했다.

어려웠던 임신과 출산의 고비를 겪으며 우여곡절 끝에 첫아이를 낳았다. 글을 쓰는 지금, 이 순간에도 그날의 일은 생생하게 기억난다. "응애~ 응애~~" 하며 우는 아기의 울음소리. 분명 울음소리지만 슬프지 않았다. 아기의 첫 울음소리는 단순한 울음이 아니라, 새로운 시작을 알리는 희망의 소리 같았다. 살면서 한 번도 경험하지 못했던 깊은 기쁨과 감동에 가슴이 먹먹했다.

보살핌만 받았던 어린 나무는 작고 소중한 열매를 위해 따뜻한 햇볕과 시원한 물줄기, 그리고 살랑이는 바람을 더해 세심하게 보살폈다. 열 달 동안 정성스럽게 품어온 열매는 마침내 우리 가족이 되었다.

인내심과 감동을 알게 된 나의 두 번째 인생은 행복했지만 결코 만만

하지는 않았다.

　출산 후 겪는 상황은 내가 살아오며 겪었던 경험과 많은 것이 달랐다. 오랜 시간을 기다려 내게 온 아이인데, 책임감이라는 무게는 아이를 통해서 얻은 행복만큼이나 상상할 수 없는 고난의 시작이었다.

　기다림의 시간을 견디며 어렵게 가진 아이. 소중함을 안고 태어난 아이인데, '엄마'라는 이름은 생각보다 무겁고 어려웠다. 막상 아이를 품에 안고 나니, 내가 꿈꾸던 순간과 현실은 달랐다. 그래서 여전히 미안하다.

　인생이 결혼 전과 후의 두 분류로 나뉜다고 생각한 것도 잘못된 판단이었다. 이 순간만큼은 내 인생이 출산 전과 후로 나누어진 것 같았다. 부모라는 이름은 그 무게만큼 나를 변하게 했다. 문득, '나의 부모님도 그러했을까?'라는 생각에 가슴이 뭉클하다.

　귀하게 맺은 열매를 내가 힘들다고 투정하며 흘려보낼 수는 없었다. 한 생명을 잘 돌봐야 한다는 막중한 책임감을 안고 지푸라기라도 잡는 심정으로 수많은 방법을 찾아 헤맸다. 힘이 들 때면 육아서에서 배운 대로 아이를 돌봤지만, 나는 육아서를 읽을수록 더 힘들었다.

　'내 아이는 왜 책과 다르지?', '뭐가 문제일까?', '내 아이가 문제인가?', '내가 문제인가?' 아이를 갖기 전에도 수많은 고민이 있었지만, 막상 아이를 품에 안고 난 후에는 예상하지 못한 또 다른 시련이 찾아왔다.

　책과 다른 상황을 자주 마주하며 혼란은 커졌고, 그릇된 판단으로 아이와 나는 점점 수렁에 빠지고 있었다. 결국 아이와 나, 우리 가족 모두가 불안을 겪으며 가정의 분위기는 달라졌다. 우리는 힘든 이유와 해결 방법을 모르기에 깊은 고민에 빠졌다.

엄마가 되어서야, 세상이 뜻대로 흘러가지 않는다는 것을 알았다. 이제야 진정한 '제2의 인생'이 시작됐다. 엄마는 책임감과 함께 참을성이 필요했고, 공감 능력 또한 요구되었다. 동시에 다양한 감정과 감동을 느꼈다. 그리고 생각했다. '세상에는 단 한 사람도 똑같은 사람이 없지!', '내 아이를 책 속 기준에 맞춰 바라보고 판단했으니 서로가 더 힘들 수밖에!' 그제야 나의 기준이 잘못되었음을 알았다. 이제는 우리 관계를 책으로 풀어갈 수 없다는 것을 알고, 나는 더 이상 책을 보지 않았다.
기댈 곳 없어진 어린 나무의 잎은 거센 바람에 흔들리듯 요동쳤다. '잘했다, 잘못했다'를 반복했으며 고민은 내 마음의 어둠과 같이 끝이 보이지 않았다. 책과의 단절은 내게 많은 불안감을 줬다. 하지만 아이와의 관계를 위해 독이 된다고 느낀 책을 다시 펼쳐보지는 않았다. 여전히 불안감을 안고, 그렇게 나는 책과 담을 쌓았다.

그 후, 아이와 무언가를 하거나 결정할 때마다 바른길로 가고 있는지에 대한 고민은 매일, 매 순간 이어졌다. 삶의 경험이 부족했기에 또래 엄마들의 이야기에 귀를 기울였지만, 우리 가족에게는 직접적인 도움이 되지 않았다. 그럼에도 불구하고, 아이가 바르게 자라길 바라는 마음만큼은 변함이 없었다. 다만, 그 길을 찾지 못해 나는 여전히 방황하고 있었다.

길을 찾아 헤매는 동안, 나의 불안을 조금이나마 해소할 수 있는 방법을 찾았다. 바로 오은영 박사의 육아 관련 프로그램이다. 방송을 보며 책과는 다른, 내 아이에게 맞는 방법을 찾아가기 시작했다. 조금 더 정확히 말하자면 나만의 육아 방식이다.

방송을 통해 여러 아이의 상황과 그에 따른 대처, 그리고 다양한 양육 방법을 보며 깨달았다. 결국 육아에서 중요한 것은 양육자의 흔들리지 않는 기준을 세우는 것이다.

부모는 아이의 바른길을 위해 기초를 새로 다지고 만들어야 한다. 그러나 바른길로 나아가기 위한 육아의 과정은 결코 쉽지 않다. 그래서 다양한 육아법을 방송으로 접하며 '이건 이렇게 해야 하는구나!', '아, 내가 잘못하고 있었네!' 그리고 '그래, 나 잘하고 있구나!'를 느끼며 깨달았다. 때로는 스스로를 질책하고, 때로는 나 자신을 다독이며 칭찬도 했다. 그렇게 우리 가족은 함께 바른길을 만들어 가고 있다.

인생에는 답이 없다. 그리고 나는 겁이 많은 엄마라서, 늘 마음속에 동그라미와 엑스표를 수없이 그린다. 공식은 있지만, 그 방식은 각자 다르고, 정답도 오답도 존재하지 않는다. 그래서 고민은 깊어지고, 마음은 더욱 힘들다.

바른길을 다지려 애쓰던 몇 년의 시간이 흘러, 아이들은 어느덧 초등학생이 되었다. 이쯤 되니 육아에 있어서 여유가 조금 생긴 것 같았다. 마음의 여유가 생기며, 나만의 시간을 찾기 시작했고, 그 시간을 의미

있게 보내기 위해 고민했다. 그 고민의 시작은 바로 '돈'에 대한 공부였다. 공부를 하려면 책을 읽어야했다. 그래서 나는 한때 담을 쌓았던 책을 한 권씩 꺼내기 시작했다.

다시 시작한 독서는 쉽지 않았고, 책 읽기가 여전히 막막했다. '어떻게 하면 좋을까?' 이런 고민을 하고 있던 찰나, 아이가 다니는 초등학교에서 독서 모임을 한다는 학교 공지 글을 봤다. 망설였지만 아이의 담임 선생님이 모임 담당자였기에 편한 마음으로 신청했다. 첫 모임은 '줌(Zoom)'으로 진행됐다. 컴퓨터 화면으로 보는 내내 낯설고, 쑥스럽고, 걱정이 많았던 첫 만남이었다.

온라인으로 만나 독서 모임의 방향에 대해 구체적인 이야기를 듣다 보니, 내가 기대했던 것과는 달랐다. 단순히 함께 책을 읽고 이야기 나누는 모임일 줄 알았는데, 선생님은 100일에 33권을 읽자고 제안했다. 그 말을 듣고 흠칫 놀랐다. 책 한 권 읽는 것도 벅차서 참여하게 된 모임이기에 자신이 없었다. '다른 사람들도 나와 같은 고민을 하고 있을까?'라는 생각이 들었지만, 걱정과 달리 대부분의 사람들이 이 도전에 함께하기로 했다. 나도 용기 내어 동참하기로 결정했고, 모임의 이름도 정해졌다. 〈다독다독 多讀多讀〉.

'함께의 힘'이 얼마나 대단한지를 이 모임을 통해 알게 됐다. 나는 독서 모임에 참여하며 책을 읽기로 다짐한 만큼, 목표를 채우지 못하더라도 최선을 다해보기로 했다.

모임을 하며 시작된 독서는 녹록지 않았다. 평소 보지 않던 책을 읽으러니 여기저기 쑤시고 아프고, 정신없었다. '100일 동안 33권을 다 읽을 수 있을까?' 머릿속에 그림이 그려지지 않았다. 다행히도 밀알샘의 추천 도서들은 부담되지 않아 흥미롭게 읽을 수 있었고, 주제도 다양했다. 독서, 육아, 경제, 인생, 그리고 나다움. 만약 제목만 보고 선택했다면 쉽게 지나쳤을 책들이었다. 그러나 추천을 받아 읽어보니, 그동안 내가 미처 알지 못했던 유익한 책이 많았다. 그리고 새로운 책을 접하며, 좋은 책을 읽으면 마음의 결이 달라지고 생각의 깊이가 더욱 깊어진다는 것을 깨달았다.

마음이 힘들어 책으로 쌓은 담장은 봄날의 꽃비처럼 우수수 떨어졌다. '양질의 책을 읽는가, 그렇지 않은가?'는 잘못된 독서로 마음이 아파 책으로 담장을 쌓을지, 꽃길을 다져줄 꽃잎이 될지 결정짓는 중요한 요소가 된다.

독서 모임을 통해 만나게 된 〈다독다독〉은 양질의 책과 함께 그에 걸맞은 좋은 사람들과의 인연을 가져다줬다. 그렇게 시작된 〈다독다독〉은 얼마 전 만 3년이 지났다. 그렇게 나의 다독이 시작됐다.

2
꽃길을 밝혀주는 이정표

나의 독서는 〈다독다독〉의 사람들과 함께 이어졌다. 〈다독다독〉은 100일을 지나 1년, 2년을 거치며 모임의 방식도 다양하게 변해왔고, 그때마다의 상황에 맞춰 꾸준히 이어오고 있다. 그리고 만 3년의 시간을 보내는 동안 새로 들어온 다독인도 있었고, 개인 사정으로 모임을 떠난 이도 있다. 또 멀리 떠났어도 여전히 함께하는 소중한 다독인도 있다. 〈다독다독〉의 울타리 안에서 함께했던 사람들은 잠깐 스쳐갔을지라도, 한 분 한 분 모두 특별한 존재다.

유난히 〈다독다독〉이 특별했던 이유는 모두 각자의 환경에서 다른 삶을 살아오며 겪은 경험, 그리고 같은 주제에 대해 나누는 각각의 다른 생각이 좋아서다. 함께 만나서 이야기를 나누고 듣는 것만으로도 크게 특별할 것이 없는 날들 속에서 잔잔하게 스며든 힐링의 시간이다.

마음 치유의 시간과도 같은 〈다독다독〉이지만, 지속적인 만남에는 고비가 찾아왔다. 그건 독서 모임에 책을 읽지 않고 나가는 것은 예의가 아니라는 생각 때문이었다. 물론 사정상 못 나가는 날도 있지만 책을 다 읽지 못했을 때는 이런저런 핑계를 대기 일쑤였다.

책을 읽지 못해 모임에 참석하지 않는 날에는 마음이 불편하지 않다면 '함께하고' 싶다는 생각이 들었다. 하지만 책을 읽지 않은 채 모임에 참여하면 가시방석에 앉은 것처럼 마음이 불편했다. 점점 책을 읽지 못한 날에는 모임에 가지 않게 되었다.

이런 나의 마음을 알았을까? 다독인들은 항상 괜찮다고 했다. 자꾸 듣다 보니 어느새 내 마음이 점점 편해졌다. '완독하지 못하고 나가면 어떤가! 모임에 나가서 책에 대해 사람들과 대화하며 생각을 나누는 게 얼마나 소중한 경험이며 치유의 시간인가!'라는 생각을 하고 난 이후, 마음을 조금 더 열 수 있었다.

지금, 이 글을 쓸 수 있는 것도 "괜찮아요~"에 대한 믿음 덕분이다. 언제나 독서 후에 이뤄지는 모임은 참여에 따른 부담을 주지 않고, 가끔 불쑥 나타나도 반가운 얼굴로 반겨주는 〈다독다독〉의 분위기는 누구인지 상관없이 항상 똑같았다.

때로는 부담인지 아닌지 헷갈리는 순간도 있지만, 서로에게 부담 주지 않는 편안하고 자율적인 분위기는 마치 '중독성 있는 약물'처럼 빠져들게 했다. '이미 중독된 것일까?' 나는 다독인들을 만나는 것이 즐겁다. 즐기다 보니 어느덧 〈다독다독〉과 함께한 시간은 4년이 되었다.

〈다독다독〉에는 다양한 연령이 모여 있다. 내 기준으로 언니도 있고 동생도 있지만, 나이와 상관없이 모두 친구 같은 사람들이다.

'음…. 이런 느낌은 뭘까?' 책을 많이 읽어서 느껴지는 분위기가 달랐을까? 아마도 나이와 관계없이 처음부터 느낌이 좋았던 것 같다. 그리고 느낌이 좋았던 사람들과 같은 책을 읽으며 각자의 생각을 다양한 방향으로 이야기 나누는 것은 매우 흥미로웠다.

또한, 함께 읽는 독서는 책에 대한 깊이가 얕던 나에게 소중한 경험이되었다. 만약 혼자서만 책을 읽고 내가 느낀 한 가지 생각만으로 내용을 이해했다면, 작가의 의도와 책에 대한 깊이를 제대로 파악하지 못한 채 왜곡된 판단을 했을지도 모른다.

책을 읽으며 다양한 가능성에 대해 열린 생각으로 받아들이지 못했을 당시를 떠올리면, 지금은 생각만 해도 아찔하다. 이렇게 아찔한 순간을 이겨내기 위해, 때로는 독서의 휴식기를 보내며 마음을 다스릴 시간도 필요했다.

〈다독다독〉의 휴식기는 내게 쉼의 시간을 만들어 줬다. 〈다독다독〉은 아이들의 학교에서 시작한 학부모 모임이기에 아이와 함께해야 할 시간이 많은 방학 동안에는 모임을 잠시 쉬었다. 그리고 개학과 동시에 다시 만남을 이어갔다. 모임은 2주에 한 권, 때로는 한 달에 한 권씩 책을 읽고, 매주 혹은 격주로 만나 책에 관한 이야기를 나눴다.

〈다독다독〉은 모임의 주체를 모두가 함께 나눴다. 책을 정할 때는 순서를 정해 각자가 읽기 원하는 책, 혹은 함께 읽고 싶은 책을 차례대로 정했다. 다양한 사람들이 모인 만큼 책의 종류도 다양했다. 그러나 독서가 습관이 되어있지 않았던 나는 독서도, 책벙(책을 읽기 위해 만난 번

개 모임)의 진행을 맡는 것도 부담스러웠다. 그래도 '함께'이기에 그 부담을 이겨낼 수 있었다. 함께 참여하는 독서의 장점은 많은 사람들이 있어서 혼자 읽을 때보다 편독을 하지 않게 된다는 것이다. 혼자라면 아마 보지 않았을 책, 보고 싶었지만 볼 엄두가 나지 않아 시작하지 못했던 책, 혹은 어렵지만 함께라면 완독할 수 있을 것 같은 책까지 다양한 책을 접할 수 있어 좋았다.

〈다독다독〉을 통해 시작된 나의 책 읽기는 자연스럽게 다른 독서 모임에도 관심을 갖게 되었다. 한 달에 한 권을 함께 읽는 모임들을 추가하여 독서를 더 많이 했다. 여전히 이어지고 있는 모임도 있고 그렇지 못한 모임도 있지만, 이렇게 다양한 활동은 독서량을 늘리는 데 많은 도움이 되었다. 그리고 다양한 책을 읽으며 좋았던 내용은 내 것으로 만들려고 했다. 내 것이 되도록 노력하니 바른 생각이 슬며시 깃드는 것 같았다. 그래서 좋은 책을 봐야 한다는 것을 알았다.

다독인들은 책을 읽고 바로 행동하는 실행력도 좋다. 그리고 뭐든 열정적이고, 같이 참여하며 열심히 한다. 〈다독다독〉의 여러 사람들은 최정윤 작가의 『엄마를 위한 미라클 모닝』을 읽은 후 아침을 일찍 시작했다. 그걸 시작으로 새벽 책병, 산책, 외국어 공부 등 많은 것을 함께 했다. 새벽 책병은 집 근처 공원에서 모였다. 날이 너무 추운 겨울이 아니면 매주 만났다. 모든 만남에서 우리의 참여는 자율적이며, 아무도 그 어떤 부담을 주지 않는다. 무엇이든 열심히 하는 〈다독다독〉의 분위기가 처음에 함께하지 못하겠다던 나의 글쓰기도, 지금은 함께 참여할 수 있게 만들었다.

그렇게 책과 담을 쌓았던 나는, 어느새 독서를 취미로 삼게 되었다. 이제는 누군가 내게 "취미가 무엇입니까?"라고 물어보면 "독서입니다."라고 말할 수 있다.

'글쓰기까지의 과정은 우연이 아닌 인연이었을까?'
'만약 학교에서 시작된 독서 모임 모집 글을 보기만 하고 신청하지 않았다면?'
'책을 다시 읽지 않았다면?'
'지금까지 〈다독다독〉과 함께하지 않았다면…'
이 모든 과정이 내게 글쓰기로 이어질 줄은, 나 역시 예상하지 못했다.

다독과 함께 보낸 시간 동안 나는 다양한 책을 읽었고, 그 수가 늘어날수록 좋은 말과 가르침이 내 안에 쌓여갔다. 깨달음도 함께 깊어지며 나의 세계는 서서히 달라졌다. 자칫 망상에 빠질 수 있었던 나만의 세계에 성인들의 말이 스며들기 시작했고, 그 말들이 자리를 잡으면서 나는 더 이상 왜곡된 생각에만 갇히지 않았다. 그리고 그 과정에서 내 마음과 태도가 달라지고 있다는 것을 느꼈다.

독서는 순간순간 무너지는 나 자신을 다독여줬고, 다독임의 시간이 자주, 그리고 점점 길어질수록 고민이 많았던 아이와의 관계에도 변화가 생겼다. 독서로 다져진 나의 평화는, 가정에도 평안을 주었다. 〈다독다독〉을 통한 독서는 나를 변화하게 했고, 마치 내가 가야 할 길을 밝혀주는 이정표 같았다.

이제는 마음이 요동치거나 깊이 내려앉을 때마다 나는 책 속에서 길을 찾아, 아이뿐만 아니라 나 자신에게 적용하려 애쓴다. 내 마음이 평온할 때 가정의 평안함을 느낀 이후 '부모와 아이와의 관계', '나다움', 그리고 '정신건강'에 대한 강연을 찾아다니기 시작했다. 강연을 듣는 것은 책을 보는 것과는 달랐다. 아직도 혼자 생각하고 판단하는 책보다는 육아 관련 방송을 통해 느꼈던 것처럼, 직접 듣고 이해하는 강연이 받아들이기 쉽고, 변화하기에는 훨씬 수월했다. 또한, 강연을 통해 습득한 방법은 즉각적으로 적용하고 표현하기 위해 노력하는 나를 보았다. 아마도 빠른 변화와 실천이 가능하다는 점이 강연을 찾게 만든 이유였던 것 같다.

다독과 책은 중독성을 가진 약물 같았고, 강연은 효과가 빠른 강력한 진통제 같았다. 하지만 진통제 같은 강연을 찾아다녀도, 이미 나는 약물에 중독된 듯 독서가 중요하다는 사실을 알고 있다. 독서를 통해 꾸준히 마음을 채웠기에, 강연을 듣고도 빠르게 적용할 수 있었다고 생각한다. 내면을 다지는 과정에서 독서는 강연을 듣고 즉시 행동할 수 있는 원동력이 되어주었다. 점점 변해가는 나를 발견하며, 이제는 독서가 꼭 필요한 행위임을 깨닫게 됐다.

책에 스며들기 전에는 아이들에게 지금보다 더 강압적으로 대했고,

마음의 여유가 없어 조급해 하기도 했다. 또, 다른 사람의 반응 때문에 쉽게 잠들지 못하는 날들도 있었다.

  그러나 독서를 하며 마음을 다스려야 내가 편해진다는 것을 깨달은 후, 책을 통해 좋다고 느낀 것들은 행동으로 옮기려고 애썼다. 때로는 용기가 필요했지만, 그래도 좋은 것은 일단 시도해 보았다. 삶의 많은 것들에 감사하며, 그 마음을 표현하려고 노력했다. 이런 과정을 통해 점점 마음의 평안을 느끼게 되었다.

  담을 쌓았던 책들은 〈다독다독〉을 만난 후, 바람결에 우수수 떨어지는 꽃잎 되어 꽃길을 만들었다. 〈다독다독〉은 그 꽃길을 환하게 비춰주는 '이정표'가 되어 나를 안내했고, 그 길의 시작은 다독이라는 이름에서 비롯되었다.

3
변화의 길을 걷다

〈다독다독〉은 내 인생에 많은 변화를 주었다. 그 시작은 책을 읽게 된 것이다. 하마터면 높은 담장이 되어 바라보지 않았을 책이, 눈부신 봄날의 하늘 아래 소리 없이 흩어지는 꽃잎처럼 화사하게 퍼져갔다. 그리고 함께 읽는 것에 대해 긍정적으로 생각하게되었다. 혼자 책을 읽을 때는 한계에 부딪혀 새로운 생각을 받아들이기 어려웠지만, 다독인들과 함께 읽고 생각을 나누면서 내 생각에도 큰 변화가 생겼다.

나의 변화는 독서를 하며 시작되었고, 책을 통해 도전에 대한 두려움도 극복할 수 있었다.

출산 후 아이에게만 집중된 삶은, 사회생활과 단절된 시간의 거리만큼 도전과 실패에 대한 두려움의 크기도 커졌다. 어릴 적의 자존심이 여전히 남아 있어, 일의 결과가 만족스럽지 못할 때 자존심이 상하는 것 같아 도전에 두려움을 느꼈다. 그러나 다독인들의 도전 정신은 나의 욕구가 욕심으로 변하게끔 많은 것을 했다. 그리고 여러 가지 활동에 도전하며 새로운 길을 걷기 시작했다.

변화와 도전은 다양한 방식으로 이루어졌다. 독서와 〈다독다독〉을 통한 변화는 나뭇가지처럼 여러 줄기로 뻗어, 다양한 강의를 듣는 것은 물론 다른 기관이나 모임의 활동에도 참여하게 만들었다. 그러나 대인관계에 대한 두려움은 모든 활동을 선택할 때마다 끊임없이 나를 붙잡았다. 하지만 이제는 생각의 방식이 많이 달라졌다. 예전처럼 속상함을 오래 품고 있지 않고, 마음을 다독이는 법을 독서를 통해 익혔다.

독서는 다독임의 시간이 되어 서서히 나를 변화시켰다. 그리고 도전에 대한 두려움에 갇힌 나를 꺼내주었다. 독서와 교육의 영향으로 세상을 향한 시각이 넓어졌고, 인생을 바라보는 마음가짐도 달라졌다.

변화는 나의 도전, 나의 즐거움, 나의 쉼을 위해 하는 것이다. 인생에 고비가 되었던 양육에 대한 고민 역시 내 마음이 편안해야 가정이 평안하다는 것을 알고 난 후, 나는 마음의 평화를 위한 배움을 시작했다.

배움의 시작은 소소하게 들으며 배우고 즐기던 것들에서 조금 더 나아가, 내 욕구를 채우기 위한 강의를 신청하기에 이르렀다. 그림을 좋아하지만 그리기에 엉망인 나를 위해 복지 회관에서 진행되는 수채 일러스트 기초반을 신청했다. 복지 회관에서 진행되는 강의의 수강생은 다양한 연령층으로 구성되어 있다. 80대의 수강생들도 있다. 그 안에서 40대 중반인 나는 거의 막내쯤에 속했다. 이곳에서는 '어리다'는 말을 듣는 일이 많았다. 무언가 이상했다. 내가 생각했던 세상의 나이와 달랐기 때문이다.

평범한 일상 속에서, 해가 갈수록 나는 '나이가 들며 이제는 뭐든 어렵다'는 말을 종종 했다. 그러나 복지 회관에서 활동하는 어르신들을 보며 생각이 달라졌다. 이곳은 '내 나이에 못할 게 없다.'라는 믿음을 심어주는 공간이 되었다.

  배움을 위한 수업은 즐거웠다. 긴 시간 동안 강도 높은 수업이 이어졌지만, 그것은 힘든 시간이 아니라 새로운 행복을 맞이하는 순간이었다. 수업 중 끝내지 못한 그림은 집에서도 이어졌고, 완성을 위해 바빴다. 하지만 그 일정은 '매일 기다려지는 시간'처럼 소중했다.

  긴 기간이지만 즐거웠기에 짧게 느껴졌던 아쉬움의 수채 일러스트 수업을 마치고, 나의 도전은 또 다른 강의로 향했다. 두 번째 신청한 강의는 아쉽게도 당첨되지 못해 수업을 들을 수 없었다. 하지만 그 기간을 그냥 흘려보내고 싶지 않아, 마감이 되지 않은 강의 중 내가 할 수 있고 재미있어 할 만한 강의를 찾다가 가족들에게 해줄 요리를 만들 수 있으면 좋겠다는 생각에 요리 수업을 찾았다. 그리고 '어차피 요리를 배우는 김에 자격증까지 도전하는 것은 어떨까?'라며 조리사 자격증반을 신청했다. 전혀 생각하지 못했던 도전이었다.

  내 인생에서 없던 길이라 생각했던 분야의 도전을 이어갈 수 있던 이유는 독서를 통해 다져진 마음가짐 덕분이었다. 단순한 취미로 그림을 배우는 것과 자격증을 위해 요리 수업을 배우는 것은 마음가짐과 행동에서 분명한 차이가 있었다. 요리 수업의 첫날도, 〈다독다독〉의 첫날처럼 내 삶을 새로운 방향으로 이끌었다.

'나는 세상을 쉽게 생각했을까?'

내게 새로운 길을 열어준 것들의 공통점은, 예상보다 더 많은 노력과 시간을 필요로 했다.

다행히 그 길은 어려움 속에서도 즐거움을 안겨주었다.

첫 요리 수업의 분위기는 자격증 취득을 향한 나의 마음을 더욱 강하게 했다. 자격증을 얻기 위해서는 필기와 실기 시험을 반드시 통과해야 했고, 그것은 너무도 당연한 과정이었다. 가장 많은 고민과 걱정을 안겨준 시험은 내게 큰 부담으로 다가왔다.

걱정도 잠시, 한 번에 필기시험을 통과하며 오랜만에 최고의 순간을 만끽할 수 있었다. 두려움에 작아지고 소심해졌던 내 마음속 도전의 불씨가 다시 살아나는 것만 같았다. '할 수 있구나!'라는 자신감이 차올랐다. 그 후 실기는 몇 번의 고비를 겪었지만, 결국 합격하여 조리사 자격증을 취득했다.

'할 수 있다.', '실패해도 괜찮아.', '다시 해보자.', '그럴 수 있어.'

자격증을 취득한 후, 내 마음에 강렬한 변화가 느껴졌다. 도전에 대한 두려움이 사라진 자리에 자신감이 차오르기 시작했다. 단절된 사회생활의 두려움에 한 걸음도 내딛지 못했던 내가, 이제는 세상에 나설 용기가 생겼다. 이 모든 변화는 마음가짐이 달라진 덕분에, 새로운 삶에 도전하려는 결심으로 이어졌다.

나는 두려움을 이겨내고 조리사로 취업하여 새로운 길을 걷고 있다. 조리사로의 취업은 한 번도 생각해 본 적 없는 길이지만, 경험하지 않으면 후회할 것 같았다. 마치 지금의 글쓰기처럼 말이다.

단 한 번도 생각하지 못했던 나의 길.
세상이 두렵고, 자존심이 무너질까 무서워 도전하지 못했던 생각과 행동. 이 모든 것을 내가 스스로 발 뻗어 나갈 수 있게 만든 힘, 바로 책이다.
한때 잘못된 판단과 해석으로 담을 쌓았던 책은 이제 내 인생의 꽃길을 밝혀주고 그 길을 향해 나아갈 수 있도록 이끌어줬다. 이 변화는 나만이 아니라 내 가족들에게도 많은 영향을 줬다. 만약 내가 변하지 않았다면, 양육에 대한 고민은 여전히 나를 힘들게 했을 것이다.
그리고 아이와의 관계, 우리 가정의 분위기 역시 지금과는 많이 달랐으리라 생각한다.
여전히 아이와의 관계는 신중하고 조심스럽다. 순간순간 변하는 상황에 맞춰 끊임없이 고민하고 노력해야 한다. 그러나 아무리 책을 읽어도 양육에 대한 답은 찾지 못했다.
여러 가지 방법을 시도하고 다양한 방향으로 생각을 다잡으려 해도, 마음은 언제나 바람에 흔들리는 나뭇잎처럼 사정없이 흔들린다. 이제는 그 어지러운 마음을 독서로 다독이며 정리한다.

나의 두 번째 인생은, 나아가야 할 바른길을 위해 끊임없이 노력하는 '부모의 삶'이다.

세상의 거친 바람을 겪어보지 못한 어린 나무가 있었다. 나무는 맺지 못하는 열매를 바라며 오랜 시간 힘들어했다. 그러나 그 기다림의 시간을 헛되이 보내지 않으려 무성한 잎을 펼쳤고, 예쁜 꽃을 피웠다. 마침내 열매를 맺은 나무는 힘들었던 시간만큼 더욱 행복하고 감사했다.

이제 나무는 부모가 되어 거친 바람에 맞선다. 열매들을 위해 더욱 단단해지기 위함이다. 정성껏 보살펴 온 소중한 열매들은 언젠가 또 다른 나무가 되어, 세상에 쉼을 내어주는 울창한 숲으로 자라나기를 간절히 바란다.

책을 통해 세상과 아이를 바라보는 시선이 달라졌다.
책을 통한 나의 도전과 노력은 계속 된다.

11장

「다독의 비상」
회복의 쉼표

정민례

나에게 다독다독이란?

지혜는 책 속에 머물고,
위로는 사람의 눈빛 속에 흐릅니다.
그녀들의 눈빛은 사색의 별들이
반짝이는 작은 우주입니다.

1
떨어지는 낙엽의 마음

"아윤아, 아현아 걸어가면 안 될까?" 5살 3살 두 딸에게 나는 힘없이 말을 던진다. 초롱초롱한 눈으로 아윤이가 내게 묻는다.
"엄마 집에 걸어가면 아이스크림 사줄 거야?"
"나도, 나도 사줄 거야?"
작은딸 아현이도 고개를 들어 나를 바라본다. 나는 힘없이 "그럼 사주지."라며 고사리 같은 두 딸의 손을 잡고 200미터나 떨어진 집으로 걸음을 옮긴다. 한여름 날씨에 머릿속 맺혔던 땀들이 모여 뺨에 흘러내렸다. 아이들의 고사리 같은 손과 내 손은 땀으로 범벅이 된 채 슈퍼에 도착했다. 아이들은 아이스크림을 손에 쥐고 한없이 기뻐하며, 더위에 붉어진 양 볼을 식히듯 입으로 가져간다. 지금 돌이켜보면 참 미안한 기억이다.

인생이 언제나 좋을 수만 없다는 것을 안다. 힘들 때도 있고, 그 힘듦을 잘 이겨내면 또다시 좋은 때가 찾아온다는 걸 지금은 알 수 있지만 그때는 그 상황이 너무나 힘든 시간이었다.

그 당시 나는 끝이 보이지 않는 어둠 속에 있었다. 부정적인 감정이 머릿속을 가득 채워 세상 모든 것이 힘겹게만 느껴졌다. 끝이 보이지 않는 시간들….

인생에서 바닥이라고 생각했던 시간이 지나가고 있었다. 나는 이 상황을 누군가의 책임이라고 돌려야만 버틸 수 있다고 생각했다. 그래서 모든 잘못은 남편 때문이라는 생각으로 가득했다. 머릿속은 긍정이 아닌 부정이라는 덩어리로 온통 가득 차 있었다. 세상을 바라보는 시선이 힘들고, 지치고, 아프다고 생각했던 시간이었다. 그렇게 나는 나를 헤어 나오지 못하는 늪 속으로 밀어 넣고 있었는지도 모르겠다.

하루하루는 변함없이 흘러갔지만, 열심히 살았다. 아침 6시 일어나 출근 준비와 아이들 등원 준비로 하루를 시작해 정신없이 회사 생활을 보냈다. 퇴근 후 어린이집에 마지막까지 남은 아이들을 데리고 집에 돌아오는 길, 지는 노을을 보며 눈물을 흘린 날도 많았다. 이렇게 살면 안 되겠다고 다짐하며 선택한 곳이 평택이었다.

평택은 내게 아무 연고도 없는, 그저 낯설기만 한곳이었다. 아이들과 나는 적응이 쉽지 않았다. 큰아이는 낯선 곳에서 적응하기 힘들어했다. 바뀐 어린이집에 적응하기 위해 한 달 넘게 울고불고, 어린이집 안으로 들어가기까지 매일 30분씩 씨름을 해야 했다.

"엄마 안 다니면 안 돼? 다시 예전 어린이집으로 가고 싶어."라고 큰아이는 울고불고했다. 그러면 작은딸은 언니 손을 꼭 잡고 등을 토닥이며 "언니 나랑 우리 교실로 가자." 하고 교실로 들어갔다. 그럴 때면 '내가 한 선택이 잘한 결정일까?'라는 의문으로 스스로 자책했다. 적응하기 힘들어하는 아이들을 어린이집으로 들여보냈다는 표현보다 밀어 넣었다는 표현이 맞을 정도로 힘든 시간이었다. 뒤돌아서서 일터로 나가며 다짐하고 또 다짐해야만 했다. '그래 빨리 일어서자. 내가 약해지면 아이들과 내가 힘들어지는 시간이 더 길어져.'라는 생각으로 마음을 다잡았다.

    일에 매달려 365일 중 360일은 일했다. 아침저녁 가리지 않고 주말도 없었다. 주말에 일을 하기 위해 아이들을 대전에 있는 동생 집에 맡겼다. 금요일 저녁에 내려가 데려다 놓고, 일요일 저녁에 다시 데려왔다. 아이들을 봐줄 사람이 없을 때는 사무실 안쪽에 작은 공간을 마련해 둘이 있으라고 두고 남편과 함께 일하는 날들도 많았다.
    그럴 때면 아이들이 혼자가 아닌 둘이 놀 수 있다는 생각으로 미안함을 포장했다. 서로 마음을 들여다볼 시간도, 아이들의 마음을 헤아려 줄 여유도 없었던 시간이 흘러갔다.
    성실함 하나로 힘든 시간을 견디고 나니 어느 순간 큰 빚도 모두 갚았고, 경제적인 여유가 생겼다. 그러나 건강에 적신호가 왔다. 한 달 넘게 지속된 두통에 약도 듣지 않아 병원을 찾았다. 의사는 "고혈압입니다. 평생 약을 먹어야 합니다."라고 말했다.
    고혈압 약을 받아 집으로 돌아오는 차 안에서 하염없이 소리 내 울었다. '내가 뭘 잘못했나?', '난 열심히 살았는데 왜?'라는 생각들로 가득 찼다. 닥친 현실에 모든 것을 부정하고 싶었다. 현실을 받아들이기 힘들어 지금 상황을 남편에게 책임을 돌렸다. '내 잘못이 아니야. 남편이 사고만 치지 않았다면 이런 상황은 없었어.'라는 모든 핑곗거리를 타인의 잘못으로 떠넘기기에 급급했다. 힘들다는 핑계로 대충대충 먹었던 음식들,

좋지 않은 줄 알면서 마셨던 술과 커피는 몸에 이상신호를 보내고 있었다. 지금 생각해보면 나에게 미안한 순간이다.

남편은 자기애가 강한 편이다. '자기애'를 사전에서 찾아보면 '자기의 가치를 높이고 싶은 욕망에서 생기는 자기에 대한 사랑'이라고 나와 있다. 남편은 언제나 본인이 1순위다. 본인이 하고 싶은 것이 있으면 꼭 해봐야 하는 성격이었고, 먹고 싶은 것이 있으면 먹고, 사고 싶은 것이 있으면 가져야 하는 사람이다. 그래서 같이 살면서 많이 싸웠다. '양보'는 나에게만 있어야 하는 건가? '희생'은 왜 나만 해야 하는 건가? 양보와 희생은 늘 나의 몫이었다.

그런 시간이 쌓여가며 순간순간이 힘들고 지쳐갔다. 남편이 미웠고, 아이들이 부담스러웠다. 나 자신이 없어진 것 같아 우울했다. 아내로서 엄마로서 살아가고 있는 내 모습이 행복해 보이지 않았다. 어쩌면 나조차 자신의 마음을 제대로 들여다보지 못하고 있었는지도 모른다.

나에게는 얼마나 소중하고 예쁜 두 공주인가! 엄마가 좋다고 환하게 웃으며 달려와 품에 안기는 아이들의 모습을 볼 때면, 순간순간 마음이 벅차오르기도 하지만, 한편으로는 내 안에 피어오르는 복잡한 감정들이 잘못된 것은 아닐까 스스로를 자책하곤 했다. 그런 날들이 쌓여가며, 어느새 내 마음에도 작은 균열이 생기고 있었다. 나는 그조차도 모른 채 하루하루를 살아가고 있었다.

'세상의 많은 일이 우연에 따라 일어난다고 생각한다면 인생은 고통의 연속

이지만, 운명으로 받아들인다면 불안이나 걱정이 줄어들게 된다.'

- 강용수 『마흔에 읽는 쇼펜하우어』

삶에 힘듦이 찾아오면 그것이 운명이라고 받아들일 수 있는 긍정적인 마음과 여유가 나에게는 없었다. 지혜롭고 현명하게 받아들이고 마주할 생각도 못 했다. 하지만 내가 살아온 성실함에 후회는 없다. 단지 힘듦을 이겨낸 시간으로 다시 돌아갈 수 있다면 더 많이 아이들을 안아주고, 사랑한다고 표현해 주고 싶다.

어느 날, 평소처럼 출근준비를 하려고 화장대 앞에 앉았다. 그런데 거울 속에 비친 내 모습이 낯설게 느껴졌다.
가슴은 답답했고, 이유 없는 슬픔에 눈물이 저절로 흘러내렸다.
'어? 나 왜 그러지?'
'왜 이렇게 마음이 허전하지?'
그 순간, 처음으로 내 마음을 들여다보았다. 마주한 내 모습은 낯설고 어색했으며, 왠지 모르게 안쓰러워 보였다. '무엇 때문에 힘든 걸까? 왜 자꾸 공허함이 밀려오는 걸까?'라는 반문을 했다. '마음이란 공간이 비어 있는 거처럼 허전하고 쓸쓸한 이 느낌은 뭘까?'
어쩌면 나는 모순된 삶을 살고 있었는지도 모른다. 누구보다도 나를 사랑하는 사람이었고 자기애가 강한 사람이었다. 자신을 사랑해 주고, 아껴주고, 보살펴 주었어야 하는 시간을 모두 무시하고 살아왔다. '나'라는 존재를 뒤로한 채, 남편을 위해, 아이들을 위해 살아간 시간이 깊은 늪 속으로 나를 빠져들게 만들었다. 가랑비에 옷 젖듯이 알아채지 못한 채 스며든 우울함은 조금씩, 아주 조금씩, 내 마음을 갉아먹고 있었다. 그때는 그 사실조차 알지 못했다.

어디서부터 어떻게 나를 마주해야 할지 방법조차 알 수 없었다. 갑자기 좋아지는 기분 그러다가 갑자기 모든 것이 싫어지고 화가 나는 기분이 들었다. 갑자기 쓸쓸하고 우울해지는 기분들을 접하면서 나를 치유해보려 애썼다. 맛있는 음식을 먹어보고 여행도 떠나보았고, 어울리는 옷을 사 입기도 했다. 그런 순간들은 잠시뿐, 다시 감정의 소용돌이 속에 빠져드는 나를 마주해야 했다. 기분은 롤러코스터처럼 오르락내리락했고, 어떤 것으로도 다스릴 수 없었다.

어느 날 남편에게 아무 이유 없이 화가 나고, 아이들에게 짜증을 내는 일들이 늘어 갔다. 이런 나를 마주하면서 안쓰럽고 화가 나서 미칠 것만 같았다.

"선생님 제가 뭐가 문제일까요? 왜 공허한 느낌이 드는 걸까요?"
"어디서부터 잘못된 걸까요?"
"이제 경제적으로도 안정적이고 어려운 게 없는데 왜 그런 걸까요?"
"남편도 아이들도 건강하고 이제는 걱정거리가 예전에 비해 없는데 왜 그런 걸까요?"

폭풍처럼 말들을 쏟아부으며 의사 선생님께 질문을 했다. 그랬다. 나는 내 발로 살기 위해 심리상담을 찾았고, 내 인생을 하나씩 털어놓았다.

사실 정신과 병원이나 상담소를 찾는 건 쉬운 일은 아니다. 의사 선생님이지만 남에게 나의 인생을 적나라하게 이야기한다는 건 하나씩 하나씩 입은 옷을 벗어 맨몸을 보여주는 것만 같았다. 남들이 몰랐으면 하는 치부까지 드러내 놓아야 하는 시간이었다.

  처음으로 모든 것을 말했다. 그때만큼은 나를 온전하게 마주했는지도 모르겠다. 내면의 어린 나를 마주하면서 '엄마의 품을 그리워하는 아이였구나! 그래서 모성애가 부족했었구나!' 어린 내가 너무나 안쓰러웠다.

  여느 집과 마찬가지로 나의 부모님도 가난했다. 동생이 태어나면서 입을 하나 덜기 위해 할머니의 손에 이끌려 할머니의 품이 곧 엄마의 품이 되었다. 나에게는 선택권이 없던 시절 그렇게 엄마 품을 떠나 할머니 품으로 옮겨갔다. 할머니의 사랑을 받으면서도 눈칫밥을 먹던 어린 시절을 보내야만 했다.

  처음 대면한 나의 어린 시절을 어루만져 주었다. 부모의 사랑이 부족했던 어린 시절이 나의 성격을 형성했다는 걸 깨닫고 나니, 마음속 깊은 우울의 이유를 조금씩 이해하게 되었다. 소심하고, 남에게 싫은 소리조차 쉽게 하지 못하는 성격이 어쩌면 어린 시절의 내가 어른들에게 예쁨을 받기 위한 노력의 대가가 아니었을까?

2

물을 먹으며
돋아나는 새싹의 기쁨

　내면의 나와 만나면서 스스로를 조금씩 이해하고, 자신을 사랑하는 방법을 알아갔다.
　나에게 따뜻한 말을 해주며 어린 나를 품었다. 마음이 힘들 때면 감정일기를 써보라는 선생님 말씀에 펜을 들었다. 갑작스러운 감정의 변화가 찾아올 때마다, 글을 쓰기 시작했다.
　상담을 통해 내면과 마주하며 스스로 다독이는 법을 배웠다. '괜찮아, 너는 지금 잘하고 있어.'라며 자신을 위로해주었다.
　마음은 빠르게 안정을 되찾았다. 선생님은 고치려고 하는 의지가 다른 사람들보다 훨씬 강하다고 말했다. 내면을 있는 그대로 받아들이고 문제의 원인을 타인에게서가 아닌 내 안에서 찾기 시작하자 조금씩 공허함이 사라지고, 입가에는 잊고 지냈던 미소가 번지기 시작했다. 차츰차츰 세상에 작은 꽃들이 보이고, 반짝반짝 빛나는 햇살을 마주했다. 싱그러운 바람을 피부로 느끼며 그렇게 나를 사랑하는 법을 배워가고 있었다.

부정으로 곪아 있던 내 마음에도 어느새 새살이 돋기 시작했고, 세상을 바라보는 눈이 따뜻해지자 온화한 말들이 자연스레 입 밖으로 나왔다. 남편에게도, 아이에게도 희생만 하고 있다고 느꼈던 감정들은 '그들이 있어서 내가 행복하구나!' 하는 마음으로 채워져 가고 있었다.

그 무렵부터 '이제는 나를 위한 시간'을 가져야겠다는 생각으로 미라클 모닝을 시작했다. 처음에는 일어나 일기를 썼다. 일기 속에는 그 누구에게도 털어놓을 수 없었던 감정들을 써 내려갔다. 남편이 미운 날에는 밉다고 솔직하게 적었고, 아이들이 사랑스러울 때는 사랑하는 감정의 글들을 써 내려갔다. 그러다 문득, 감사의 말들로 가득한 일기를 쓰고 있는 자신을 발견했다. 부정적인 감정도 숨기지 않고, 소중한 감사의 순간들을 놓치지 않으려 애썼다.

2022년 6월 22일 새벽 5시

삶은 언제나 그대를 응원합니다. 우리가 느끼지 못하고 받아들이지 않으려고 하니까 성장하는 데 힘들어하는 것입니다. 물 흐르듯이 매일매일을 어제보다 나은 삶을 살겠노라 다짐하세요. 삶은 그대에게 믿음과 인내를 선물하고, 행복도 덤으로 선물한답니다. 항상 성장하는 내가 된다는 마음이 나를 우뚝 서게 만들고, '긍정적인 마음'이 나를 세운답니다. 일기를 쓰며 또 다른 나를 만나고 감사하는 마음을 가지자고 나에게 말해 봅니다.

나를 위한 새벽 시간을 선물했다. 새벽 5시 알람 소리에 맞춰 일어나

세수하고 따뜻한 차 한잔을 내려 책상 앞에 앉았다. 거실 벽에 걸려있는 시계 소리가 왜 그리 편안했던지.

새벽어둠이 싫어 혼자만 세상을 밝히고 있는 가로등이 왠지 모르게 나의 모습 같았다. 세상을 집어삼켜 버릴 듯한 빗소리를 동지 삼아 아침을 맞이하는 날도 있었다. 동트기 전 새벽이 가장 어둡다고 했던가? 하지만 난 그 어둠을 즐겼다. 어둠이 지나고 나면 무르익은 홍시의 달콤함처럼 떠오르는 햇살이 나의 시각을 자극했다. 달콤하게 만든 공기는 나의 후각을 자극하며 행복하다는 감정을 만들어 주었다.

조금씩 마음의 안정을 찾아갈 때 또 다른 친구가 나를 찾아왔다. 친구는 나를 외롭게 두지도 않았고 내가 필요할 때 항상 옆에 있었다. 내게 창문 밖의 세상이 있다고 알려준 친구였다. 지금의 가장 친한 친구가 되어 언제나 마음 한쪽을 따뜻하게 채워주는 존재가 되었다.

그 친구의 이름은 '책'이었다.

책은 창문 밖의 세상과 같았다. '책'이라는 친구가 보여주는 창밖 풍경은 금방 바깥 세계로 뛰어나갈 수 있는 문보다는 못 할 수도 있지만, 그 방에서 나가지 못하는 사람에게도 영향을 끼치는 엄청난 힘을 지녔다. 책을 읽으며 마치 강물에 떠밀려 모서리가 깎여 둥글어지는 돌처럼 내 안의 모나고, 뾰족한 감정들도 부드러워졌다. 조금씩, 조용히, 책은 나를 둥글고 따뜻한 사람으로 빚어주고 있었다.

처음 책을 접할 때는 '어떤 기준으로 책을 선정해서 읽어야 할까?' 하는 고민이 들었다. 하지만 정답을 찾지 않아도 되는 게 책 읽기의 묘미가 아니던가? 어떠한 기준도 두지 않고, 마음이 이끄는 대로 책을 펼치기 시작했다. 그러던 중 『시크릿』이라는 책을 읽으며, '끌어당김의 법칙'이라는 개념을 처음 접했다. 내가 원하는 것을 끌어당길 수 있다는 사실은 큰 울림으로 다가왔다. '그래 내가 원하는 걸 끌어당길 수 있다면 매일 긍정 확언을 글로 쓰고 입 밖으로 말해보자!' 그날부터 매일 100번, 긍정의 문장을 써 내려가고, 그 습관을 100일 동안 이어가겠다는 목표도 세웠다. 그리고 도서관에 가서 손에 잡히는 데로 책을 빌려 읽었다. 처음 책을 읽을 때는 집중이 안 되어서 읽었던 페이지를 다시 읽기 일쑤였다. 눈은 책을 보고 있어도 머릿속은 다른 생각으로 가득했다. 한자리에 오래 앉아 책을 읽으려고 하니 허리도 아프고, 엉덩이는 쑤시고, 고작 10분을 집중해서 읽는 것도 쉽지 않았다.

인간은 '적응의 동물'이라고 하지 않던가. 차츰 책 읽기에 익숙해졌고, 재미가 붙자 책장이 술술 넘어가기 시작했다. 독서 시간도 자연스레 길어졌다. 잠깐의 자투리 시간에도 책을 손에서 놓지 않았다. 어느새 가방 속에는 늘 책이 필수품처럼 들어 있었다. 도서관에 들어서면 느껴지는 종이 냄새가 참 좋았다. 빌려온 책을 모두 읽고 다시 반납하러 가는 날은 소풍 전날 들뜬 마음처럼 흥분되고 설레곤 했다. 새로 읽을 책을 고르는 시간은 새로운 친구를 만나는 것처럼 즐거웠다. 독서 습관이 자리 잡으면서, 책과 함께하는 시간이 내게 점점 더 소중해졌다.

무언가 허전하고 공허하다는 생각이 늘 머릿속 한편에 있었던 나에게, '책'이라는 친구는 빈자리를 하나씩 채워주고 있었다. 그 시간만큼은 공허함도, 외로움도 느껴지지 않을 만큼 행복했다.

혼자만의 창문 밖 풍경을 바라보던 어느 날, 노란 유채꽃밭에 흰나비들이 날아다니는 장면이 눈에 들어왔다. 그 흰나비들은 저마다 다른 무늬와 자기만의 개성으로 날갯짓하며 세상의 행복을 만끽하고 있었다. 흰나비들이 〈다독다독〉 모임에서 만난 책을 사랑하는 여인들이었다.

그녀들의 공통점은 '책'을 사랑한다는 것이다. '혼자 가면 빨리 가지만 함께 가면 멀리 간다.' 이 말처럼, 책을 사랑하는 여인들을 만난 것은 내 인생에서 가장 소중한 행운 중 하나였다.

무작정 선정해서 읽던 책에서 벗어나 〈다독다독〉모임에서는 '밀알샘'이 추천한 33권의 도서중 한 권을 함께 골라 읽기로 했다. 우리는 일주일에 한 번 만나 본인이 느낀 점을 이야기하는 시간을 가졌다. 다른 사람 앞에서 책을 읽고 이야기를 나누는 일이 쑥스럽고 낯설었지만 '책'이라는 공통점이 있어 가능했다. 같은 책을 읽어도 서로 다른 생각을 나누는 일이 이토록 즐겁고 따뜻할 수 있다는 것을 모임을 통해 알게 되었다.

내가 생각했던 고정관념들이 옳지 않을 수도 있다는 걸 깨달았다. '어쩜 내 생각만 옳다고 생각하며 살았을까?' 다름은 틀림이 아니라는 걸 깨닫는 순간이었다.

책을 사랑하는 이들과 만나 다양한 생각을 접하며 서로 다름을 인정하고 그 다름을 존중해 주어야 한다는 생각이 들었다. 남편과는 다른 가치관 때문에 힘든 시간이 지속되고 많이 다투었다. 언제나 나만 옳다고, 왜 당신은 말도 안 되는 생각을 하고 있냐, 남편의 다름을 인정하려 하지 않았다.

책 속에서 얻은 가르침 덕분에 나를 돌아보게 되었다. 인정하지 않으니, 존중이 나올 수가 없었다. 남편은 당신과 다른 생각을 한다고 틀린 생각이 아니라고 항상 이야기했었다. 그때는 그 말들이 귀에 들리지 않았다. 어쩜 내가 옳다고 생각하고 있는 것이 틀렸다는 걸 인정하고 싶지 않았을 수도 있다.

존중이라는 단어를 사전에 찾아보면 '높이어 귀중하게 대함'이라고 나와 있다. '서로의 다름을 인정하고 남편의 생각을 존중했었다면 결혼생활에서 서로 상처 주고 미워하는 시간이 줄어들었을 텐데….'라는 후회를 했다.

사람들은 모두 다른 인격체를 가지고 살아간다. 심지어 한배에서 태어난 아이들도 생각과 가치관을 가지고 있다. 다름을 인정하기까지 '나는 왜 이렇게 오랜 시간이 걸렸을까?' 다름을 인정하고 나니 존중이라는 마음이 생겼다. '그래 나와 다른 생각을 할 수도 있어. 상대방의 입장이 되어 보니 틀린 생각이 아니구나!' '책' 속 가르침은 세상을 살아가는 정답이나 어떤 틀이 없다는 것이었다.

양귀자 작가의 『모순』이라는 책 속의 주인공 안진진의 아버지는 보편적인 아버지가 아니었다. 갑자기 집을 나가고 돌아오고 싶을 때 돌아와 어머니를 때리고 상스러운 욕설을 일삼는 아버지였다. 그런 아버지는 "누구나 다 똑같이 살 필요는 없는 거야. 그것은 바보들이 하는 짓이야. 알겠니?"라며 주인공 안진진에게 자기의 말을 수긍할 때까지 묻곤 했다. 본인의 다름을 인정하고 이해해달라는 아버지의 삶을 책을 읽는 동안 이해하지 못했다. 아버지가 집으로 돌아와야 하는 이유는 단지 하나뿐이었다. 해 질 녘 하늘이 저편에서 푸른색으로 어둠이 내리기 시작하고 낮도 아니고 밤도 아닌 그 시간, 주위가 푸른 어둠으로 물들고, 쌉싸름한 집 냄새가 어디선가 풍겨오면 견딜 수 없을 만큼 집으로 돌아가고 싶어 집으로 돌아온다는 게 집으로 향하는 발걸음의 이유였다.

그게 집으로 돌아와야 하는 이유가 되는가? 책을 읽고 덮는 순간까지도 이해하지 못하는 대목이었다. 책을 덮고 잠시 사색에 잠겨보았다. 그리고 내린 결론은 '이 세상에 이유 없는 삶은 없다. 어떤 삶이든, 이해하지 못할 삶은 없다.' 누군가를 이해하려 들면 세상에는 이해하지 못할 일은 없다는 거다. 한순간 모든 게 부처처럼 완벽하게 이해할 수는 없겠지만, '나'라는 틀을 잠시 내려놓고 상대방의 입장에서 생각해보려고 하니 조금씩 달라졌다. 어려움이 닥치고, 누군가가 한없이 밉게 느껴질 때도 '그 사람에게도 그럴 수밖에 없는 이유가 있겠지.'라는 생각이 스며들었다.

누군가가 내 생각이 옳지 못하다고 지적하고 충고했다면 내가 순순히 받아들일 수 있었을까? 반발부터 했을지도 모른다. 하지만 '책'은 달랐다. 어떤 충고보다도 더 큰 가르침을, 강요하지 않고 조용히 전해주었다. 그렇게 나를 점차 바꿔 주었다. 세상에는 이해 못 할 일도 이해 못 할 사람도 없으며, 미워해야 할 사람도 없다는 사실을 비로소 깨닫게 되었다. 생각이 바뀐 것이 아니라, 마음이 움직이기 시작하자 세상을 바라보는 눈이 달라졌다. 타인을 이해할 수 있는 여백이 생기고, 세상을 바라보는 관점이 바뀌었다.

『48분 기적의 독서법』을 읽고 '다독(多讀)'이 주는 기적을 알게 되었다. 365일 매일 책을 한 권씩 읽어보자는 계획을 세우고 독서 동지와 함께 도전했다. 서로 읽고 싶은 책을 읽기도 하고 같은 책을 선정해서 읽기도 했다. 한 달에 한두 번 만나 서로의 생각을 나누었다. 함께 해준 독서 동지에게 고마움을 전한다. (1년 동안 읽기로 한) 365권 중 250권을 읽어 성공은 못 했지만 내 평생 가장 많은 책을 읽은 해다. 그때의 독서 습관이 몸에 배어서 지금도 여전히 책을 사랑하고 새로운 책을 만나면 가슴이 설렌다.

내 나이 지천명을 지나고 나니 문득 '행복이 나에게 주는 의미는 무엇일까?'라는 질문이 떠올랐다. '어떤 기분과 감정이 들어야 행복감이 찾아왔다고 느낄 수 있을까?'라는 생각이 들었다.

순간마다 나 자신에게 질문을 던져보지만, 선뜻 답이 떠오르지 않았다. 어쩜 행복이라는 건 햇살처럼 따뜻한 마음을 느끼고, 꽃이 피어나는 순간을 눈으로 바라보며, 봄바람이 살랑이는 싱그러움이 온전히 피부로 와닿는 순간이 아닐까? 하늘에 떠 있는 별이 반짝이는 순간을 포착할 수 있을 때, 순간순간을 내가 원하던 원하지 않던 함께 할 수 있을 때 그게 행복이라는 생각이 들었다. 매 순간을 온전히 느끼며 산다는 것은 쉬운 듯하면서도 어렵고, 어려운 듯하면서도 쉬운 일이다.

요즘 문득문득 느낀다. 내 인생은 출발점보다 도착점에 더 가까이 다가서고 있다는 것을.

'무엇을 하고 싶은가?', '어떻게 해야 온전하게 행복하다고 느낄 수 있을까?'라는 질문에 대한 실마리는 언제나 '감사'라는 마음에서 시작된다는 걸 배웠다. 아이와 손을 잡고 길을 걸어가면서도 함께하고 있음에 감사하고, 조촐한 저녁을 가족과 함께해도, 좋은 인연을 만나 차 한잔 마셔도, 그것이 온전한 행복이다.

예전에 몰랐던 순간의 행복들을 이제 알게 되었다. "행복은 준비가 되어 있을 때 찾아오는 것이 아니라, 지금, 이 순간을 사랑하는 법을 배울 때 온다."라고 스티비 마라볼리가 말했다.

'책'이라는 친구는 순간을 사랑하는 방법과 나를 소중하게 마주하는 방법, 타인을 존중해 주는 방법을 일깨워주었다. 좋은 인연과의 만남도 만들어 주었다. 〈다독다독〉은 그렇게 나에게 소중한 인연이다. 매일 숨을 쉬고 물을 마시는 것처럼 책을 읽는다. 어느 날은 소설 한 구절에도 눈시울이 붉어지고, 고전한 구절에도 깨달음을 얻는 순간들이 있다.

그렇게 삶의 지혜를 채워가고 있다. 사람은 지혜로워지면 세상을 바라보는 방향이 긍정적으로 변한다. 가끔은 부정적인 생각을 끌어안고 사는 사람을 만날 때도 그들을 이해하는 공감 능력이 생긴다. 남의 말은 들으려고 하지 않고 본인의 생각이 옳고, 짜증을 말로 표현하는 사람의 얼굴은 그늘져 있다. 부정적인 사람은 주위 사람들을 너무 힘들게 하고 아프게 한다는 것을 알게 됐다. '나도 주위 사람들을 참 힘들게 했을까?' 조심스럽게 반성해 본다.

3

나만의 설렘
〈노란숨책방〉

새해가 되면 항상 홍정욱 작가의 『50』을 가장 먼저 펼친다. 나의 멘토 중 한 사람인 홍정욱은 본인의 소명이 무엇인지 알고 삶을 선택하고 개척한다. 외형부터 삶의 태도까지 배우고 싶은 사람이다. 나는 삶에 목표와 소명을 생각하며 살지 않았다. 매일 같은 하루를 무탈한 하루로 살아가면 옳은 삶이라고 생각했다. 책을 만나고 읽으면서 내가 태어나 세상을 살아가는데 이유가 있을 것이라는 생각을 하게 되었다. '그래, 어쩌면 나에게도 소명이 있을 거야?'라는 생각에 마음이 사로잡혔.

거창해야 소명인 것은 아니다. 세계적으로 공헌하고 유명해져야 인간으로서의 소명을 다하는 것이 아니다. 삶 속에서 의미 있고, 내가 꼭 필요한 사람이 되려고 하는 것도 소명이다.

"내가 진정 원하는 삶이 무엇인가?" 지금도 나에게 질문을 던진다. 명확한 답을 찾지는 못했지만, 답을 찾는 과정 또한 자신을 알아가는 시간이라고 생각한다. 그래서 나는 순간순간을 모으려 한다. 순간순간을 모으다 보면 나만의 소명을 찾을 거라는 걸 알고 있다.

책 속에는 본인의 소명을 알려주는 나침반이 있다. 보물 지도를 펴고 보물을 찾아가듯이 '책'을 읽으며 삶의 소명을 찾을 수 있다.

처음 책을 읽은 이유는 위로받기 위함이었다. 점점 책은 위로를 넘어 방향성을 제시하고 소명을 찾게 도와준다. 책 속 한 구절인 '나만의 시간을 가져 보라'라는 문장을 읽을 때면 나를 위한 시간을 선물할 수 있었고, '비교하는 삶은 인생을 갉아먹는다.'라는 문장은 인생을 긍정적인 시선으로 바라보게 했다. 책 속의 한 문장, 한 장, 한 권이 쌓이면서 나도 모르게 삶의 방향성을 찾아가고 있었다.

시간이 흐르면서 읽기만 하는 게 아니라 책을 통해 느끼고 알게 된 이야기를 글로 쓰고 싶었다. 블로그를 써보기도 하고 편지를 써서 아이와 남편에게도 전해주었다. 가끔은 짧은 시를 써서 동생들과 친구에게 보냈다. 순간순간 나의 감정을 느끼고 담고 싶었다. 말로만 하는 감정 표현이 아닌 글로 전해주는 감정들은 훨씬 더 진심으로 느껴졌다.

'친구야! 이제는 좋은 사람 만나 혼자 있지 말았으면 해. 네 옆에 너를 사랑해 주고 아껴주고 온전히 너만을 보듬어 줄 수 있는 사람이 옆에 있었으면 좋겠어. 혼자 아파서 이불 속에서 끙끙거리지 말고, 대충 차려진 밥상을 마주하지 않았으면 해. 너만을 위해 꽃 한 다발 안겨주며 깜짝 놀라게 할 수 있는 좋은 사람을 꼭 만났으면 좋겠다. 친구야! 친구야! 사랑하는 내 친구야! 내가 곧 만나러 갈게. 기다려.'

짧게 쓴 편지를 친구에게 보냈다. 30년을 만나면서 한 번도 마음을 글로 표현한 적이 없었다. 짧은 편지를 받은 친구의 한마디는 "감동이다,

친구야."였다. 글이란 진심을 전하면 상대방도 진심으로 받아들일 수 있는 말과는 또 다른 표현법이 아니겠는가!

나는 노년 삶이 기대된다. 삶의 마지막을 향해 달려가는 인생을 기대한다는 건 참 행복한 일이다. '무엇이 나를 설레게 하는가?'라는 질문을 던진다면 나의 소명을 알고 살아가는 삶이 얼마나 대단하고 빛나는 삶인지를 말해주고 싶다.

세상에 태어나 초년에는 부모의 자식으로, 중년에는 한 남자의 아내로 두 아이의 엄마로 살아간다. 노년은 오롯이 '나를 위한 삶'을 살아가고 싶다. 타인을 존중하고 나를 사랑하며 이타적인 삶을 살고 싶다. 누군가는 비현실적이라고 생각할 수도 있지만 한번 살다가 가는 인생이 아닌가! 남의 시선이 중요한 것이 아니라 내 삶의 방향성이 중요하지 않겠는가!

나이 쉰을 넘긴 나이에 책과 친구가 되고, '책'의 좋음을 다른 사람들과 함께 나누고 싶다.

삶이 힘들다고 부정하고 비판하는 삶을 사는 사람들에게 책을 읽어보면 올바른 삶의 안내를 받을 수 있다고 조심스럽게 말해주고 싶다.

노년의 삶은 풀잎 냄새를 깊이 들이마시며 새벽을 걷고, 따뜻한 차 한 잔으로 아침을 여는 그런 시간이었으면 좋겠다. 나의 꿈은 숲속 작은 도서관을 여는 것이다.

자작나무가 울창한 숲의 오솔길을 50m 정도 걸어 들어오다 보면 노란색 건물의 작은 도서관이 보인다. 벽면은 개나리꽃처럼 노란색으로 칠해져 있고, 도서관 앞마당에는 이름 모를 야생화들이 피었다. 작은 연못에는 비단잉어들이 헤엄치고 있다. 햇살 가득한 공간에는 책 읽기 편하게 벤치들이 놓여 있고 노란 건물의 도서관 입구에 책을 펼친 모양의 간판에 〈노란숨책방〉이 눈에 들어온다. 도서관 안쪽은 작지만, 따뜻한 공간으로 좌식 테이블과 한쪽에는 햇살이 잘 드는 창을 마주하고 책을 읽으며 차를 마실 수 있는 공간이 자리를 잡고 있다.

정말 책을 좋아하고 자연을 좋아하는 사람들이 찾아와 마음이 치유되는 장소를 만들어 주고 싶다. 그들의 세상에 〈노란숨책방〉이 좋은 추억으로 자리를 잡는 모습을 시각화해 본다. 끌어당김의 법칙처럼 간절히 원하고 소망한다면 이루어진다는 확신으로 하루하루 충실하게 준비하고 살아간다.

'지식과 철학과 경험의 무장을 갖추고 늘 깨어 있길. 기회는 준비된 이에게 비처럼 쏟아진다.' 나의 좌우명이다. 이 문장을 읽을 때 가슴에 울림을 느꼈다. 잔잔한 호수에 돌을 던져 파장이 생긴 것처럼 무의미하게 살아가는 내 삶 속에서 의미를 찾게 했다. 행복한 노년을 살고 싶다면 준비하고 노력해야 한다는 걸 깨달았다. 좋은 인연을 만나고 싶다면 내가 바른 사람이고 방향성을 알고 있는 사람이어야 한다. 이제 예전처럼 막막하지 않다. 여전히 세상은 복잡하고 쉽지 않지만, 방향성을 안다. 갈림길에 서 있을 때 책장을 열면 방향을 알려주는 나침반이 있으니까 나는 조금씩 매일 성장하고 있다.

한 사람의 삶은 정답도 없고 표본이 없는 한 권의 책이다. 각자 다른 생각과 자신만의 소명을 안고 살아가기 때문이다.

어떤 사람은 빨간색으로 표현되는 삶을 산다. 다른 사람은 노란색으로 또 다른 사람은 파란색, 보라색, 주황색 등 각자만의 고유의 색을 품고 살아간다. 색들이 섞여 새로운 색을 만들어 가듯 좋은 인연을 만나 우리는 성숙해지고 성장한다. 내가 가진 것에 감사하며 타인과 같은 삶을 살기 위해 시간을 낭비하지 말자! 본인만의 고유한 삶을 찾아가면 된다. 완벽하고 온전한 사람은 없다. 부족한 면은 누구에게나 있다. 부족함을 인정하고 좋은 인연으로 부족함을 채워가면서 살면 된다. 모든 것을 완벽하게 살려고 노력하지 말자! 완벽하게 살아간다는 건 얼마나 피곤한 삶인가!

『나는 죽을 때까지 재미있게 살고 싶다』라는 책을 읽었다. 이근후 작가가 들려주는 나이 듦의 즐거움을 담은 책이다. 배움은 나이와 무관하다는 말처럼 배움의 도전은 끝이 없다. '나이가 들수록 가장 중요한 것은 내 마음을 내가 결정하고 잘 살려고 하지 말고 재미있게 살아가는 게 행복한 인생'이라 말한다. 나이를 핑계 삼아 멈추려 하고 안주하려 한다면 노년은 지루하고 절망적일 수도 있다. 매일 웃을 수 있는 3가지 일을 찾아 하고, 좋아하는 음식을 3가지 먹으며, 따뜻한 말을 3명에게 건넨다. 하루에 3장의 책을 읽고 잠들기 전 3줄의 인생 기록인 일기를 써 내려간다면 죽을 때까지 재미있게 살지 않을까?

나는 노란색을 유난히 좋아한다. 노란색을 지닌 모든 것에 기분이 좋아진다. 봄이 오면 지천으로 피어나는 개나리꽃만 봐도 좋고, 노란색 크레파스로 해바라기를 색칠할 때면 활기찬 기운을 받는다. 세상을 따뜻함으로 물들게 하는 노란색처럼 따뜻한 사람이 되고 싶다.

지나온 삶보다 앞으로 살아가야 할 나의 삶은 벅참의 연속이길 바란다. 글을 쓰고 있는 이 순간에도 지나온 삶을 회상하며 짧은 글이지만 발자취를 남기는 이 순간이 너무 행복하다.

이제 매 순간을 온전히 느끼는 삶을 살아가려 한다. 넓은 바다에 떠 있는 한 척의 배가 풍랑을 만나 흔들릴 때도 있다. 하지만 책이라는 나침판이 있고, 뱃머리가 나가야 할 방향성을 안다면 지는 태양을 향해 가고 있다고 해도 무엇이 두렵겠는가?

행복이란 순간을 온전히 느끼는 것이다. 작은 일상에서 행복을 발견하고, 모든 순간에 감사하며 살아가려 한다. 책과 함께한 시간이 나를 변화시키고, 삶의 진정한 의미를 깨닫게 했다. 이제 나는 완벽하지 않아도 충분히 행복한 삶을 살고 있다. 〈노란숨책방〉에서….

12장

「다독의 도전」
그 안에서 나답게 살아가다

최서영

나에게 다독다독이란?

나의 달란트를 발견해 준
고마운 인연이다.
그 온기 속에서 나답게 피어나는
삶의 이야기를 만났다.

1

읽는 소녀,
세상을 만나다

독서에 빠진 순간을 또렷이 기억한다. 초등학교 6학년 겨울, 눈이 내리던 날이었다. 아빠의 체온이 남아 있던 이불 속에서 『이솝우화』를 펼쳤다. 제목은 어른스럽고 어려운 책 같았지만 펼쳐보니 짧고도 재밌는 이야기가 가득했다. 토끼와 거북이의 경주에서는 느긋하고 우직한 거북이가 이겼다는 사실이 속 시원했고, 양치기 소년이 거짓말로 인해 아무의 도움을 받지 못했을 때는 어쩐지 마음 한편이 저릿했다. 베짱이는 여름내 노래하다 겨울을 맞아 배고픔에 떨었고, 개는 입속 고기를 놓친 채 허공을 향해 짖기만 했다. 어린 나이에도 옳고 그름이 분명하게 느껴졌고 무척 통쾌했다. 무서운 장면 하나 없었지만 나는 반듯하게 살아야겠다고 다짐했다. 그날의 나는 제법 의젓한 얼굴로 이불 속에서 결심했던 기억이 난다. 그리고 그때 처음 알게 됐다. 이야기는 짧아도 마음속 울림은 길게 남는다는 것을. 그날 이후, 책을 놓은 적이 없다.

중학교 시절, 아빠의 사업이 기울며 집안이 빠르게 무너져 갔다. 늘 든든했던 아빠의 어깨는 어느새 무거운 빚과 피로에 짓눌려 있었고, 과도한 업무와 스트레스는 결국 건강까지 앗아갔다. 엄마는 아픈 아빠의 곁을 지켰고, 나는 부모의 품을 벗어나 야생마처럼 세상을 누볐다. 공부는 뒷전이었다. 대신 책은 늘 곁에 있었다. 학교 앞 작은 만화방은 나의 첫 은신처였다. 아무도 나를 부르지 않았고, 그 누구도 눈치를 주지 않았다. 세상이 버거울수록 책 속 세상은 더 환했고, 주인공들은 당당하고 용기 있어서 좋았다. 만화책과 소설 속 인물들을 따라 울고 웃으며 나는 조금씩 내 마음의 세계를 만들어 갔다. 어느새 그곳의 책을 모두 섭렵해 더 큰 만화방을 찾아 헤매곤 했다. 현실은 좁고 답답했지만, 책은 언제나 그보다 넓고 자유로웠다. 누군가는 그런 내 시간을 '도피'라고 불렀겠지만, 나에겐 분명히 '버티기'였다. 책은 말없이 나를 안아주었고, 나도 말없이 그 안에서 버텼다. 지금 생각해 보면, 그 시절 책은 단순한 흥밋거리가 아니었다. 집이 흔들리고, 관계가 삐걱거리고, 마음 둘 곳이 사라졌을 때 책만은 나를 밀어내지 않았다. 책 속 세상은 내가 누구든 상관없었고, 내 상황이 어떻든 한 페이지, 한 챕터씩 조용히 받아주었다. 나는 그렇게 조금씩 책과 함께 자라났다. 현실을 도망치듯 떠났지만, 결과적으로 나는 그 속에서 나를 다시 세우고 있었다. 아주 느린 성장의 시작이었다.

고등학교에 진학하며 처음으로 마음 깊은 곳에서 온전히 몰입을 경험했다. 누구에게나 인생에 한 번쯤, 정말 열심히 공부하고 싶은 순간이 찾아온다고들 한다. 그 시기가 바로 그때였다. 초등 시절, 학원 스케줄에 허덕이며 쌓아온 기초는 생각보다 단단했다. 중학교 3년을 거의 손을 놓고 지냈음에도 불구하고, 고등학교 수업을 따라가는 데 큰 어려움은 없었다. 고등학교 1학년 2학기, 전교 1등을 했다. 선생님은 의외라는 듯 웃으셨고, 나는 선생님의 격려에 진심으로 힘이 났다. 그 작은 인정 하나가 마음 깊은 곳을 건드렸고 더 깊이 몰입할 수 있었다. 기숙사 생활을 하며 매일 밤, 독서실 불이 꺼질 때까지 자리를 지켰다. 지친 눈으로 풀어낸 문제들 사이, 가끔 펼친 이야기들은 내 마음의 숨구멍이 되어줬다. 비록 의무적인 독서가 대부분이었지만, 그 틈새에 스며들던 문장들은 나를 조용히 다독였다. 그러나 세상은 늘 기대대로 흘러주지 않는다. 간절히 바라던 대학의 문은 끝내 열리지 않았고, 현실은 재수조차 허락하지 않았다. 그렇게 나는 차선의 대학에 불시착했다. 방향을 잃고 한동안 헤맸다. 소음 가득한 술자리에서 웃다가도 돌아오는 밤이면 마음은 쓸쓸했고 머리는 텅 비었다. 그런 밤, 아무도 없는 방에서 나를 붙잡아준 것은 따뜻한 문장 하나, 조용히 말을 건네는 문체 하나였다. 어떤 날은 오래 울기도 했고, 어떤 날은 다 읽지도 못한 페이지를 끌어안은 채 잠들기도 했다. 그런데도, 다시 아침이 찾아왔고 나는 또 하루를 살아냈다. 지금 돌이켜보면 그 시절이 참 고맙다. 나를 시험하던 시간이었지만, 그 덕분에 나는 단단해졌다. 그리고 무엇보다, 진짜 나를 마주하는 법을 배웠다. 몰입은 때로 실패로 이어질지라도, 그 안에 깃든 진심은 언제나 나를 다시 이끌어 준다.

대학교 1학년 1학기를 마치고, 책 속 한 문장에 이끌려 유학을 결심했다. 하지만 현실은 늘 이상을 비껴간다. 유학 시절, 학비 충당을 위해 시작한 과외는 곧 서빙, 청소, 통역 아르바이트로 이어졌고, 하루가 어떻게 지나가는지도 모를 만큼 숨 가쁜 시간이 이어졌다. 첫 직장에 들어갔을 땐 막연히 안도했지만, 사무실 안 회색빛 책상 앞에서는 답답함만 커졌다. 점점 작아지는 유리병에 갇힌 것만 같았다. 다행히도, 이사님의 권유로 고객 응대 부서로 옮겨갔고, 그때부터 조금씩 숨통이 트이기 시작했다. 사람을 마주하고 이야기 나누는 일이 나와 잘 맞았다. 언젠가 책 속에서 만났던 문장들이 눈앞의 상황 속에서 살아 움직이고 있다는 것이 신기하고 반가웠다. 그러나 평온은 오래가지 않았다. 얼마 지나지 않아 회사의 경영난으로 결국 퇴사했다.

2010년, 액세서리 가게에서 아르바이트하던 중 사장의 갑작스러운 이민 소식을 들었다. 망설일 틈도 없이 매장을 인수했다. 'He can do, she can do, why not me?'. 그 단순한 문장을 등에 업고 시작한 장사는 생각보다 순항했다. 신도림 테크노마트를 시작으로 강변 테크노마트, 이대, 부천, 수원까지 일곱 개 매장을 운영했다. 성공의 기쁨은 달콤했고, 그 시기 나는 마치 주문에 걸린 듯 자기계발서를 읽었다. 종로 반디앤루니스에 입점한 이유도 단 하나였다. 책이 가까이에 있기를 바랐기 때문이다. 낮에는 진열대를 채우고 손님을 맞으며 시간을 보냈고, 짬이 날 때마다 조용히 페이지를 넘겼다. 그 시절, 책은 내게 단순한 취미가 아니었다. 삶과 삶 사이, 뚝뚝 끊긴 틈을 이어주는 가느다란 실이었다. 지쳐 주저앉을 때면 문장 하나가 등을 떠밀었고, 낙심한 어느 밤에는 활자 속에서 나보다 먼저 견뎌낸 이들의 숨결을 만났다.

엄마는 지금도 가끔 말한다.

"너를 끝까지 공부시키지 못한 게 평생의 한이야."

그 말이 남긴 여백을 채우려 했던 걸까. 나는 살아오는 내내 읽고 또 읽었다. 공부를 계속했다면 지금쯤 다른 이름표를 달고 살았을 것이다. 하지만 그 삶은 어쩌면 너무 반듯하고, 너무 조여 있을지도 모른다. 지금의 나는 느슨하지만 흔들리지 않는다. 한 페이지씩 쌓아온 이 삶이 누구의 기준에도 흔들리지 않을 만큼 단단하다는 걸 알기 때문이다. 나는 지금의 내가 좋다. 책장을 넘기듯 천천히, 그러나 분명히 나아가고 있다.

첫 아이를 품었을 때, 내 삶은 또 한 번 전환점을 맞았다. 이번엔 다른 갈증이었다. 마치 정답지를 찾듯이 육아에 관한 글을 닥치는 대로 읽기 시작했다. 수유부터 이유식, 애착 형성과 기질 분류까지. 엄마가 처음인 나는 '완벽한 엄마'가 되고 싶었다. 어떻게 하면 더 잘할 수 있을까. 어떻게 해야 이 작은 생명을 온전히 지켜줄 수 있을까. 한 손으로는 아이를 안고, 다른 한 손으로는 페이지를 넘겼다. 아이가 잠든 밤이면 베개 옆에 쌓아둔 책 틈에서 홀로 또 다른 공부를 이어갔다. 그 시절의 나는 엄마이자 학생이었다. 어린 생명을 마주한 벅찬 감정 속에서, 나 역시 처음부터 다시 살아가는 기분이었다. 하지만 삶은 늘 예측을 비껴갔다. 육아는 책대로 되지 않았다. 아이의 울음은 책 속 공식대로 멈추지 않았고 내 감정 역시 책의 조언대로 매끄럽게 조절되지 않았다. 하지만 나는 멈출 수 없었다. 정답이 아니더라도 최소한의 위로가 되는 문장을 찾고 싶었다. 육아로 매일 무너지는 나를 일으켜야 했고 책은 나로 버틸 수 있게 해주는 단 하나의 장치였다. 나는 그 안에서 '엄마로 살아가는 법'이 아니라 '사람으로 다시 서는 법'을 배웠다. 내 아이에게 꼭 맞는 해답은 아니었지만 그 안에 길이 있다는 믿음 하나로 하루를 견뎌냈다. 결국 나를 일으켜 세운 것은 완벽한 정답이 아니라 다정한 문장 하나였다.

현재 아이 셋을 키우며 삶이 달라졌듯이 독서를 대하는 방식도 변해갔다. 첫째를 키울 때는 모든 답을 글 속에서 찾으려 애썼다. 둘째를 키울 땐, 무수한 육아서 가운데 내가 선택한 몇 권에 기대어 중심을 잡았다. 그리고 셋째를 키우고 있는 지금은 더 이상 매달리지 않는다. 무언가를 다 알아야만 좋은 엄마가 되는 것은 아니라는 것을 깨달았다. 이젠 필요할 때 곁에 두고, 때때로 내 안에 남아 있는 문장과 감각을 꺼내 쓴다. 육아의 틈 사이로 다시 소설을 읽고, 에세이를 들추고, 철학서를 펼친다. 누구의 엄마이기 전에 '나'로 존재하고 싶어서, 책장을 넘기는 손끝에 조금씩 나를 되찾는다.

잊히지 않는 밤이 있다. 셋째가 고열에 시달려 새벽 내내 이마에 물수건을 얹어주며 깨어 있었다. 잠들지 않기 위해 무심코 집어 든 책 속 한 문장이 나를 무너뜨렸다.

'엄마의 말은 아이에게 살아있는 공기다.'

나는 날마다 '빨리빨리'를 외치고 아이들을 다그치며 말해왔다. 사랑이라는 이름 하에 얼마나 많은 말로 아이를 숨 막히게 했을까. 그날 나는 조용히 울었다. 내 곁에 누운 아이를 보며 미안하다고 되뇌었다.

아이들이 잠든 밤, 여전히 집안일은 끝나지 않는다. 쌓인 설거지, 흩어진 장난감, 풀리지 않은 문제들이 방 안 구석구석에 남아 있다. 그 모든 것을 잠시 덮고, 나는 책을 편다. 세상을 바꾸는 건 거대한 선언이 아니라 조용히 마음에 닿는 한 문장일지도 모른다. 책 한 권이 삶을 송두리째 바꾸진 않지만, 문장 하나가 무너진 마음을 붙든다. 마치 '괜찮아, 잘하고 있어'라고 속삭여 주는 듯한 그 말이 오늘도 나를 다시 일으켜 세운다.

어린 시절엔 권선징악의 이야기 속에서 옳고 그름을 배웠다. 청소년기엔 만화책과 소설 속 세계를 누비며 자유를 맛보았고, 성인이 되어선 자기계발서를 통해 다짐을 되새겼다. 한 생명을 품고 키우게 되었을 때는 육아서를 붙들며 책임을 익혀 나갔다. 하지만 시간이 흐를수록 깨닫는다. 글은 정답을 주지 않는다. 대신 질문을 남긴다. 무언가를 가르치기 위해 존재하는 것이 아니라, 이미 내 안에 있던 감각을 조용히 깨워주는 존재다. 나는 오늘도 질문을 품은 채 천천히 나만의 길을 찾는다.

나의 독서 나이는 스물일곱이다. 방황의 시기에도, 무너진 순간에도 글은 나를 놓지 않았다. 어떤 순간엔 나보다 앞서 길을 비춰주었고, 또 어떤 날엔 등 뒤에서 조용히 밀어주었다. 그래서 나는 책을 도구로 여기지 않는다. 정보를 얻고 덮는 대상이 아니라, 인생의 굽이굽이마다 걸음을 맞춰준 동행자이기 때문이다. 삶이 흔들릴 때마다 나는 다시 글을 찾아 읽었고, 그 속에서 방향을 묻고 또 물었다. 책은 길을 대신 걸어주지 않는다. 선택은 여전히 내 몫이다. 그래서 오늘도 문장을 넘기며 스스로 묻는다.

'이 길이 맞을까?'

'내가 진짜 원하는 건 뭘까?'

글을 읽는다는 것은 누군가의 문장에 내 삶을 통과시키는 일이다. 그 순간부터 나는 저자와 대화를 시작한다. 고개를 끄덕이기도 하고, 반박하기도 하며, '당신은 그렇지만, 내 생각은 조금 달라요'라고 조심스럽게 말해보기도 한다. 설득당하지 않으려는 마음보다 더 앞서는 건, 그 문장이 내 마음을 어떻게 흔드는가이다. 그래서 나는 오늘도 한 장 한 장을 넘기며 조용히 되묻는다.

'정말, 그런가요?'

나의 독서 철학은 '느슨한 긴장'에 있다. 비판 없이 수용하지 않고, 비난 없이 거절하지도 않는다. 책이 남기는 생각의 틈을 즐기고, 그 틈을 통해 나만의 관점을 만들어 간다. 책은 나를 성장시키는 수단이 아니다. 그저 나를 조금 더 나다워지게 해주는 거울이다. 가끔은 단 한 문장이 나를 구한다. 고단한 하루를 끝내고 조용히 펼친 페이지 위로 내 안의 작은 별 하나가 불쑥 빛난다. 그래서 나는 오늘도 읽는다. 누군가가 되기 위해서가 아니라 있는 그대로의 나를 지키기 위해.

책은 방향을 알려주지 않는다. 그저 조용히 물을 뿐이다.

'너는, 너의 길을 가고 있니?'

2

쓰는 엄마,
자신을 만나다

"건축학과 교수님도 부동산 사기를 당해. 처음부터 작정하고 달려든 놈을 우리가 당해낼 순 없어."

창밖을 바라보던 옆 매장 사장은 커피잔을 천천히 돌리며 말했다. 그 목소리는 마치 아주 오래전에 끝난 일을 회상하듯 담담했다. 텅 빈 카페 안, 그녀와 나만이 마주 앉아 있다. 나는 커피를 들었지만 끝내 마시지 못했다. 손끝에 닿은 잔의 차가운 기운이 마음 깊은 곳까지 스며들었다. 삼천만 원이라는 숫자가 머릿속에서 둥둥 떠다녔다.

2013년 늦가을, 매장 안은 형형색색의 액세서리로 반짝였다. 창밖에는 스산한 바람이 불었지만, 매장 안은 사람들의 활기찬 발길로 따뜻했다. 사업이 정상 궤도에 올랐고 일에는 재미가 붙었다. 바쁘게 흘러가는 시간 속에서 내 몸 어딘가가 조금씩 달라지고 있다는 사실도 모르고 살았다. 그러던 어느 날, 대금을 지급해야 할 거래처에서 이상한 낌새가 보였다. 입금일을 며칠만 미뤄 달라던 그들의 목소리가 점점 낮아졌다. 어느 순간 전화는 연결조차 되지 않았다.

내용증명을 보내고 변호사를 선임했지만 돌아오는 건 침묵뿐이었다.

거래처는 파산했고, 나는 삼천만 원을 날렸다. 그때 옆 매장 사장이 말했던 그 문장이 내내 귀에 맴돌았다. 처음부터 '사기'라는 걸 알았더라면 애초에 그들과 거래하지 않았을 것이다. 그런데 인생은 늘 그렇게 한발 늦게 가르친다. 모든 게 허망했던 그 시간, 나를 붙잡아준 건 뜻밖의 기척이었다. 내 안에 새 생명이 자라고 있었다. 배 속의 아이는 그 어떤 금액보다 무겁고 따뜻하게 자리 잡았다. 잃은 것도 있지만 더 귀한 선물이 내게 왔다.

그해 여름, 나는 생명을 품은 채 웨딩드레스를 입었다. 임신 7개월, 카메라 앞에 선 순간 아이는 마치 자신도 사진에 찍히겠다는 듯 배 속에서 쉼 없이 움직였다. 8개월이 되던 날, 만삭의 몸으로 결혼식장에 들어섰다. 하객들의 박수 소리에 아이는 또다시 꿈틀거렸다. 허둥지둥 떠난 신혼여행, 그리고 얼마 지나지 않아 한 생명을 품에 안았다. 출산 후에도 일을 멈추지 않았다. 매장은 여전히 운영 중이었고, 나는 육아와 일을 동시에 안고 새로운 삶의 문을 열었다.

엄마가 된다는 것은 단지 역할이 하나 늘어나는 일이 아니라, 전혀 다른 세상으로 건너가는 일이다. 서점의 육아서 코너에서 책을 집어 들었다. 특히 유대인의 교육철학이 깊이 다가왔다. '지식만은 누구도 빼앗을 수 없다'라는 문장을 마주했을 때, 나는 나와 내 아이를 위한 공부를 시작해야겠다고 다짐했다. 책 속 문장을 따라 필사했고, 언젠가 아이에게 들려줄 말을 마음속에 모아두었다. 새벽이면 우는 아이를 아기띠에 안고 집안을 맴돌았다. 잠든 아이를 등에 업은 채 펜을 들었다. 누군가 보기엔 처절했을지 모르지만, 그건 내 마음을 붙잡기 위한 간절한 시도였다. 하루 종일 사라질 듯 흩어지던 나를, 밤이 되어서야 겨우 한 문장으로 붙들었다.

모유 수유 7개월 차에 이유식을 시작했다. 조리법을 읽고 따라 쓰고 정리하며 문득 '음식이 아닌 글을 만든다'는 감각이 찾아왔다. 완성한 이유식을 사진으로 남기고 블로그에 글을 올렸다. 하루하루 자라는 아이의 모습이 기록 속에 담겼다. 그때부터였을 것이다. '나는 글을 쓰는 사람이다'라는 생각이 마음 어딘가에 싹텄다.

첫째의 돌잔치를 치른 지 얼마 지나지 않아 둘째의 임신을 알았다. 삼신할매는 나를 무척이나 아끼는 모양이다. 미숙한 엄마에게 또 한 명의 기적을 안겨줬다. 블로그는 잠시 멈췄지만 기록은 계속되었다. 이번에는 누군가에게 보여주기 위한 글이 아니라, 나를 위한 문장을 쓰고 싶었다. 노트를 펼치고 마음 가는 대로 써 내려갔다. 조금은 서툴고 엉성했지만, 그 문장들은 삶의 상처를 쓰다듬는 위안이 되어줬다. 오롯이 나를 위한 언어, 세상의 기준이 아닌 나만의 온도로 적어 내려간 말들이었다. 그렇게 나는 조금씩, 다시 나를 찾아갔다.

민음사에서 매년 연말에 출시하는 일기장을 꾸준히 채워갔다. 남남이었던 남편과 같은 지붕 아래에서 매일 같이 부딪히고 싸우던 신혼 시절, 일기장은 폭발할 듯한 감정을 받아주는 유일한 벗이었다. 말로 쏟아냈다면 서로에게 상처가 되는 말들이, 글이 되어 흘러나올 때는 마음속 돌덩이가 내려가며 가벼워졌다. 어떤 날은 문장을 쓰다 말고 피식 웃음이 새어 나오기도 했다. 그렇게 글은 생존을 위한 작고 은밀한 도구가 되었다.

감정이 복잡할수록 펜을 들었다. 혼란을 곱씹고, 단어를 고르고, 문장으로 엮는 그 과정만으로도 마음이 조금씩 안정됐다. 어떤 날은 혼잣말처럼, 또 어떤 날은 기도문처럼 쓰였다. 누구에게도 보여주지 않는 글이기에 가능했던 고백들이 종이에 내려앉았다. 고요한 독백이자 작은 다짐들이 자라났다. 그 문장들은 하루하루 마음의 여백을 채웠고, 언젠가 누군가에게 닿기를 바라는 조용한 소망이 되었다.

글을 잘 쓰겠다는 욕심보다 마음에 내려앉은 말 한 조각을 붙잡고 싶었다. 아이가 던진 말 한마디, 책 속 문장이 파문처럼 번졌다. 그 위에 사유가 더해져 인생의 조각이 되었다. 기록이 쌓이자, 삶이 조금씩 다르게 보이기 시작했다.

2022년 봄, 학교 공지사항을 통해 독서 특강 안내문이 도착했다. 아이들이 다니는 초등학교에서 진행하는 학부모 대상 강의였다. 무심코 넘기려다 '책', '글쓰기', '작가 김진수'라는 단어에 발길이 멈췄다. 가벼운 마음으로 신청했던 그 하루가, 내 삶에 새로운 문장을 쓰기 시작한 날이 되었다. 코로나가 한참 기승을 부리는 시기라 '줌(Zoom)'으로 모였다. 화면 너머에는 비슷한 또래의 학부모들이 보였다. 아이들의 이야기에서 추천 도서로 자연스레 오갔고, 그 속에서 나는 이상하리만큼 편안함을 느꼈다. 김진수 작가는 말했다.

"아이들은 부모의 뒷모습을 보고 자랍니다. 본보기, 본보기, 본보기."

그 말은 내 안에 조용히 씨앗 하나를 심었다. 그날을 계기로 〈다독다독多讀多讀〉이라는 학부모 독서 모임이 만들어졌다. 나는 자연스럽게 회장 역할을 맡았고, 매달 책을 정하고 발제문을 작성하는 사람이 되었다. 그 일이 내게는 숙제가 아니라 기다려지는 일상이었다.

책을 다 읽은 밤, 노트를 꺼내 조심스럽게 문장을 옮겼다. 오늘 마음에 남은 장면은 무엇인지, 어떤 문장에서 오래 머물렀는지, 무엇보다 그 문장이 내 삶과 어떻게 맞닿아 있는지를 천천히 기록했다. 모임 날 아침이면 두근거리는 마음으로 질문지를 공유했다. 발제를 읽고 누군가 고개를 끄덕이거나, '이 부분 너무 공감돼요'라는 말이 돌아오면 내가 쓴 글이 누군가의 마음에 잠시 머물렀다는 걸 느꼈다. 그건 단순한 만족감이 아니었다. 아이와의 대화 속에서, 남편과 크고 작은 다툼 속에서, 자꾸만 움츠러드는 나의 모습 속에서 무언가가 다시 조금씩 살아나는 기분이었다.

모임은 매달 이어졌다. 책도 바뀌고 계절도 바뀌었지만, 나는 여전히 노트 앞에 앉아 있다. 처음엔 한 줄 쓰기도 조심스러웠지만, 점점 더 많이, 더 솔직하게 쓸 수 있게 됐다. 책 속 이야기보다 내 이야기가 많아지기 시작했다. 책 한 권을 거울삼아 나를 들여다봤고, 때로는 발제문에 눈물을 흘릴 만큼 깊이 흔들렸다.

독서 모임에서 누군가가 말했다.

"서영 님의 글이 제일 기다려져요."

"그 문장을 보고, 나도 뭔가 써보고 싶었어요."

그 말이 부담되기보다 오히려 나를 다시 앉게 하는 동력이 됐다. 이 모임이 나를 '글 쓰는 사람'으로 다시 불러줬다. 그리고 이 역할이 단지 책을 고르고 일정 조율을 하는 것이 아니라 함께 읽고, 함께 쓰는 길잡이로서 내게 주어진 또 하나의 삶의 형식이었다.

그 무렵부터 나는 내 글쓰기에 '나이'를 붙이기 시작했다. 글쓰기 나이는 열셋이다. 처음으로 스스로 '쓰는 사람'이라 불러도 괜찮겠다고 생각했던 나이. 철없는 열세 살처럼 아직은 서툴고 어색하지만, 자신의 마음을 처음 의식하고, 누군가에게 진심을 전하고 싶어 하는 시기. 글을 잘 쓰고 싶다는 마음보다, 내 이야기를 진심으로 전하고 싶다는 마음이 앞섰다. 누군가에게 들려주기 위해서가 아니라, 내가 살아 있다는 것을 확인하기 위해서 한 자 한 자 써 내려갔다. 그 시기의 글은 마치 『이솝우화』의 짧고도 깊은 교훈처럼 삶의 단면 하나를 조용히 펼쳐 보이고는, 끝내 명확한 답은 주지 않고 조용히 여운을 남겼다. 쓰는 법을 배우기보다, 마음을 다듬는 법을 배우고 있었던 시기. 그렇게 나는 열세 살의 마음으로 글쓰기를 시작했다. 그리고 아직도 그 나이에서 계속 자라나는 중이다.

〈다독다독〉은 단순한 독서 모임이 아니다. 내가 나를 지켜내기 위한 다짐이고, 엄마라는 이름 아래 잊고 있던 나를 다시 부르는 연습장이다. 책을 읽고 글을 나누며, 우리는 서로를 비추며 조금씩 깊어간다. 서툴고 조심스러운 문장들이 어느새 나의 내면을 꺼내 보이는 언어가 되고, 나는 글 속에서 다시 '나'를 만났다. 지금 돌아보면, 그 시기의 글쓰기에는 어떤 야심도 없었다. 그저 하루를 정직하게 통과하고 싶은 마음, 그리고 누군가에게 조용히 '나도 그래'라고 말하고 싶은 마음뿐이었다. 그 마음들이 모여 글이 되고, 글이 쌓여 길이 되었다. 그 길 끝에서 나는 이제, 나를 잃지 않고 살아가는 한 사람으로 서 있다.

3

만드는 작가,
세상과 마주하다

시계는 새벽 4시를 가리킨다. 세상이 조용히 숨을 고르는 시간, 우리 집에서는 나만 깨어 있다. 어둠 속에서 노트북 화면은 희미하게 반짝이고, 그 위의 커서는 불안하게 깜빡인다. 손끝은 키보드 위에서 망설이고, 마음은 시작과 끝 사이 어딘가에서 길을 잃는다. 한 문장을 쓰고, 지우고, 다시 쓰는 사이, 그저 살아낸 하루를 글로 옮기는 일이 왜 이토록 조심스러운지 한숨이 흘러나온다.

요즘은 내가 사랑하는 모든 것을 글로 옮긴다. 눈부시게 맑았던 하늘, 아침 햇살에 반짝이는 커튼 자락, 마트 앞 화단에 피어난 이름 모를 꽃, 아이가 손에 꼭 쥐고 온 조약돌 하나. 일상에 숨은 크고 작은 빛들을 문장으로 되살린다. 아름답다는 생각이 드는 모든 순간을 글로 재창조한다. 마음이 가장 투명한 새벽, 삶의 속살을 문장으로 길어 올린다. 리듬을 따라 읽고, 감정을 따라 쓴다. 그렇게 한 문장, 또 한 문장이 내 안의 고요를 깨우고 삶을 다시 다정하게 만든다.

뜻밖의 기회는 늘 예고 없이 찾아온다. 2022년, 김진수 작가의 강의를 들으며 마음에 불이 켜졌다. '기—승—전—책'이라는 농담 같은 말이 내 안에서 이상하리만치 크게 울렸다.

"평범한 일상도 글이 될 수 있습니다."

이 한마디가 도화선이 되어 '책을 써볼까?'라는 물음을 나에게 던졌다. 그래서 썼다. 매일 아주 느리게, 하루 한 줄씩 흩어진 삶의 파편을 모아 초고를 채워나갔다. 그리고 2023년, '부가세(부부 작가의 세계)' 공저 프로젝트에 참여했다. 부부 사이인 김진수 작가, 정선애 작가와 함께 여덟 명의 작가가 쓴 책이 세상에 나왔다. 내 이름이 인쇄된 페이지를 손끝으로 어루만지던 순간, 가슴 깊은 곳이 뜨겁게 차올랐다. 『이리저리 헤매도 괜찮습니다』라는 제목 그대로 흔들리는 발걸음이다. 책의 무게는 가볍지만, 의미는 무겁다. 불안한 마음으로 써 내려간 새벽의 문장들, 수없이 퇴고하고 다시 붙잡았던 고백들이 그 안에 살아 숨 쉬고 있다.

'그래, 이게 나의 시작이구나.'

처음엔 아이들을 위한 기록으로 시작했다. 첫째가 말한 한마디, 그 문장이 내 안에 잔잔한 파문을 일으켰다.

"엄마, 오늘 하늘이 예뻤어."

그 순간을 잊고 싶지 않아 블로그에 옮겼다. 그러다 어느 날, 문장 속에 내 마음이 비치고 있다는 걸 알아차렸다. 글을 쓰는 손끝이 점점 아이를 벗어나 나 자신을 향했다. 둘째를 품었을 때도 기록은 계속 이어졌다. 남에게 보이기 위한 글이 아니라, 오롯이 나를 위한 문장을 썼다. 셋째를 키우는 지금은 '아이를 위한 이야기'에서 '나를 위한 문장'으로 조용히 이동하고 있다.

글을 쓴다는 건 내면을 향한 속삭임이다. 나를 위한 기록, 내 안에 맴도는 감정을 붙잡아 단어로 빚는 일이다. 그것은 마음의 창을 열고 혼잣말을 적는 행위에 가깝다. 반면, 책을 쓴다는 건 그 창을 열어 누군가를 초대하는 일이다. 혼잣말에서 대화로, 속마음에서 손을 내밀며 '나'에게서 '너'로 향하는 움직임이다. 글은 언제든 지울 수 있지만, 책은 세상에 남는다. 그래서 더 오래 망설이고, 더 깊이 다듬게 된다. 글쓰기가 감정의 흐름이라면, 책쓰기는 그 흐름에 중심을 부여하는 일이다. 감정은 지나가지만, 이야기는 머문다. 그렇게 책은, 단순한 문장의 집합이 아니라 마음의 결정을 담은 공간이다.

글쓰기와 책쓰기 사이에는 작지만 깊은 강이 흐른다. 그 강을 건너기 위해선 단지 쓰는 능력만이 아니라, 마음을 건넬 용기가 필요하다. 오늘도 빈 페이지 앞에서 멈춘다. 무슨 말을 써야 할지 몰라 커서를 응시하며 머뭇거린다. 그럴 때마다 자문한다.
'이 문장이 진실한가?'
'이 이야기를 꺼낼 준비가 되었는가?'
'이 글이 삶과 연결되어 있는가?'
그 질문을 지나며, 글은 서서히 책이 되어간다. 기억과 감정이 차곡차곡 모여 마침내 한 권의 책이 만들어진다.

나는 책을 쓰며 내 마음의 그림자를 마주했다. 말로 꺼내기 어려운 감정, 오래 눌러둔 기억들이 문장 속에 가만히 앉는다. '책을 쓰는 것이 아니라 삶이 쓴다'라는 말은 지금도 나를 움직인다. 누군가의 밤을 건너는 다리가 되는 글, 낯선 이의 하루에 조용히 머무는 문장을 만들고 싶다. 좋은 글이란 완벽하게 쓰인 문장이 아니라, 정직하게 살아낸 문장이다. 그래서 나는 오늘도 묻는다.

'이 문장은 충분히 흔들렸는가?'

조용한 새벽, 키보드를 두드린다. 거창하지 않아도, 짧아도, 단 한 사람의 마음에 오래 남을 수 있다면 그것으로 충분하다. 책 쓰기 나이는 이제 겨우 세 살이다. 아직은 서툴고, 자주 흔들리고, 종종 멈춰 선다. 하지만 한 가지는 확실하다. 쓰지 않으면 아무 일도 일어나지 않는다. 어설퍼도 괜찮다. 마음에 들지 않으면 내일 다시 쓰면 된다. 글쓰기는 내가 나를 일으키는 방식이고, 책쓰기는 나를 세상과 연결하는 방법이다.

나는 이따금 첫 문장을 쓰지 못해 멈춰 선다. 마음은 가득하지만, 어디서부터 꺼내야 할지 막막한 날엔 거실 창문을 연다. 아이들이 잠든 새벽 공기, 커피 내리는 소리, 창밖 소나무에 내려앉은 새 한 마리. 모든 것이 하나의 문장을 부른다. 그런 날의 글은 종종 누군가의 반응보다 그저 살아낸 하루의 흔적을 남기고 싶은 욕구에서 비롯된다. 그리고 그런 글이 누군가의 가슴에 오래 머문다. 나 역시 그런 문장에 기대어 오늘을 건너간다.

봄바람이 불던 날, 아이들과 캠핑을 떠났다. 저녁이 되어 장작불 앞에 둘러앉았을 때, 둘째가 조용히 말했다.

"엄마, 불빛이 우리 마음속까지 따뜻하게 해주는 것 같아."

그 말이 오래도록 가슴에 남았다. 밤이 깊어갈 무렵, 텐트 안의 적막 속에서 메모장을 열어 한 줄을 적었다.

'마음속에 남는 불빛 같은 문장을 쓰고 싶다.'

그 한 줄이 오늘의 나를 만들었다.

이제는 세상에 나를 내놓는다. 오랫동안 마음속에만 머물던 이야기들을, 한 편 한 편 꺼내어 건넨다. 누구의 정답이 되기 위해서가 아니라, 누군가의 질문 곁에 조용히 머무르기 위해서다. 혹시 이 글을 읽고 있다면, 이 순간 너무 버거워 글 한 줄에 기대고 있다면 조용히 말해주고 싶다.

"나도 그런 시간을 지나왔어."

"나 역시 매일 흔들리고, 수없이 멈춰 서지만, 이렇게 또다시 쓰고 있어."

"너의 이야기도 누군가에게 닿을 수 있어. 그러니 포기하지 마."

"너만의 속도로 한 문장씩 써 내려가길 바라."

글은 결국 삶이 우리를 통해 흘러가는 방식이니까. 나는 오늘도 세상과 마주한다. 아직 미완인 나를 조용히 펼치며, 누군가의 숨결 곁에 나의 이야기가 가 닿기를 바라며. 그렇게 나는 이야기를 만드는 작가로 살아간다.

앞으로 더 많은 이야기를 만들고 싶다. 육아에 지친 엄마들에게 전하는 작은 위로의 편지, 성장통을 겪는 아이들에게 들려주는 삶의 방향,

무너질 듯 흔들릴 때마다 스스로 다독이며 쓴 응원의 기록까지. 어떤 이야기는 그림책이 될 수 있고, 어떤 글은 묵직한 산문으로 남을지도 모른다. 형태는 달라도 중심은 같다. 누군가의 마음에 오래 머무는 문장을 쓰고 싶다. 그러니 오늘도 다시, 새벽의 침묵 속에서 한 문장을 불러낸다. 말로는 닿지 않는 마음을, 글로 조심스레 건넨다. 이것이 내가 세상과 마주하는 방식이다. 글로, 아주 천천히, 그러나 분명하게.

읽기를 시작한 지 스물일곱 해, 쓰기를 시작한 지는 열세 해, 원고를 완성한 지는 이제 겨우 세 해다. 독서는 내면의 뿌리를 기르는 시간이었고 글쓰기는 감정을 다듬어 꽃피우는 과정이었다. 이제 그 꽃을 누군가에게 조용히 건네려 한다.

책을 읽기 시작했을 때는 몰랐다. 한 권의 책이 이렇게 오래도록 마음을 안아줄 수 있다는 것을. 글을 쓰기 시작했을 때는 몰랐다. 매일의 감정과 사소한 순간이 삶을 지탱하는 문장이 될 수 있다는 것을. 책을 쓰겠다고 마음먹었을 땐 더더욱 몰랐다. 내 이야기가 누군가의 밤을 건너는 다리가 될 수 있다는 것을.

시간이 지나면서 알게 됐다. 책 한 권을 쓴다는 일이 얼마나 고요하고도 벅찬 일인지! 책을 읽는다는 건 누군가의 삶을 조심스럽게 들여다보는 일이란 걸. 글을 쓴다는 건 나를 가장 진실하게 바라보는 일이란 걸. 그리고 책을 쓴다는 건 그 모든 시간과 감정을 세상에 조용히 내어주는 용기라는 걸.

완벽하지 않아도 괜찮다. 의심이 많아도, 문장이 흔들려도, 자주 멈춰

서도 괜찮다. 진심은 결국 닿는다. 말로 전하지 못한 마음들이 문장을 통해, 책을 통해, 어딘가에 가 닿는다. 그게 글의 힘이고 삶을 계속 이어가게 만드는 이유이기도 하다.

삶이 고단할 때 이 글의 어떤 문장 하나가 '나만 그런 게 아니었구나' 하고 마음을 쓸어내리게 해주기를 바란다. 짧은 숨을 고르게 해주기를, 다시 일어설 용기를 건네주기를 바란다. 이 길의 끝에서 다시 읽고, 쓰고, 책을 만들며 살고 싶다. 그게 지금, 이 삶에서 가장 나다운 방식이기 때문이다.

에필로그

인생의 해피엔딩을 꿈꾸세요?
아니요, 우리의 이야기는
이제부터 시작입니다

사람들은 각자의 행복을 꿈꿉니다. 그 기준 또한, 가지각색입니다. 모두 꿈꾸는 행복을 찾아 나서지만, 어디에서 어떻게 찾아야 할지 방향을 잡지 못합니다. 여기 이곳, 그렇게 길을 헤매던 12명의 개성 있는 엄마들이 모여 함께 방법을 찾아 나섰습니다.

동화는 보통 "옛날 옛적에"로 시작되지만, 그녀들의 이야기는 "아이가 태어나고, 나는 다시 태어났다."로 시작됩니다. 힘에 부치는 육아와 반복되는 집안일, 가끔은 자신도 알아보지 못할 만큼 흐트러진 모습에도 그녀들은 묵묵히 길을 찾아 헤맸습니다. 어떤 날은 마녀처럼 날카로웠고, 어떤 날은 잠자는 숲속의 공주처럼 무기력했습니다.

자신을 돌보지 못했던 그녀들은 밀알샘 김진수 선생님 덕분에 서로 인연을 맺었습니다. 〈다독다독〉이라는 이름 아래 모인 그녀들은 어깨를 나란히 맞춰 함께 행복을 찾기로 했습니다.

'엄마인 내가 책을 읽는다고, 다시 성장할 수 있을까?'

모두의 시작은 두려움이었습니다. 하지만 책 속의 문장이, '책벙'에서 나눈 대화가 서로를 보듬고 다독여줬습니다. 그녀들은 함께 읽고, 생각을 나누고, 감정을 공감하며 그것을 글로 남기기 시작했습니다.

처음 마주한 책은 잔잔한 일상을 가볍게 흔들어대는 작은 파동이었습니다. 하지만 함께 읽어가는 책이 쌓일수록 숲을 빠져나오기 위한 작은 빵조각들처럼 나아갈 방향을 알려주는 나침반이 되었습니다. 그렇게 그녀들은 어느새 엄마라는 이름 안에 '나'라는 주인공을 찾기 시작했습니다. 누군가는 특별할 것 없는, 고리타분한 방법이라고 할지도 모릅니다. 하지만 그녀들은 이 여정을 꾸준히 밟아오며 각자의 행복을 찾고 더 나은 미래를 그리는 중입니다.

2024년 연말, 〈다독다독〉으로 함께 지내 온 3년의 여정을 글로 남겨보기로 뜻을 모았습니다. 스스로를 돌아보는 시간을 가진 것입니다. 감춰뒀던 아픔을 꺼내기도 하고, 지나온 세월의 힘듦을 다시 들춰보기도 했습니다. 마음이 쓰리고, 울컥 눈물이 차올랐을지도 모릅니다. 하지만 한 자, 한 자 서툴게 담아낸 시간의 마지막은 치유로 다가왔습니다.

'공저'라는 목표 아래 함께 모여 머리를 맞대고, 서로의 글을 봐주며 의견을 나누었습니다. 글을 쓰기 위해 집안일을 제쳐두기도 하고, 다른 지역으로 이사 간 탓에 아이들을 챙겨 모임에 참석하기도 했습니다. 그렇게 함께 쓰고, 퇴고하는 과정은 서로에 대해 좀 더 깊이 알아가는 시간이었습니다. 무언가를 함께 해낸다는 것이 12명 사이를 좀 더 끈끈하게 엮어줬습니다. 그 끈끈함으로 앞으로의 〈다독다독〉이 더욱 성장하기를 바라봅니다.

이야기가 이렇게 해피엔딩을 맞이하는 듯하지만, 그녀들의 진짜 이야기는 이제부터 시작입니다. 매일 조금씩, 천천히, 그리고 조금 더 솔직하고 더욱 따뜻하게. 아이의 동화책처럼, 그녀들의 성장 이야기는 지금도 쓰이는 중입니다.

공저 작업의 처음부터 끝까지 너무 애를 써주신 최서영 작가님과 2대 회장 김윤주 님, 바쁜 나날에도 함께 글을 담아주신 〈다독다독〉 '책벗'분들께 감사함을 전합니다. 꿈을 잃은 12명의 엄마가 다시 꿈을 꾸고 성장할 수 있도록 이끌어주신 김진수 선생님께도 감사 인사드립니다. 책이 나오기까지 애써주신 미다스북스 편집팀에게도 〈다독다독〉 모두의 마음을 담아 감사드립니다.

혹시, 꿈꾸는 행복한 삶이 있으신가요? 방법을 찾지 못해 방황하고 계신다면, 책을 읽고 글을 써보세요. 어느 순간, 눈앞에 꿈꾸던 삶이 놓여 있을 것입니다.

당신과 당신이 사랑하는 모든 이들의 행복을 바라며
윤지은